त्रिकोण
के
तीनों कोण

त्रिकोण के तीनों कोण

हरीश पाठक

प्रभात प्रकाशन, दिल्ली™
ISO 9001:2008 प्रकाशक

प्रकाशक • **प्रभात प्रकाशन**™

4/19 आसफ अली रोड,

नई दिल्ली–110002

संस्करण • प्रथम, 2010

मूल्य • दो सौ पचास रुपए

मुद्रक • भानु प्रिंटर्स, दिल्ली

TRIKON KE TINON KON *by* Harish Pathak Rs. 250.00

Published by Prabhat Prakashan, 4/19 Asaf Ali Road, New Delhi-2

ISBN 978-81-7315-750-9

हर मोड़ पर जिसने सिखाया जीतना

राज बब्बर

के

लिए

मेरा अक्स

पूरे तीन दिन तक मैं उस हादसे से मुक्त नहीं हो पाया। जैसे ऐन कानों के पास आकर कोई चीख रहा हो—प्रति पल मौत के नजदीक जाती चीख। जैसे आग की तेज-तेज लपटें और उनका ताप मेरे ही आस-पास दहक रहा हो। लाल सुर्ख उन लपटों की आँच कई दिनों तक सवाल उठाती रही और देश की औद्योगिक राजधानी की संवदेनशील जनता अज्ञात कारणों से चुप रही।

तार्किक तौर पर मेरा इस घटना से कोई लेना-देना नहीं था, पर मानसिक तौर पर यह घटना मुझ जैसे कई रचनाकारों को आहत कर रही थी और पूछ रही थी—क्या यही है समाज? इसी जीवन की चाहना थी हमें? यहीं पर खत्म हो जाती है हमारी चतुरता। टप-टप गिरते बाथरूम के पानी से भी एक क्षण लगता—कोई वहाँ क्यों रो रहा है?

घटना सिर्फ इतनी थी—४५ साल की विद्या प्रभुदेसाई को ५५ साल के रसिक सोलंकी ने मुंबई के व्यस्ततम इलाके मराठा मंदिर जंक्शन के बस स्टॉप पर सरेआम जला दिया था। विद्या का अपराध सिर्फ इतना था कि वह कभी-कभार रसिक से अपने कपड़े सिलवाया करती थी, वरना वह तो अपने वृद्ध पिता और दो विकलांग भाइयों की देखभाल अपने सपनों का गला दबाकर, बगैर किसी आहट के कर रही थी। वह चुपचाप रिजर्व बैंक की अपनी नौकरी करती यह जाने बिना कि उससे उम्र में दस साल बड़ा रसिक उससे इकतरफा प्यार करता है। त्रास कथा यह भी कि यह ऐसा प्यार था, जिसे उजागर भी नहीं किया गया था। नतीजा—बस स्टॉप पर ही विद्या की मौत हो गई और सभ्य समाज के सभ्य जनों ने न उसे अस्पताल ले जाने की तत्परता दिखाई और न ही उसे बचाने का कोई जरूरी यत्न किया। लोग तमाशबीन बने रहे, क्योंकि उन्हें प्रतीक बनना था हमारी लकवाग्रस्त संवेदना का। उन्हें यह जताना था कि कैसे महानगर के महासमर में एक अकेली औरत मौत के युद्ध में भी निपट अकेली ही होती है।

यह हादसा तब अखबारों की सुर्खियाँ बना। यह हादसा आज भी दहला जाता है। सोच के सारे रास्ते उस क्षण बंद हो जाते हैं जब हम जानते हैं कि विद्या की मौत के बाद

उसके वृद्ध पिता और दो विकलांग भाइयों का क्या हुआ होगा, जिनके जीवन की इकलौती रोशनी वही थी। वहाँ अँधेरे के सिवा किसे क्या मिला होगा?

यही विचार बना इस पुस्तक का आधार बीज। सच कितने भी पहरों में कैद हो, अँधेरे की कितनी भी परतें उसे दबाएँ, पर उसका विकिरण, उसका तेज सबको चीरकर बाहर आ ही जाता है, सबसे ऊपर, सबसे अलग। एक सच वह है, जो अक्षरों के साथ कागज पर उतरता है। एक सच वह भी है, जो अक्षरों से दूर चुपके से खड़ा होता है। यही चुप-चुप खड़ा सच हमें अहसास कराता है कि धूप चाहे बदली में ढक गई हो, सूरज चाहे हाँफने लगा हो, धरती बंजर से हरियाली में तब्दील हो गई हो, नीला जल अपनी शिनाख्त खो बैठा हो, हवाओं ने अपनी शीतलता कम कर दी हो, पर मैं वहीं हूँ अपनी जगह विश्वास के न हिलनेवाले पाँवों पर खड़ा। अपने होने पर मुसकराता।

यही वजह है कि इस पुस्तक में पिछले लगभग दो दशक का वह कालखंड टुकड़ा-टुकड़ा दर्ज है, जो मेरे पत्रकारीय जीवन के आस-पास रहा। वह तात्कालिक सच्चाई थी। उस सच ने आस-पास की जमीन को हिला भी दिया था, पर उस सच की मौत तत्क्षण नहीं हुई थी। वह सच आज भी जिंदा है। वह जिंदा है—कभी न मरने के लिए। इसलिए दिल के भीतरी कोने में मैंने यह महसूस किया कि वे रपटें जो भले ही आज से पंद्रह साल पहले लिखी हों, इस किताब का हिस्सा बनें—यह जानने के लिए कि कल का सच, आज भी उसी विकृति और विद्रूपता के साथ मौजूद है। आज भी याददाश्त न खोनेवाले दिमागों में दर्ज है कि कैसे एक पवित्र जल में स्नान की चाह रखनेवाली महारानी को देखने उमड़ी भीड़ पचपन लोगों की जल समाधि ले बैठी थी। कैसे मृत घोषित कर दिया गया एक संगीतकार आज भी अपनी धुनें बिखेर रहा है, कि गुंडे आज भी अखबारों और छोटे परदे पर रोज-रोज जगह पा रहे हैं, कि श्वसुर को मात देनेवाला एक दामाद वक्त से ही मात खा बैठा, कि हत्यारों की कहानी गढ़ते-गढ़ते बीहड़ों के प्रतिनायक जीवन के बीहड़ में आज कितने लाचार और पस्त हैं। ये रपटें, जो समय-समय पर विभिन्न पत्र-पत्रिकाओं में प्रकाशित हुईं—यह बताने में पूरी तरह सक्षम हैं कि देश, काल और मौसम के बदलने से न तो जीवन मरता है, न सच मिटता है। यह मेरा विश्वास था, है और रहेगा।

'त्रिकोण के तीनों कोण' के आखिरी कोण पर वह घुमावदार मोड़ है, जिस पर एक 'आईना' रखा है और इस आईने में सबकुछ बेपरदा है। सच तो यह है कि यह आईना मुझे भी डराता है और इसने दूसरों को भी डराया है। इससे एक अतीत-कथा भी जुड़ी है। इस अतीत-कथा में चमकदार आँखोंवाली, साँवली देह की एक लड़की थी, जो जीवन मेरे साथ जीना चाहती थी, पर सपने किसी और के साथ पालती थी। मेरे

समय और जीवन की इस स्वप्न सुंदरी ने तब मेरे सामने 'आईने' का रहस्य खोला था—शायद पहली बार! अक्स, आईना और आहिस्ता जैसे शब्दों को तब पहली बार मैंने आईने, तुम्हारी ही देह पर पहली बार बाँचा, फिर मेरे एक साथी ने रहस्यलोक की परीकथाएँ-सी लगनेवाली कुछ सत्यकथाएँ मेरे सामने रखीं। कल का आग उगलनेवाला वह छात्रनेता बाद के दिनों में प्रदेश स्तर की राजनीति का नायक बना। एक आमसभा में जनता को आग बाँटने के बाद उसने कुछ वक्त मेरे साथ बिताया। आमसभा उजड़ने के बाद पेट में छुपाकर रखी एक 'पोर्नोग्राफी' की किताब उसने बाहर निकाली और सोते शहर की छाती पर बची-खुची ट्यूबलाइटों के बीच वह किताब उसने खोल दी। वह नारीदेह की खुली-खुली भंगिमाओं के बीच कहीं डूब-उतरा रहा था और मैं मोहभंग से उपजे एक कोलाहल को अपने भीतर महसूस कर रहा था। विश्वास के दरके काँच से उभरा कोलाहल। उस क्षण को सोचकर मैं आज तक काँप जाता हूँ। आग और राख, ठंडापन और गर्मजोशी, चतुरता और कपटता, प्यार और घृणा, युद्ध और युद्धविराम, योद्धा और शिखंडी, प्यास और तृप्ति, तर्क और जालसाजी—इसी संस्कृति के बहुत से शब्दों को तब मैंने दिल के भीतरी कोनों में पाला भी और उन्हें पनपने भी दिया। साल बीतते गए। प्रिय आईने, तुम्हारा कद भी आदमकद हुआ। आदमी के भीतर छिपे आदमी को पाने, पकड़ने, सोचने और उसे कागज पर उतारने की मेरी लत या मजबूरी ने न मुझे रोका, न वह रोक पाई।

यहीं मेरा अपना अक्स उभरा। इस अक्स में मैंने एक और चेहरा देखा, प्रखर समाजवादी-चिंतक गणेश मंत्री का, जो अक्षरों की दुनिया में कोलंबस थे उस विचार के, जिस विचार ने सालों से मेरा पीछा किया था। वही आदमी के भीतर छिपे आदमी में उतरने की तक का। 'धर्मयुग' में वे मेरे संपादक थे। 'सुर्खियों के पीछे' के जरिए वे मेरे विचार सुर्खियों के आगे तक लाए। फिर कवि, पत्रकार, संपादक विश्वनाथ सचदेव ने इसे नाम दिया 'आईने में' और विकास के चमकदार रास्ते दिखाए। इन दो अक्सों के बीच एक और चेहरा है भाषा के जादूगर कुमार प्रशांत का, जिन्होंने बहुत कुछ नेपथ्य में ही किया। इन तीनों के प्रति मेरी कृतज्ञता दृष्टिदोष की शिकार आँखों को शायद पसंद न आए। वे आँखें इसे चमचागिरी के आस-पास पाएँगी। क्योंकि वह सब एक ही भावधारा के आस-पास था, जो कल का 'धर्मयुग' था। पर जन्मस्थल, मृत्यु-दिवस, प्रस्थान बिंदु और ढीढतापूर्वक कहूँ तो पहले प्यार की मिलन स्थली को कौन, कहाँ और कब भूल पाया है?

'धर्मयुग' में लगभग नौ साल तक बिलानागा छपे इन चेहरों की चमक आज शायद कुंद पड़ गई हो, कुछ चेहरे हो सकता है इतिहास की पीली किताबों में ही दर्ज

भर रह गए हों, पर इतना तय है कि उनका जो सच कल था, वही सच आज भी मौजूद है। इसकी मूलधारा में अब तक कोई अंतर नहीं आया है। संदर्भ बदल गए हों, वे बासी भी लग सकते हैं, पर उनसे उठे सवालों को आप कैसे पुराने कहेंगे, क्योंकि सवाल पुराने या अप्रासंगिक होने के लिए उठते ही कहाँ हैं?

यह सब आपको सौंपते वक्त मैं उत्साहित भी हूँ और आनंदित भी। आखिर अक्षरों का ताप ही तो मेरी पूँजी है और मेरा पूँजीनिवेश भी।

सादर

हरीश पाठक

सिलसिला

…और कुछ चेहरे

आभार

- नीलकंठ पारटकर
- श्रीकांत
- उर्मिला शिरीष
- ओमा शर्मा
- आलोक भट्टाचार्य
- सुमंत मिश्र
- प्रभाकर भाटलेकर
- हरि मृदुल

भूल सकता नहीं भुलाने से

अचानक अम्मा के आँसू थम गए। उनकी कोरें अब तक भीगी थीं। सपाट चेहरे पर इकलौता सवाल था—'अब कब आएगा? मोड़ा-मोड़ी तो जाने कितने साल बाद आए हैं?'

समान दहलीज के पार रखा जा चुका था। करुणा अम्मा के पैरों पर झुकी कि फिर अम्मा रुआँसी हो गईं और जैसे होंठों तक आई रुलाई को उन्होंने जबरन रोका हो। फिर कुछ-कुछ याद करते एक झटके से बोलीं, 'चित्रा कहाँ हैं? कैसी हैं? अवध की तबीयत ठीक है? अब तो वे रिटायर हो गए होंगे? तू कभी उनके पास दिल्ली जाता है? बहू कितने सालों से चित्रा से नहीं मिली? अक्षु (बेटी अक्षरा) और अंकुर (बेटा) को उन्होंने देखा है? ये दोनों चित्रा से मिले तो होंगे?'

सर्र से यादों का एक बारीक तार जैसे अम्मा के जिस्म को छूकर उनके भीतर बहुत कुछ जगा गया। मेरे जाने की खबर से एक दिन पहले से दुःख में भीगी अम्मा अचानक पूजा पर से बाहर आ गईं और कभी मुझसे, तो कभी करुणा से उन सवालों की पड़ताल कर रही थीं, जो अम्मा के उत्साह, उनकी जिज्ञासा और उनके मनोभावों से जुड़े थे। वे उस पल पूरी तरह से यह भूल चुकी थीं कि कुछ दिन बिताने के बाद उनका यह बेटा अपने कुनबे सहित वापस मुंबई लौट रहा है। वह अब कब आएगा—यह उसे भी नहीं पता। पर उसे यह और इतना जरूर पता है कि चित्रा मुद्गल की याद भर ने उसके सुस्त और उदासी में लिपटे घर में अचानक एक खुशनुमा माहौल रच दिया है।

उस क्षण यही हुआ। अम्मा के होंठों पर सवाल थे। वे चित्राजी से जुड़ी हर बात को विस्तार से जानना चाहती थीं। अम्मा के पीछे घूँघट में खड़ी बड़ी भाभी, अम्मा के बगल में खड़ी चाची, दरवाजे पर ठिठकी छोटी भाभी और घर के दूसरे लोग बड़ी शिद्दत से यह जानना चाहते थे—'चित्राजी ग्वालियर कब आएँगी? चेतू की शादी में

क्या उन्हें बुलाया नहीं था? ग्वालियर के बगल में तो है दिल्ली, क्या वे हमसे मिलने यहाँ नहीं आ सकीं? तू ग्वालियर में हो, तभी वे आएँ, यह जरूरी तो नहीं?'

मैं भौंचक भी था और मुदित भी। मैं रिश्तों के इस उजले आँगन में खुद को गायब पा रहा था। मेरे सुख का कारण इतना भर था कि उमर के नौ दशक पार कर चुकी अम्मा की स्मृतियों में चित्रा मुद्गल उजास का वह कोमल कोना थीं, जिस पर मेरा पूरा कुल आनंदित था और अम्मा विभोर। स्नेह की ओस में उनकी झुर्रियों से भी भरी देह गीली-गीली थी। 'कमाल की है चित्रा', कहते-कहते जब अम्मा का गला भर्रा आया तो मुझे लगा कि उनका यह रुँधा गला कहीं मेरी आँखों के भीगने का कारण न बन जाए।

फिर अचानक सबकुछ सहज हो गया। जब हमने घर का दरवाजा पार किया तो अम्मा का आशीर्वाद में उठता हाथ हवा में देर तक हिलता रहा। ट्रेन खिसक रही थी, पर मेरी आँखों के ठीक सामने वह हाथ रह-रहकर उभर रहा था, माँ की वरद् उपस्थिति का हाथ। अतीत को वर्तमान से जोड़ता हाथ। कठोर और कठिन दौर में दिलासा और विश्वास सौंपता हाथ। हार की हताशा में फिर-फिर रास्ता सुझाता रोशनी भरा हाथ।

ट्रेन ने ग्वालियर की सरहद छोड़ दी थी। पर मेरी यादों में रह-रहकर एक और ट्रेन उभर रही थी।

यह 9 मई, 1983 की एक दोपहर थी। नई दिल्ली रेलवे स्टेशन के प्लेटफार्म नंबर चार पर मुंबई से आनेवाली ट्रेन रेंग रही थी। रेंगती हुई उस ट्रेन से जब एक हाथ बाहर की तरफ उभरा तो भीड़ में खड़े रमेश बत्तरा 'भाभी आ गई' कहते तपाक से डिब्बे में चढ़ गए। पीछे-पीछे बहुत लोग थे—सुरेश उनियाल, श्रीकांत शर्मा, अरुण वर्द्धन, महेश दर्पण, चंचल, सुभाष अखिल, मुद्गल की सिर्फ तसवीर देखी थी और उनके बहुत किस्से सुने थे, पर न मैं उनसे कभी मिला था। न मेरी उनसे फोन पर कोई बात हुई थी।

तभी रमेश बत्तरा की आवाज गूँजी—"भाभी, यह हरीश पाठक है। नौकरी तो यह 'सरिता' में करता है, पर इसकी चिट्ठियाँ 'सारिका' में आती हैं। अचानक गूँजे ठहाके के बीच चित्राजी ने पूछा, 'विरुद्ध तुम्हारी की कहानी है?' जवाब रमेश बत्तरा ने दिया—'मनहर चौहान से इसके भैरंट रिश्ते हैं।' ठहाका फिर गूँजा। चित्राजी ने फिर कहा, 'भैरंट तो ग्वालियर का खास शब्द है।' फिर रमेश बत्तरा बोले, 'भाभी, यह भी ग्वालियर का खास आदमी है।'

चित्रा मुद्गल से पहली बार मैं इसी तरह मिला। मिला क्या, मैंने उन्हें देखा। उस भीड़ में मैंने चित्राजी को सबसे मिलते, उनके घर-परिवार का हाल पूछते और कौन, कैसे जाएगा की चिंता करते देखा। जब उनकी आवाज मुझे खोज रही थी, तब मैं पुल पार कर चुका था। रमेश बत्तरा ने उन्हें बताया—'वह दिल्ली प्रेस में काम करता है, जहाँ बमुश्किल से बाहर निकलने की इजाजत मिलती है। सिर्फ आपसे मिलने दौड़ते-दौड़ते आया था। किसी तरह वहाँ के माहौल में रमने की कोशिश कर रहा है। वहाँ का माहौल

तो आप जानती ही हैं—वहाँ न तो व्यक्तिगत चिट्ठी आ सकती, न कोई फोन। मेहमानों से आप मिल नहीं सकते और पाँच मिनट लेट हो गए तो आधे दिन की तनख्वाह गायब। हिम्मती लड़का है। नौकरी को लेकर तनाव नहीं पालता। बाकी वहाँ जो भी हैं, वे जब भी मिलते हैं, रोते रहते हैं, पर वह जब भी मिलेगा—उत्साह से लबालब।'

सच तो यह था कि यह रमेश बत्तरा का वह बड़प्पन था जो मेरे तकलीफ भरे उन दिनों में मुझे मरहम की तरह वक्त-बेवक्त राहत भी देता था और ताकत भी। ग्वालियर मेरी चेतना में हथोड़े सा टक-टक बजता जरूर था, पर न तो मेरी आर्थिक स्थिति और न ही दफ्तरी बंदिशें इस बात की छूट देती थीं कि मैं जब मन चाहे ग्वालियर चला जाऊँ और घर-परिवार से मिल आऊँ। विडंबना यह कि सिर्फ पाँच घंटे की दूरी पर बसे मेरे उस जन्मस्थान पर पहुँचने का रेल किराया तब सिर्फ पंद्रह रुपए पैंतीस पैसे था, पर साढ़े छह सौ रुपए की नौकरी करनेवाला मैं इसके लिए भी तरस जाता था।

राजधानी के ये वे दिन थे, जो मेरे जीवन में आज भी किसी सुलगती याद से जब-तब उभरते हैं। ये वे दिन थे, जिनमें दर्ज है पिता की बेरुखी, माँ की बेचारगी, भाइयों की तटस्थता, नौकरी की बाध्यता, साहित्यिक मित्रों की चालाकी और ग्वालियर के दोस्तों की सट्टा लगाने के अंदाज में मुझे बेहाल देखने की ललक।

इन दिनों एक बड़े बेग और कुछ किताबों के संग मैं कभी महेश दर्पण के पड़ोस में 91 मिंटो रोड पर रहता तो कभी मोती बाग, आर.के. पुरम् और नौरोजी रोड के सरकारी क्वार्टरों में किराएदार का किराएदार बनकर।

इन्हीं दिनों में दर्ज है गाँव में पिता की मौत, मौत के दिन मेरा पहुँचना, गाँव में बदहाल माँ को देखना, छोटी चचेरी बहन का आत्मघात करना और रह-रहकर उस सरकारी क्वार्टर के निकट अँधेरे में उस पिता को याद कर-कर के तड़पना, जो साल-साल सिर्फ इस बात पर नाराज थे कि उनका तीसरे नंबर का यह बेटा अक्षरों से मोहब्बत क्यों करता है? वहाँ भाइयों की तरह इंजीनियर, डॉक्टर बनने का मन क्यों नहीं रखता?

त्रास और सपनों के इस संधिस्थल पर खड़ा मैं तब उन रिश्तों को खोज रहा था, जो उस दौर में मेरे लिए खुली हवा से जरूरी थे। दिल्ली प्रेस में मैं 'मुक्ता' का प्रभारी था और यह प्रभार मुझे कोई तकलीफ नहीं देता था। वक्त पर पत्रिका निकल जाने पर प्रबंधन को मुझसे और मुझे प्रबंधन से कोई शिकायत नहीं थी। मैंने वे सारे तोड़ खोज लिये थे, जो दिल्ली प्रेस को यातना शिविर का नाम देते थे। मेरी चिट्ठियाँ 'सारिका' में रमेश बत्तरा के पते पर आती थीं। फोन रिसेप्शनिस्ट बीना और नूतन से सद्व्यवहार के चलते मिल जाते थे। मेहमानों के तौर पर ज्यादातर पत्रकार मित्रों, लेखकों, छायाकारों का आना होता था तो कभी उसमें भी कोई दिक्कत नहीं आई। आलोक तोमर लगभग रोज आता था। पर वह मुझसे ज्यादा दफ्तर के लोगों से हिला-मिला था। सुप्रिया, उन दिनों वहीं कार्यरत थी, आलोक एक विकासशील प्रेम में गले-गले डूबा था। वक्त पर

पहुँचने की चूँकि कभी आदत ही नहीं रही, लिहाजा इतनी छूट मुझे पत्रिका प्रभारी होने के नाते मिली थी कि मेरे नाम के आगे मस्टर में कोई 'लाल क्रॉस' अकसर नहीं लगता था। प्रभारी के नाते अमूमन देर तक रुकना पड़ता था, लिहाजा यह मेरे और बड़े साब (स्वर्गीय विश्वनाथ) के बीच का एक तालमेल था।

इस मौसम में मेरे दु:खों और मेरी तकलीफों को बहुत करीब से जाननेवालों में अवधनारायण मुद्गल, रमेश बत्तरा, महेश दर्पण, रश्मि पंत और डॉक्टर जगदीश चंद्रिकेश ही थे, जो किसी छाया की तरह हर पल मेरे नजदीक होने का अहसास कराते थे।

'सारिका' दिल्ली आ चुकी थी। डॉ. चंद्रिकेश का लॉरेंस रोड स्थित फ्लैट ए-242/ए उस दौर की दिल्ली में लेखकों का सबसे बड़ा मिलन स्थल था। यह फ्लैट मुझ जैसे उन तमाम लेखकों को उस छत का अहसास कराता था, जिसे विश्वास के संग 'घर' कहा जा सकता था। डॉ. चंद्रिकेश डॉ. नैन भटनागर के संग अपने हरिनगरवाले फ्लैट में रहते थे और जब-तब ही यहाँ आते थे।

'लेखक घर' में बदल गए इस फ्लैट में उन दिनों अवध नारायण मुद्गल, रमेश बत्तरा, महावीर प्रसाद जैन, महेश दर्पण स्थायी तौर पर रहते थे। चित्राजी उन दिनों मुंबई में थीं और जब भी वे दिल्ली आतीं, यहीं रुकतीं। जया रावत, तब तक जया रमेश नहीं बनी थी, पर वह अकसर आया करती थीं। इसके संग-संग कभी मुद्राराक्षस, कभी वीर राजा, कभी राकेश वत्स, कभी जगवीर सिंह वर्मा, कभी सुरेंद्र सुकुमार, कभी अनिल जनविजय, कभी विभांशु दिव्याल, तो कभी हरिनारायण जैसे लेखक, संपादक अपनी शामें, जो देर सुबह में तब्दील हो जाती थीं, अमूमन यहीं खर्च करते। इस लेखक मंडली में सबके अपने-अपने सपने थे, जो देर-सवेर पूरे भी हुए।

मुझे इस लेखक घर में जाने की आदत तब से थी जब मैं ग्वालियर में था और दिल्ली बसने के लिए बाकायदा छटपटा रहा था। बाद के सालों में जब मैं विधिवत् दिल्ली प्रेस की नौकरी करने दिल्ली पहुँच गया तो नौकरी से बचे-खुचे वक्त में मैं जरूर मुद्गलजी, रमेश बत्तरा और महेश दर्पण की संगत करने लॉरेंस रोड जाता था।

पर वक्त की लय पर बहुत कुछ बदल गया। 8 मई, 1983 को चित्राजी के दिल्ली आने के पहले ही मुद्गलजी 'सारिका' के संपादक बनकर मयूर विहार के अपने फ्लैट में रहने चले गए थे। जया रावत ने रमेश बत्तरा से विवाह कर लिया था और वे राजौरी गार्डन के एक विशाल घर में सुकून की जिंदगी जी रहे थे। महावीरप्रसाद जैन 'पराग' से जुड़ने के बाद गाजियाबाद में रहने लगा था। विवाह के बाद उसकी जिंदगी नए रूप में थी। महेश दर्पण 'सूर्या' के बाद 'सारिका' से जुड़ गया था और अपने चचेरे भाई विनय पंत के साथ मिंटो रोड के सरकारी क्वार्टर में रहता था। अंततः डॉक्टर चंद्रिकेश का वह फ्लैट फिर से खाली हो गया था—सबकी यादों में अपना उजाला बिखेरकर।

विश्वास का यही उजाला मेरी जिंदगी में बहुत काम आया। पिता के जिंदा रहते

ग्वालियर जाने की मेरी इच्छा तो बहुत होती थी—आर्थिक तंगी के बावजूद, पर यह अहसास भी होता था कि पुराने बैग और कपड़ों को देखकर वे ऐसा कुछ अचानक कह देंगे कि मेरा उत्साह एक पल में खत्म हो जाएगा। रक्षाबंधन की वह सुबह में चाहकर भी नहीं भूल पाता, जब निजामुद्दीन स्टेशन से गुजरते वक्त मैं हताश हो गया था। यह सोचकर मैं काँप गया कि कल रक्षाबंधन है और मैं दो-दो बहनों के होने पर भी लावारिस सा राजधानी में अकेला भटक रहा हूँ।

आनन-फानन में कुतुब एक्सप्रेस पकड़कर मैं ग्वालियर पहुँच गया। अम्मा, भाभी सब मुदित। सुबह नींद टूटी तो देखा पिता बड़ी बहन को मेरी बुशर्ट दिखा रहे हैं—'कॉलर घिस गई है, पर एक नई बुशर्ट नहीं खरीद पाया। क्या नौकरी करता है? पिछली बार भी यही बैग लाया था, इसकी सिलाई तक खुल रही है—क्या करता है पता नहीं?'

उनकी आवाज भारी थी—जैसे मेरे हालात ने उन्हें गहरी पीड़ा दी है। बहनजी चुप थीं और कह रही थीं, 'इन सबका क्या मतलब है? सब ठीक हो जाएगा। आज के दिन वह आया, यही बड़ी बात है।'

तब मैं, मेरा मन और मेरी परेशानियाँ कुछ पल ही राहत चाहती थीं। सरकारी क्वार्टरों का जानलेवा सन्नाटा, इतवार का दिन और होटलों के लिपे-पुते तंदूर यह अहसास दिलाते थे कि आज छुट्टी है। यही छुट्टी मेरे भीतर साँय-साँय करती मुझे डराती और उससे निजात पाने का मैं कोई रास्ता ढूँढ़ता।

'इतवार को तुम क्या करते हो?' सवाल इतना सपाट था कि एकदम से मैं जवाब ही न दे सका।

'घर की याद में खोया रहता हूँ, पर घर जाने से बचता हूँ।'

'याद भी और डर भी?'—ये चित्राजी थीं।

'याद अम्मा की, भाइयों और भतीजों की और डर पिता का।' खोया-खोया मैं बोला।

यह मयूर विहार का वह घर था, जहाँ मैं मुद्गलजी से यह पूछकर आया था कि 'इतवार को आपके घर आना चाहता हूँ, आप कहीं जा तो नहीं रहे?'

वे हँसते हुए बोले, 'नहीं, हम लोग कहीं नहीं जा रहे। तुम जरूर आओ। चित्रा से तुम ढंग से कहाँ मिले हो। खूब बातें करेंगे।'

चित्राजी मेरे ठीक सामने थीं। मेरे पहुँचने के पहले चंचल वहाँ थे अपनी बेटी के साथ। उनको विदा कर चित्राजी बैठी ही थीं कि मैं पहुँच गया। राजस्थानी शैली का भव्य फर्नीचर, रंग-बिरंगे गावतकिए, बेहद आकर्षक परदे और थम-थम कर बजतीं छोटी-छोटी घंटियाँ, जो हवा की लय पर थिरक रही थीं या परदे की औट में कहीं थीं। हर चीज बेहद करीने से सजी थी। किताबों के अंबार के बीच में मुसकराते मुद्गल दंपती की कई तसवीरें रखी थीं।

'पिता से तुम्हारी अनबन क्यों रहती है? अवध बता रहे थे कि तुम्हारी कहानियों और बातचीत में न जाने क्यों पिता के प्रति एक गहरा आक्रोश है। शायद रमेश ने उन्हें बताया कि अरसे से तुम्हारी अपने पिता से ही बातचीत बंद है?'

किसी ने अचानक जैसे एक तेज धारवाला हथयार मेरी अंतड़ियों में उतार दिया था। चित्राजी के इस सपाट से सवाल ने मुझे अंदर तक हिला दिया। पहली बार किसी ने अपनेपन के साथ वह जख्म ही कुरेद दिया था, जिसे मैं ढका-ढका घूमता था और हँसता भी था।

देर तक कमरे में सन्नाटा टहलता रहा। मुद्गलजी विषयांतर करना चाहते थे, पर उनकी हर कोशिश असफल हो रही थी। मेरी समझ में ही नहीं आ रहा था कि हिंदी की इस दिग्गज कथा लेखिका के सामने अपनी दूसरी ही मुलाकात में मैं अपना दुःख, त्रास और बिगड़ते पारिवारिक रिश्ते कैसे उजागर करूँ? मैं कैसे कहूँ कि घृणा और प्यार के त्रासद मोड़ पर खड़ा मैं एक अमूर्त कारण के चलते परिवार से कटा हूँ। मेरी पारिवारिक उपेक्षा का कारण वे अक्षर हैं, जिनसे मैं मोहब्बत करता हूँ और पिता नफरत। वे हर हाल में चाहते थे कि मैं यदि इंजीनियर, डॉक्टर न बन सका तो ठीक है, पर एल-एल.बी. कर वकालत करूँ और बड़े भाइयों की तरह एक सामाजिक प्रतिष्ठा अर्जित करूँ।

मैं चित्राजी को कैसे बताता कि लिखने के संगीन जुर्म में मेरा पूरा मोहल्ला गरमी हो या सर्दियाँ, मेरे अपमान को अपनी खुली आँखों से देखता है और खुद से पूछता है, अखबार में लिखना भी क्या अपराध होता है? मैं चित्राजी से कैसे कहूँ कि मेरी माँ और भाभी को मुझे चाय और खाना तक न देने की हिदायत है, क्योंकि पिता कहते हैं—वह भूखा भले मर जाए, पर मैं अपने घर में किसी को लेखक, पत्रकार नहीं बनने दूँगा।

मैं क्या और कैसे कहूँ कि पिता की पक्की धारणा है कि लेखक बनना बेहाली और फटेहाली का दूसरा नाम है। वे चाहते हैं कि यदि तुम इसी जिद पर अड़े हो तो घर से बाहर रहो, इस घर में तुम्हारे लिए कोई जगह नहीं है। यही वजह रही कि सालो-साल उस घर में चाहकर भी मैं अपना कोई सुरक्षित कोना नहीं ढूँढ़ सका। घर होते हुए भी उसी शहर में छात्रावास में रहा और उसी तरह घर जाता जैसे किसी दूसरे शहर में बसा हूँ।

पर सन्नाटा देर तक नहीं रहा। उसे टूटना ही था। टूटे उस सन्नाटे की किरचें कई दिनों तक मुझे जख्मी किए रहीं। दबा हुआ दुःख भरभराकर बाहर आ गया। उस शाम मैंने थम-थमकर, रुक-रुककर वह सब बयान कर दिया, जो मुझे कई सालों से व्यथित किए था। मेरे अंदर न जाने क्यों यह अपराध-बोध घर किए था कि कहीं सच में तो मैं कोई अपराध नहीं कर रहा? मैं किस्सा-दर-किस्सा वह सबकुछ बता गया, जो भोग रहा था कि या जिसे मैंने भोगा था।

सुबकती हुई यादों के वे बदरंग चेहरे जो किसी प्रेत से मुझे हर रात डराते थे, मैंने उन्हें अक्षर-अक्षर हिंदी की उस सितारा लेखिका के सामने रख दिया। मुझे न जाने क्यों ऐसा लगा कि यदि आज मैं यह सब उजागर नहीं करूँगा तो हो सकता है, मेरे दिमाग की नस ही फट जाए। मुझे लग रहा था कि रह-रहकर टीस रहे उस घाव को यदि सब तरफ से दबाकर खाली नहीं किया गया तो हो सकता है दर्द की कोई बारीक लहर फिर मुझे तकलीफ दे। उस एकालाप की सबसे बड़ी वजह शायद वह आत्मीय स्पर्श था, जिससे मैं अरसे से वंचित था। जब भी जिसने पूछा, वह या तो सूचना के अंदाज में या खिल्ली के तौर पर। मैं इन दोनों हालातों से बचना चाहता था।

उस शाम मैं रोया तो नहीं था, अमूमन रो भी नहीं पाता, पर चित्राजी के घर से जब मैं उठा तो लगा—बहुत-बहुत हलका हो चुका हूँ। मित्रों से जिस दु:ख को कई सालों तक छिपाता रहा, उस पीड़ा को माँ-सी चित्रा मुद्‌गल के सामने रखते मैं खासा हलकापन महसूस कर रहा था।

फरवरी 1984 की वह शाम मेरे मन के भीतरी कोनों में आज भी साबुत और सुरक्षित है जब सीमाओं और संस्कारों के महाद्वार पर खड़ी इस कालजयी लेखिका ने अपने शाब्दिक स्पर्श से मुझे बेहद सक्रिय और ऊर्जावान् कर दिया था। उस दौर में यह मानसिक ताकत मेरे लिए किसी प्राणवायु की तरह जरूरी थी। यह इतना बड़ा संबल था, जिसके बूते मैं पारिवारिक उपेक्षा की भव बाधा को सहजता से पार कर सकता था। बाद के सालों में ऐसा हुआ भी।

कैसे भूल सकता हूँ वे क्षण, जब पिता की मौत के बाद उपजी घबराहट में सिर्फ अवधनारायण मुद्‌गल, चित्रा मुद्‌गल, रमेश बत्तरा, महेश दर्पण, डॉ. जगदीश चंद्रिकेश और दिनेश तिवारी ही थे, जो अतीत बन गए जख्मों पर सांत्वना की मरहम लगा रहे थे। पूरे साठ दिन तक ग्वालियर और दिल्ली में घर में ही कैद रहा। यह कैसा रिश्ता था उस पिता से, जो जीते जी नफरत की जमीन पर खड़ा था, पर उनकी मौत के बाद अचानक गहरी संवेदना पर जा टिका था। बंद दरवाजों के बीच शोक की यह कैसी शैली थी, जिसे सिर्फ मैं महसूस कर रहा था।

नौरोजी नगर के उस घर में तब मेरे कई मित्र इस डर से मिलने आए थे कि यादों का दंश कहीं मेरी मन:स्थिति की शराब न कर दे। कभी मुद्‌गलजी का संदेश लिये महेश दर्पण, तो कभी कंधे पर झोला और हाथ में पान का बीड़ा थामे रमेश बत्तरा। हर दूसरे दिन किसी-न-किसी के जरिए एक संदेश जरूर मिल जाता—'चित्राजी बहुत चिंतित हैं। कैसे भी उनसे एक बार मिल आओ। आस-पास कोई फोन हो तो उसका नंबर दे दो। उनकी इच्छा है कि तुम एक-दो दिन मयूर विहार में ही रहो।'

रहा मैं अपने ही घर। जब दु:ख पतला होकर बह गया तब सबसे पहले मयूर विहार गया। घंटों चित्राजी के सामने बैठा रहा। लगा वह वरद् उपस्थिति, एक घना

साया, एक मजबूत सुरक्षा कवच और मानसिक संबल का एक ताकतवर आधार मेरे साथ है। हताशा और अकेलेपन के उस घटाटोप में मुद्‌गल दंपती मेरे लिए विश्वास का ऐसा रोशनदान रहे, जिस पर मुझे आज पच्चीस साल बाद भी दर्प है। मुझे इस बात का बाकायदा घमंड है कि मेरे विवाह, मेरा मुंबई आना, मुझे बतौर कहानीकार याद किया जाना, तीस साल की पत्रकारिता में मेरा बड़े-बड़े संस्थानों में प्रशिक्षु पत्रकार से संपादक के पद तक पहुँचना जैसे उतार-चढ़ाव भरे दौर में मुद्‌गल दंपती हर पल, हर क्षण मेरे लिए शुभाशाओं और आशीर्वाद के हलदी-चावल लिये खड़े रहे। इससे बड़ी पूँजी किसके पास होगी?

सच तो यह है कि कई घुमावदार मोड़ों से गुजरती मेरी जीवन-यात्रा से यदि मुद्‌गल दंपती को सायास अलग कर दिया जाए तो जो बचेगा, वह बेहद नीरस, बेजान और बेरौनक होगा। निजी जीवन के मोर्चे पर जब पिता की मौत के बाद खानदान भर में सन्नाटा था, तब घर की मुखिया की तरह आगे बढ़कर चित्राजी ने शुरू हुए मेरे विवाह प्रसंग को अंजाम तक पहुँचाया। नौकरी की बात करूँ तो जब मैं दिल्ली प्रेस में आठ साल गुजारने के बाद बाहर जाने के लिए छटपटा रहा था, तब मुद्‌गलजी ने चलती ट्रेन में लगभग दौड़ते हुए कहा था—'चित्तुल, इस बार भारतीजी से हरीश के बारे में जरूर बात करना, 'धर्मयुग' का विज्ञापन निकला है—याद से।'

यही कारण है कि जब मैं पहली बार पद्‌मा सचदेव के 'मितवा घर' में आलोक तोमर के साथ डॉ. भारती से मिला तो उन्होंने छूटते ही कहा, 'धर्मयुग में नौकरी करोगे?' और उस कँपकँपाती सर्दी में मेरे हाथ की प्लेट हिलने लगी थी। बाद में यह रहस्य उजागर हुआ कि आवेदन अपनी जगह था, लिखित परीक्षा और दिल्ली-मुंबई के मिलाकर कुल पाँच इंटरव्यू अपनी जगह थे, पर चित्राजी ने अपनी मुंबई यात्रा के दौरान जब डॉ. भारती से मेरा जिक्र किया तो उन्होंने छूटते ही कहा था, 'पड़ोसन, अब मेरे स्टाफ के बारे में भी मुझे सलाह दोगी?' डॉ. भारती उस दिन मशहूर छायाकार मित्तल बेदी की मौत से व्यथित थे, पर उस माहौल में भी चित्राजी ने अपनी बात कह दी थी, क्योंकि उन्हें उसी दिन दिल्ली वापस लौटना था।

अतीत की सुरंग में यदि मैं फिर लौटूँ तो साफ-साफ दिखता है ग्वालियर के होटल 'गुजरी महल' का वह कमरा, जहाँ लड़की देखने की रस्म पूरी होनी है। चित्राजी ने कुछ मिनटों की बातचीत के बाद ही मुद्‌गलजी से साफ-साफ कह दिया—'यह लड़की हरीश की जिंदगी बदल देगी। आकाशवाणी छतरपुर में काम करती है, तो यह जिस भी शहर में रहेगा, तबादला हो जाएगा और दोनों लोग सुख से रहेंगे।' होटल के नीचे जब मेरी बड़ी बहन पुष्पा आचार्य चित्राजी से मिलीं तो लपककर चित्राजी ने उनसे कहा, 'शहनाई की तैयारी कर लो। कुलीन और संस्कारवान् लड़की है। अम्मा से मैं खुद बात करूँगी।' बहनजी भौंचक थीं और मैं अवाक्।

बात यहीं नहीं रुकी। शाम जब हम मुद्गल दंपती के सम्मान में आयोजित किसी कार्यक्रम में, जिसमें शामिल होने की चित्राजी ग्वालियर आई थीं, जा रहे थे और कार 'चैंबर ऑफ कॉमर्स' भवन के सामने से गुजरी तो जैसे मुद्गलजी को कुछ याद आ गया। वे अचानक पूछ बैठे—'अम्मा को बता आए कि लड़की पसंद है?' मेरी खामोशी पर उन्होंने तुरंत गाड़ी चैंबर के ठीक सामने की गली में, जहाँ मेरा घर 'पितृछाया' है—मुड़वा दी। दरवाजे पर खड़े मुद्गलजी तब तक हमारा इंतजार करते रहे जब तक चित्राजी अम्मा से मिलकर नहीं लौट आईं। उन्हें इस बात की जरा भी फिक्र नहीं थी कि कार्यक्रम के आयोजक हो रही देरी से बिलबिला रहे होंगे।

बाद के दृश्य तेजी से बदलते हैं। ग्वालियर के जीवाजी क्लब में विवाह का होना, मुद्गल दंपती का पूरे समारोह में उपस्थित रहना, नाते-रिश्तेदारों से चित्राजी का घुल-मिल जाना, मेरा दिल्ली और दिल्ली प्रेस को छोड़ना, मुंबई में धर्मयुग में आ जाना, पहले मेरा अकेला कुर्ला की एक लॉज में रहना, फिर करुणा का मुंबई तबादला हो जाना, कुर्ला के रेलवे कॉलोनी के एक फ्लैट में मेरी गृहस्थी की शुरुआत का होना, चित्राजी व मुद्गलजी का उस घर को गर्व से निहारना, अक्षर का पैदा होना—मेरे सुख के ऐसे कारण हैं, जिन पर आज भी मैं फूला नहीं समाता।

मेरे मन में आज भी ग्वालियर की कला-वीथिका की वह दोपहर उभरती है, जब मेरी कहानियों की दूसरी किताब 'गुम होता आदमी' का लोकार्पण समारोह 'जनवादी लेखक संघ' ने आयोजित किया था। संयोजक जहीर कुरेशी ने फोन पर जब चित्राजी से पुस्तक के लोकार्पण का आग्रह किया तो उन्होंने तपाक से कहा, 'न आने की क्या बात है? मुझे आना ही है।' उत्तेजना में थरथराते जहीर साहब ने मुझे फोन पर बताया, 'एक तरफ दिनेश जुगरान अपनी दफ्तरी व्यस्तताएँ बता रहे हैं, दूसरी तरफ चित्रा मुद्गल साफ-साफ कह रही हैं सिर्फ तारीख बता दें—मैं हर हाल में आऊँगी।'

उस दिन मुकुट बिहारी 'सरोज', चित्रा मुद्गल, पुन्नी सिंह व जहीर कुरेशी मंच पर थे कि अचानक चित्राजी मंच से उतरीं और भीड़ में बैठीं अम्मा को मंच पर ले आईं। तालियों के बीच वे बोलीं, 'अम्मा, आज का दिन आपका दिन है।' पुस्तक की पहली प्रति जब चित्राजी ने अम्मा को भेंट की तो उत्सव की वह दोपहर उस आत्मीय गंध से लबालब थी, जिसे करोड़ों-करोड़ गुलाब भी नहीं रच सकते थे।

यह चित्रा मुद्गल का ही आकर्षण था कि उस दिन मेरे दूर की तमाम भौजी, भाभी, चाची, बुआ, मौसी, भानजी और भतीजियाँ खास मौकों पर पहनने वाले अपने कपड़ों में सिर्फ और सिर्फ चित्राजी से मिलने आई थीं। कार्यक्रम के बाद चित्राजी हैरान थीं कि घूँघट में इतनी महिलाएँ अचानक कहाँ से आ गईं, जो उनके चरण स्पर्श कर रही हैं?

हुआ यहाँ तक कि मेरे तमाम रिश्तेदारों ने मेरी किताब पर चित्राजी के दस्तखत

लिये। वह किताब आज भी उन परिवारों में इसलिए खास कागजों के बीच रखी है, क्योंकि उसमें चित्रा मुद्‌गल की इबारत लिखी है। जब भी मैं ग्वालियर जाता हूँ तब न तो वे लोग किताब दिखाने से चूकते, न चित्राजी को याद करना भूलते। यह रिश्तों की कितनी बड़ी पूँजी है कि जिनको चित्राजी जानती तक नहीं, वे लोग एक आकर्षण में बँधे हर मौसम में, हर हालात में उन्हें याद करते हैं।

यादों का यह सिलसिला बहुत व्यापक और विराट् है। इस याद के पीछे सबके अपने-अपने कारण हैं। मैं स्तब्ध हो जाता हूँ उस क्षण जब कला हो या संगीत, फैशन हो या पर्यटन, रंगमंच हो या फिल्म, समाज हो या संगठन, राजनीति हो या व्यापार—कोई ऐसा क्षेत्र नहीं है, जहाँ चित्रा मुद्‌गल को चाहने वाले और उन्हें मन के भीतरी कोनों से याद करने वाले न हों। फिर वे किशोरी अमोनकर हों या जगजीत सिंह, सतीश गुजराल हों या मनजीत बाबा, अनंग देसाई हो या राजेंद्र गुप्ता, राज बब्बर हो या ओम पुरी, उषा गांगुली हो या मधु किश्वर, संजय निरूपम हों या बलदेव खोसा।

वे कोई भी हों और कहीं भी हों, मैंने भावुक मन से सबको यही पूछते देखा है—'आपको पता है, चित्रा मुद्‌गल की नई किताब कहाँ से आ रही है?' वे अंग्रेजी पत्रकारिता के एम.जे. अकबर भी हो सकते हैं और ओम गुप्ता भी। वे अन्नू कपूर भी हो सकते हैं, सीमा कपूर भी। यही खासियत और खूबी उन्हें चित्रा मुद्‌गल बनाती है। राहुल देव और मल्लिका भाभी, आलोक तोमर और सुप्रिया, सुधीर तैलंग और विभा, महेश दर्पण और अलका, उर्मिला शिरीष और डॉक्टर शिरीष शर्मा न जाने कितने परिवार हैं, जो आज अपने-अपने हिस्से का यश चित्राजी की छाया में बैठकर बाँटना चाहते हैं। अपने परिवार की छोटी-छोटी खुशी को वे उन चित्रा मुद्‌गल तक पहुँचाने को बेताब रहते हैं, जो उनके निजी संसार का हिस्सा भी रहीं, हमदर्द भी। हरीश पाठक हों या महेश दर्पण, सोमंद्रनाथ हों या चट्टो उर्फ रेखा कपूर या आशा, इनके विवाह प्रसंग शुरू भी चित्राजी की पहल पर हुए और आज उनके कुनबे की चिंता भी सबसे ज्यादा उन्हें ही परेशान करती है। क्या कोई रचनाकार शब्दों से इतर इतनी बड़ी भूमिका निभा सकता है? शायद नहीं।

यही वजह है कि आज की मौजूदा हिंदी कहानी के समूचे परिदृश्य में चित्रा मुद्‌गल की धमक और ठसक कईयों को सालती है। वे चारण और भट परंपरा का न तो किसी को हिस्सा बनते देखना चाहती हैं, न उनकी यह चाहत है कि अक्षरों के घर में यह कुप्रथा पनपे। वे न तो 'गॉड मदर' हैं, न 'गऊ माता'। वे अक्षरों के घर की ऐसी महारानी हैं, जिन पर जितने लोग मुग्ध हैं, उससे ज्यादा क्षुब्ध। वे दो टूक लहजे में कहती हैं, 'इस पचड़े में पड़ी रहूँगी तब लिखूँगी कब?' शायद यही कारण है कि न तो वे अपनी आलोचना से विचलित होती हैं, न प्रशंसा पर प्रफुल्लित।

वे तब भी खामोश रहती हैं जब हिंदी कहानी का एक आत्ममुग्ध तानाशाह अपने

बगल बच्चों को उनकी प्रसार भारती में नियुक्ति पर दिव्य ज्ञान देता है और उनके भाजपा से रिश्तों को व्याख्यायित करता है। वह यह भूल जाता है कि उसकी अपनी दुरभिसंधि ने उसे किस दरबार में खड़ा किया था?

चित्रा मुद्‌गल तब भी मुसकराती हैं जब एक स्थानीय रामचंद्र शुक्ल उनके उपन्यास की प्रकाशित समीक्षा की समीक्षा अपने स्तंभ में छापकर खुद को धन्यवाद देता है।

बेवजह पैदा किए विवाद और उन विवादों पर फिर खड़े किए उपविवाद उस क्षण मर जाते हैं जब चित्रा मुद्‌गल उन पर एक शब्द भी नहीं बोलतीं। स्त्री विमर्श के पैदा किए मौसम में वे बेबाक कहती हैं, 'एक रचनाकार का स्त्री का पुरुष होना उतना मायने नहीं रखता जितना कि उसका अनुभव जागत् और संवेदनात्मक दृष्टि।'

यही उनकी रचनात्मकता का बीज मंत्र है। यही इकलौता कारण है कि पंद्रह कहानी संग्रह और चार उपन्यासों सहित चौबी से जयादा अन्य पुस्तकों की इस लेखिका ने 'आवाँ' से जो यश प्राप्त किया, वह कल्पनातीत है। तमाम साहित्यिक गुटबाजी को दुत्कारते 'आवाँ' के हिस्से में पाँच पुरस्कार आए। उसके अब तक चार संस्करण आ चुके हैं और मराठी, गुजराती, असमिया, पंजाबी तथा अंग्रेजी में उसका अनुवाद हो चुका है। पिछले एक दशक में 'कितने पाकिस्तान' (कमलेश्वर) के अलावा 'आवाँ' ही है, जो चर्चा के केंद्र में भी अव्वल रहा और पुरस्कारों की दौड़ में भी आगे।

रिश्तों के निभाने में भी चित्रा मुद्‌गल सबको पीछे छोड़ देती हैं। उनके होंठों पर उस वक्त ताला लग जाता है जब उनका कोई शुभचिंतक छटपटाते हुए उनके बारे में कही या सुनी कोई गलत बात उन तक पहुँचाता है। वे पूरे धैर्य से सब सुनती हैं। फिर एक खनकती हँसी उस खामोशी को तोड़ देती है।

मुझे अच्छी तरह याद है वह रात, जब कुप्रचार लिये मशहूर धीरेंद्र अस्थाना ने मुझे फोन कर कहा, 'चित्रा मुद्‌गल मयूर विहार छोड़कर आजकल अकेली मॉडल टाउन में रह रही हैं।'

मैं अंदर तक हिल गया। मैंने आनन-फानन में चित्राजी के मयूर विहार के घर में फोन लगाया। फोन के दूसरे कोने से चित्राजी की आवाज सुनी तो मन भीग गया। मैंने उन्हें धीरेंद्र की कही बात पूरी-की-पूरी बता दी। एक क्षण फोन पर सन्नाटा रहा। फिर वे हँसी और बोलीं, 'उसे उसी के हाल पर छोड़ दो। वह ऐसा क्यों करता है यह वही जाने? मैं मयूर विहार में हूँ और मुझे यहीं रहना है। अवध को छोड़कर मैं कहाँ और क्यों जाऊँगी?'

'मैं सन्निपात की स्थिति में था। गुस्से में थरथराते मैंने जब धीरेंद्र को बुरी तरह लताड़ा तो वह सिर नीचे किए सिर्फ इतना ही बोल पाया, 'कल रात कुछ ज्यादा ही चढ़ गई थी।'

मैं चीखा—'ऐसे तो तुम्हारा नशा किसी का भी बुरा कर सकता है। इतना भी होश

नहीं रहता कि किसके बारे में क्या बोल रहे हो?' उस दिन के बाद मेरा उससे संपर्क लगभग न्यून ही है।

पर वे चित्रा मुद्गल थीं। मुंबई से उखड़कर जब धीरेंद्र 'सखी' में नौकरी करने दिल्ली गया तो चित्राजी फोन कर उससे किचन के सामान से लेकर चादर, तकिया और बालटी तक के बारे में पूछती थीं और कहती थीं—'जो भी जरूरत हो बता देना?' यह किस्सा किसी और ने नहीं, दु:ख और पछतावे में डूबे धीरेंद्र ने ही मुझे बताया था।

बता यदि कोई नहीं सका तो वह मैं था, जो ग्वालियर रेलवे स्टेशन से छूट रही राजधानी एक्सप्रेस के दरवाजे के बाहर निहत्था सा खड़ा था। लोकार्पण समारोह हो चुका था। चित्राजी वापस दिल्ली लौट रही थीं। उनके साथ उनकी भानजी दीपशिखा सिकरवार और उसके पति थे। हम सब चित्राजी को विदा करने आए थे। गाड़ी छूट रही थी। छूटती उस गाड़ी के किसी डिब्बे में बहुत जोर से बज रहा था—

'रे कन्हैया
किस को कहेगा तू मैया?
एक ने तुझको जनम दिया
एक ने तुझको पाला।
—रे कन्हैया
किस को कहेगा तू मैया'

मैं उस क्षण को कैसे भूलूँ? शब्दों की गलियों में इतिहास बन गए रिश्तों को आखिर कौन, कैसे भूल सकता है!

(समावर्तन, मार्च 2009)

❑

अतीत हो गए महाजन

'कमर में बहुत दर्द है। मुझे लीलावती नहीं, हिंदुजा ले चलो। लीलावती तो बहुत दूर है।' प्रमोद महाजन के ये अंतिम शब्द परिजनों के कानों में रह-रहकर गूँजते हैं। अस्पताल पहुँचने पर उन्होंने डॉक्टरों से कहा, 'मेरा ब्लड ग्रुप बी पॉजिटिव है' और पुलिस अधिकारियों से सशंकित चेहरों को पढ़ते हुए वे बोले, 'सब बताऊँगा ठीक होने के बाद।'

हादसे के कुछ मिनटों तक महाजन रुक-रुककर बोल रहे थे। बाद में विशाल जनसभाओं को अपनी जादुई भाषण-शैली से मोहित करने वाला यह तेज-तर्रार राजनेता हमेशा के लिए चुप हो गया—बहुत से सवालों को निरुत्तरित छोड़कर।

प्रमोद महाजन भारतीय राजनीति के उस कालखंड के पुरोधा थे, जहाँ तेजी से बदलता समाज, जीवन, तकनीक और राजकरण नया स्वरूप ले चुका था। वे आक्रामक भी थे, विनम्र भी। वे प्रतिबद्धता भी निभाते थे और अक्खड़पन भी। उन्हें डाँटना भी आता था और पुचकारना भी। वे पुरातनपंथी भी दिखते थे और आधुनिक तकनीक में निपुण खिलाड़ी भी। उन्हें उदारवादी भी कहा जाता था और कट्टरवादी भी। वे पल भर में राजनीति की बिसात बिछा सकते थे और पल भर में बिछे हुए मोहरों को तितिर-बितिर भी कर सकते थे। उन्हें प्रबंधन की गतिशील शैली का प्रवक्ता माना जाता था। विपरीत धाराओं और स्थितियों में वे अपना रास्ता खुद खोज लेते थे। उनके संगी-साथी और विरोधी उनकी इस अदा पर अकसर फिदा रहते। जब-तब उनकी सफलता का जिक्र चलता और इसका रहस्य पूछा जाता, तो महाजन सपाट स्वर में कहते—'पेप्सी और प्रमोद अपना ट्रेड सीक्रेट नहीं बताते।'

महाजन की उक्तियाँ, महाजन के चुटकुले, महाजन की आक्रामकता और महाजन की भाषण-शैली ही उन्हें भाजपा के दूसरी पाँत के नेताओं में सबसे अलग, सबसे दूर

और सबसे ऊपर खड़ा करती थी। उनसे रुष्ट होने वाले नेताओं की लंबी फेहरिस्त है, पर उससे भी लंबी सूची उन राजनेताओं की है, जो तमाम विरोधों के बावजूद उन्हें पसंद करते थे। उनके बुरे वक्त में महाजन अवतार की तरह उपस्थित हो जाते थे। तकलीफ से उबरा व्यक्ति उन्हें आभार देना चाहता तो वे कहते—'प्रमोद कभी पीछे नहीं हटते, वे युद्ध के मोर्चे पर भी अपको तैनात मिलेंगे और परदे के पीछे भी।' इसके आगे कौन, क्या बोल पाता?

वह अपने तरीके का अलग हादसा था, जब 22 अप्रैल की सुबह मुंबई में वर्ली स्थित उनके घर पूरणा में उनके ही छोटे भाई प्रवीण ने नितांत निजी कारणों से अपनी .32 बोर की ब्राउनिंग पिस्तौल से दनादन तीन गोलियाँ उनके शरीर में उतार दीं। चौथी गोली पिस्तौल में ही अटक गई। लहूलुहान महाजन सोफे पर ही ढेर हो गए और प्रवीण सधे कदमों से घर की पंद्रहवीं मंजिल से नीचे उतरा। वहाँ से वह पहले ट्रैफिक पुलिस के वर्ली स्थित दफ्तर पहुँचा। वहाँ से वर्ली पुलिस स्टेशन, जहाँ उसने अधिकारियों से कहा, 'मैंने प्रमोद महाजन को मार डाला।' इधर बुरी तरह चौंके अधिकारियों ने प्रवीण को गिरफ्तार कर लिया। उधर जिंदगी-मौत के बीच जूझ रहे भाजपा के इस लक्ष्मण को बचाने के लिए देश-विदेश के विशेषज्ञ डॉक्टरों के दल प्राणपण से जुटे रहे। भाई द्वारा भाई की देह में उतारी गई तीनों गोलियाँ महाजन की छाती में दाईं तरफ नीचे की ओर लगीं और उनके लीवर, पैंक्रियाज को क्षतिग्रस्त करती हुई आँत में घुस गईं, जिससे शरीर के भीतर खून का रिसाव होने लगा।

डॉक्टरों की तमाम कोशिशें और पूरे देश में जगह-जगह महाजन के शीघ्र स्वस्थ होने की कामना के लिए किए यज्ञ व पूजा-अर्चना उस क्षण बेमानी हो गए जब 12 दिनों तक पल-पल मौत से जूझते भाजपा के इस सितारा राजनेता ने 3 मई की शाम 4.10 पर हिंदुजा अस्पताल में आखिरी साँस ली। उन्होंने सारी उम्मीदों को झुठलाते हुए सबसे अलविदा कह दिया।

प्रमोद महाजन का यश, उनकी संघर्ष-कथा और उनका राजनीति के शिखर तक पहुँचना एक गरीब, पर जुझारू युवा के सपनों की ऐसी चमत्कारक कहानी है, जो अकसर या तो फिल्मी परदे पर दिखती है या फिर किताबों में ही मिलती है। आंध्र प्रदेश के महबूबनगर जिले में 30 अक्तूबर, 1949 को वेंकटेश और प्रभावती महाजन के घर जनमे प्रमोद महाजन भाई-बहनों में सबसे बड़े थे। प्रमोद के बाद भाइयों में प्रकाश और प्रवीण तथा बहनों में प्रज्ञा और प्रतिभा हैं। प्रज्ञा का विवाह महाराष्ट्र के पूर्व उपमुख्यमंत्री गोपीनाथ मुंडे से हुआ है। गरीब शिक्षक परिवार में जनमे महाजन के जीवन की शुरुआत बेहद मामूली स्तर पर हुई। पिता की मौत के बाद एक साधारण स्कूल मास्टर के तौर पर उन्होंने अपना जीवन शुरू किया और भाई-बहनों को पिता की कमी महसूस ही नहीं होने दी। वे नियमित रूप से आरएसएस की शाखाओं में जाने लगे। पुणे विश्वविद्यालय से उन्होंने राजनीति विज्ञान में स्नातकोत्तर तक शिक्षा प्राप्त की। शिक्षा के दौरान ही

उन्होंने छात्र राजनीति में कदम रखा। पर उन्हें पहले राष्ट्रीय संघर्ष का तमगा इमरजेंसी के दौरान जनसंघ के युवा कार्यकर्ता के रूप में गिरफ्तारी के साथ मिला। कहते हैं—इस जेल यात्रा ने महाजन को बहुत कुछ दिया। जेल में बंद एक ज्योतिषी ने जब उनका हाथ देखा तो महाजन ने उससे छूटते ही कहा—'देखना, मैं एक दिन जरूर भारत का प्रधानमंत्री बनूँगा।'

यह महाजन की जीवट और जिजीविषा का ही नतीजा था कि वे आरएसएस के जब नजदीक आए तो आगे बढ़ते ही गए। उन्होंने बाद में पत्रकारिता की भी पढ़ाई की। पर महाजन की क्षमताओं को सबसे पहले पूर्व प्रधानमंत्री अटल बिहारी वाजपेयी ने परखा। 1983 में वाजपेयी जब भाजपा के अध्यक्ष थे, तब उन्होंने महाजन को पार्टी का राष्ट्रीय सचिव बना दिया। उसके बाद महाजन ने पीछे मुड़कर नहीं देखा। जब लालकृष्ण आडवाणी भाजपा के अध्यक्ष बने, तो महाजन उनके नजदीक आ गए। यह महाजन की राजनीतिक ऊँचाइयों का प्रस्थान बिंदु था। आडवाणी की 1990 की रथयात्रा के दौरान प्रबंधन और धन जुटाने का काम उन्होंने इतनी चतुराई से किया कि पार्टी में उनका कद बहुत बढ़ गया। नतीजतन 1992 में आडवाणी ने उन्हें राष्ट्रीय महासचिव बना दिया। भाजपा की शिखर राजनीति में महाजन का दबदबा लगातार बढ़ता गया। उनके प्रबंध कौशल पर उनके विरोधी भी मुदित थे।

1996 में जब भाजपा सत्ता में आई और अटल बिहारी वाजपेयी प्रधानमंत्री बने, तब महाजन को रक्षा मंत्रालय जैसा महत्त्वपूर्ण विभाग दिया गया। यों यह सरकार सिर्फ तेरह दिन ही चली, पर इस बीच महाजन ने वाजपेयी परिवार में अपनी धाक जमा ली। यह महाजन की राजनीतिक शैली का ही प्रताप था कि राष्ट्र जनतांत्रिक गठबंधन के वे सूत्रधार बन गए। उन्होंने उस दौर में महत्त्वपूर्ण भूमिका निभाई और अलग-अलग कोणों पर खड़ी ममता बनर्जी की तृणमूल कांग्रेस और जॉर्ज फर्नांडीस के नेतृत्ववाली समता पार्टी को एक ही गठबंधन के नीचे साधे रखने का टेढ़ा पर जरूरी काम किया।

1998 के लोकसभा चुनाव तो महाजन हार गए, पर उन्होंने हार नहीं मानी। उनका कहना था—मैं भाजपा का सचिन तेंडुलकर बनना चाहता हूँ। कप्तान चाहे जो भी हो, उन्हें खलने के लिए जगह मिल ही जाती है। हुआ भी कुछ-कुछ ऐसा ही। चुनाव हारे महाजन को वाजपेयी ने अपना राजनीतिक सलाहकार बना दिया और इस तरह उन्हें केंद्रीय मंत्री का दर्जा मिल गया। चार महीने बाद ही वे राज्यसभा के लिए चुने गए और उन्हें मंत्री पद दे दिया गया। राजग सरकार में उन्होंने सूचना प्रौद्योगिकी, संसदीय कार्य और संचार जैसे महत्त्वपूर्ण पद सँभाले। राजग सरकार के पतन के बाद वे केवल महाजन ही थे जो हर राजनीतिक दल में अपनी पैठ बनाए हुए थे। सत्ता से दूर रहने के बाद भी महाजन के रुतबे में कोई कमी नहीं आई, बल्कि उनकी हैसियत बढ़ी ही। वे भाजपा के शीर्ष शिल्पकार बने रहे और अपनी रणनीति को तमाम विवादों और विरोधों के बावजूद आकार देते रहे।

विवादों में रहना प्रमोद महाजन की फितरत थी। विवाद उनसे न लिपटें—ऐसा नहीं हुआ। कभी पत्रकार शिवानी भटनागर की हत्या की काली छाया, तो कभी रिलायंस समूह से उनकी आत्मीयता, कभी समकालीनों के बारे में उनकी गोपनीय टिप्पणियाँ, तो कभी नाते-रिश्तेदारों को लाभ पहुँचाने के कारण महाजन विवादों में रहे। उनकी विवादप्रियता इस हद तक पहुँच गई कि 1998 के आम चुनावों में उन्होंने कांग्रेस अध्यक्ष सोनिया गांधी के खिलाफ जब अशालीन टिप्पणियाँ कर दीं, तो उन्हें पार्टी नेतृत्व का कोपभाजन बनना पड़ा। यह महाजन का ही माद्दा कि हर बुरे वक्त में, हर विपरीत हालात में वे निखरकर बाहर आ जाते थे। सोनिया गांधी पर की टिप्पणियों के बाद कुछ दिन तक तो वे चुप रहे, फिर अचानक बोले—सोनिया गांधी कांग्रेस से सौ प्रतिशत प्रत्यक्ष विदेशी निवेश हैं।

सच तो यह है कि भाजपा और महाजन एक-दूसरे के पूरक भी थे और अपरिहार्य भी। 2004 के आम चुनाव में राजग की पराजय के बाद महाजन ने पार्टी संगठन पर खास ध्यान दिया और राज्यों के स्तर पर पार्टी को मजबूत करने का मुश्किल, पर जरूरी काम शुरू किया। इसका नतीजा उसी साल तब सामने आया जब विधानसभा चुनावों में भाजपा के सारे पूर्वानुमानों को ध्वस्त करते हुए राजस्थान, मध्य प्रदेश और छत्तीसगढ़ में सरकार बनाई। इसका सीधा-सीधा श्रेय प्रमोद महाजन और अरुण जेटली को गया। कारण भी स्पष्ट था। राजस्थान, जहाँ अशोक गहलौत के नेतृत्व वाली कांग्रेसी सरकार की वापसी की घोषणाएँ राजनीतिक पंडित जोर-शोर से कर रहे थे, वहीं प्रमोद महाजन की आधुनिकतम तकनीक पर टिकी रणनीति ने सारे गणित बिगाड़ दिए। चुनावों में कांग्रेस का गढ़ ढह गया और भाजपा सत्ता में आ गई। यही नहीं छत्तीसगढ़ में अजीत जोगी सरकार और मध्य प्रदेश में दिग्विजय सिंह सरकारों को उखाड़ना महाजन की कठोर रणनीति का ही हिस्सा था।

जीत पर प्रसन्नता की महाजन-शैली अलग थी। मध्य प्रदेश और छत्तीसगढ़ चुनावों के नतीजे आ रहे थे और मुसकराते महाजन कह रहे थे—हमें इन चुनवों में बी.एस.पी. जिता रही है। चौंककर संवाददताओं ने पूछा, बी.एस.पी. की तो यहाँ उपस्थिति ही नहीं है। तब मुसकराते महाजन ने कहा, बी.एस.पी. यानी बिजली, सड़क, पानी, इन चुनावों में यही मुद्दा था। यही हमें जिता रहा है।

लेकिन जीवन-युद्ध में महाजन हार गए। इसे विडंबना ही कहा जाएगा कि मुंबई के ऐतिहासिक शिवाजी मैदान में विरोधियों को तर्कों और तथ्यों से सुला देने वाले महाजन, उसी शिवाजी मैदान के बगल में बने श्मशान में हमेशा-हमेशा के लिए सो गए।

ऐसी नियति किसने चाही थी?

(एकता चक्र, जून 2008)

❑

छपे अक्षरों की सत्ता

लड़के की आँखों से आँसू बहने लगे। सामने बैठे संवाददाता की समझ में ही नहीं आया कि वह जिस मेधावी छात्र से बातचीत करने आया है, जिस छात्र ने मध्य प्रदेश के बोर्ड ऑफ सेकेंडरी एजूकेशन द्वारा संचालित बारहवीं की परीक्षा के कृषि संकाय में प्रथम स्थान प्राप्त किया है, वह होनहार छात्र बात के बीचोबीच फूट-फूटकर क्यों रो रहा है?

घटना मध्य प्रदेश के शहर दमोह की है। देश के प्रतिष्ठित अखबार 'दैनिक भास्कर' का संवाददाता इस होनहार छात्र से बातचीत करने उसके घर गया था। एक शासकीय विद्यालय में कार्यरत एक चपरासी के उस बेटे की आँखें उस वक्त छलछला आईं, जब उसने संवाददाता से कहा, 'मैं आगे कैसे पढ़ूँगा, मेरे घर तो खाने के लाले हैं। हम सुबह खाना खा लेते हैं तो शाम की चिंता रहती है। मेरा मन तो बहुत है कि मैं कॉलेज जाऊँ, बन-ठनकर आस-पास के लोगों पर रुतबा दिखाऊँ, घर जब रोटी का ही इंतजाम नहीं है तो बाकी सपनों का क्या मतलब? पैसों के चलते मुझे अपनी पढ़ाई बंद करनी पड़ेगी।'

वह संवाददाता एक क्षण अवाक् रह गया। उसने दफ्तर आकर अपने संपादक को घटना का पूरा ब्योरा दिया और यह भी अंत में जोड़ दिया कि हम अगर इस छात्र के लिए कुछ कर सकें तो उसकी दुनिया ही बदल जाएगी।

संपादक के पास जब यह खबर आई तब तक बहुत कुछ तय हो चुका था। दैनिक 'भास्कर' के भोपाल संस्करण के पहले पेज पर जब यह खबर छपी तो प्रबंधन हैरान रह गया कि उस तेजस्वी छात्र की मदद में सैकड़ों हाथ उभर आए हैं। अखबार के दफ्तर में लगी कतार का आलम यह था कि कुछ देर के लिए वहाँ अफरातफरी मच गई। हर कोई चाहता था कि यह छात्र अपनी पढ़ाई पूरी करे। वह कॉलेज में दाखिला ले, उसकी पढ़ाई में पैसा कोई रोड़ा नहीं बने।

खबर के असर से मुदित अखबार ने दूसरे दिन प्रकाशित किया—'इतना प्यार, लाजवाब!' इसके साथ ही उन मददगारों की सूची भी प्रकाशित की, जो उस प्रतिभाशाली

छात्र को हर कीमत पर आगे बढ़ते, शिखर पर पहुँचते और कामयाबी की नई इबारत रचते देखना चाहते थे।

यह है छपे अक्षरों की सत्ता, जो हर पल, हर क्षण, हर दौर में अपने होने को प्रमाणित करती है। यही सत्ता साबित करती है कि सत्ता प्रतिष्ठान का कोई स्वर्ण मुकुट राजनीति की दुरभि संधियों के मायाजाल और भ्रमों के कितने भी खिलौने उसके सामने रख दिए जाएँ, पर उसका तेज न कम पड़ा था, न पड़ेगा।

यह तथ्य है कि इलेक्ट्रॉनिक मीडिया और इंटरनेट के इस महादौर में भी शब्द आज भी अपनी चमक बरकरार रखे हुए हैं। इस तथ्य को नकारा नहीं जा सकता कि छोटे परदे पर उतरा खबरों का बाजार आज बहुत कुछ बदलने को आतुर है पर उसकी चमक उतने ही क्षणों की रहती है जितनी देर वह चमकता और थरकता है। इलेक्ट्रॉनिक माध्यम या कहें खबरिया चैनल सूचना देने के जरूरी उपकरण हो सकते हैं, पर सूचना इतिहास नहीं हो सकती। उसकी उम्र क्षणिक है। उसका असर तात्कालिक है। यही कारण है कि सालोसाल सुरक्षित रहनेवाले शब्द आज भी प्रासंगिक हैं। उन पर बहस होती है। उन पर विवाद खड़े होते हैं। वे सत्ता गिरा देते हैं। वे राज्याभिषेक करवा देते हैं। वे नायक के मोहजाल को तार-तार कर देते हैं। वे समाज-उद्धारक का घिनौना चेहरा बेपरदा कर देते हैं।

तकलीफ यह है कि तेज होती प्रतिस्पर्धा के बीच आज चैनल जो कुछ दिखा रहे हैं। उसके पीछे का सच क्या है? क्या उनकी खबरों में किसी व्याख्या की, विश्लेषण की या विरोध की कोई गुंजाइश है—जो छपे अक्षरों की सबसे बड़ी ताकत है।

दिग्गज पत्रकार विनोद मेहता के 'समयांतर', नवंबर 2005 में प्रकाशित साक्षात्कार का संदर्भ लें तो वे कहते हैं—'किसी भी टीवी चैनल में कोई संपादक नहीं है। उनके संवाददाता महाराजा हैं, वे जो चाहें कह सकते हैं। उनमें प्रोड्यूसर हैं, पर ऐसा कोई नहीं है जो कह सके कि यह खराब समाचार है, इसे वापस लीजिए। हकीकत यह है कि इलेक्ट्रॉनिक मीडिया की ब्रेकिंग न्यूज व एक्सक्लूसिव न्यूज आज मखौल का विषय बन गया है। किसी सुषमा स्वराज का क्या एक्सक्लूसिव होगा? वे भाजपा की प्रवक्ता हैं, उनका काम बोलना ही है।'

यही नहीं शिखर संपादक अभय छजलानी के बनारस हिंदू विश्वविद्यालय में 28 जनवरी, 1992 को दिए एक उद्घाटन वक्तव्य का संदर्भ लें तो वे कहते हैं—'जिस तरीके से इलेक्ट्रॉनिक मीडिया द्वारा अतिक्रमण के साथ छपे शब्द के घटते असर की बात उछाली जाती है, दरअसल उस बात का जवाब है भाषाई प्रेस का विस्तार। आपातकाल के बाद आई एक खास तरह की चेतना का अन्य रूप में असर भाषाई प्रेस के प्रसार में उछाल का आना है। मुद्रण तथा स्रोत के स्तर पर ये अखबार समृद्ध भी हो चुके हैं। इसके संपादक संयोगवश आमतौर पर इनके संस्थापक रहे हैं। इसके पीछे एक यह

ध्यान में रखा जाना चाहिए कि ये संस्थापक मूल रूप से पत्रकारिता के व्यवसाय में ही आए। लगभग ऐसे सभी अखबारों ने स्थानीय स्तर पर अपनी शक्ति अर्जित की और प्रभावशाली स्थिति में पहुँचे।'

इसी बात को विस्तार देते हुए वरिष्ठ पत्रकार रामशरण जोशी कहते हैं—'मेरा दृढ़ मत है कि प्रकाशित शब्दों की सत्ता सार्वकालिक और सार्विक रहेगी। इलेक्ट्रॉनिक माध्यम से विस्फोट के बावजूद शब्द सत्ता का महत्त्व घटा नहीं, बढ़ा है। इसका सबसे बड़ा कारण इलेक्ट्रॉनिक माध्यम का महत्त्व रफ्तारी और तात्कालिक होता है, जबकि मुद्रण माध्यम का महत्त्व दैनिक इतिहास की रचना है। इसका महत्त्व दीर्घकालिक होता है। यह निष्कर्ष निकालना कि चैनल और इंटरनेट के युग में शब्द की सत्ता विलुप्त हो जाएगी, नितांत अवैज्ञानिक और असत्य है। भारत जैसे विकासशील देश में शब्द सत्ता ही परिवर्तन की वाहक बन सकती है, क्योंकि सामान्य जन का जितना भरोसा मुद्रित शब्दों पर है, और किसी पर नहीं।'

सच तो यह है कि अक्षरों का ताप रह रहकर अपना असर दिखाता है। मैं दर्प और गर्व के संधिस्थल पर खड़ा यह कह सकता हूँ कि पिछले वर्षों में जो तथ्य सामने आए, उनका बड़ा प्रभाव सत्ता, समाज और प्रतिष्ठान पर पड़ा है। किसानों की आत्महत्या का मामला लें तो हम देखेंगे कि पी. साईनाथ जैसे पत्रकार ने एक ऐसे सच को बेपरदा किया, जिसे राजनीति की कुचालों में इरादतन उलझाया जा रहा था। उन्होंने तर्कों और तथ्यों से यह साबित कर दिया कि पिछले आठ सालों में एक लाख से ज्यादा किसानों ने आत्महत्या की है। आँकड़ों का यह भयावह चेहरा किसी भी सभ्य समाज को भीतर तक हिला देगा।

पी. साईनाथ की ये तथ्यपरक रिपोर्ट कई किश्तों में दुनिया भर के अखबारों में, लगभग हर भाषा में छपी। यह इस तथ्य भरी और दर्द भरी रिपोर्ट का ही असर था कि 2008 और 2009 के आम बजट में वित्त मंत्री ने चार करोड़ किसानों के साठ हजार करोड़ के कर्जे माफ कर दिए। शब्दों की ताकत का इससे बड़ा उदाहरण क्या हो सकता है।

घटनाएँ देश के किसी भी हिस्से में घटी हों, आँसू किसी की भी आँख से टपका हो, हिंसा का खेल कहीं भी खेला गया हो, राजनेता का व्यभिचार कहीं भी उजागर हुआ हो, किसी भी कुंती के गर्भ में अनचाहा कर्ण आ गया हो या कोई भी एकलव्य किसी भी द्रोणाचार्य के अनाचार का शिकार हुआ हो—उन घटनाओं के काल प्रवाह ने सबको हतप्रभ किया है।

बिहार में मासूम बच्चों के सिर कलम कर रहे कंकालों के सौदागरों का किस्सा हो या सरगुजा में भूख से मरते रिवाई पंडों के परिजन, फाँसी पर झूलते बैजू का आँखों देखा हाल हो या राजस्थान के उस मुख्य सचिव की कारगुजारी, जो अपने विवाह की

पच्चीसवीं सालगिरह सरकारी खर्चे पर भव्यता के साथ मनाता है। किस्सा राजनीति के आँगन में खड़े मास्टर किशनलाल से जुड़ा हो, जो एक सरकारी कर्मचारी के दुष्कर्मों को पनाह दे रहे थे या बयाना के विधायक बृजेश सिंह से जिसके खानदान में लड़की के पैदा होते ही उसकी दादी हुकुम कौर मार देती थी। त्रास कहानी सूरनकोट की महिलाओं की हो, जिन्हें आतंकवादी अपनी हवस का शिकार बनाते और उनके पति अपनी निरीहता पर सिर्फ आँसू बहाते या लहबोली की इस मिथलेश की, जिसे चचिया सुसर के अहम के कारण पति के सामने ही पूरी रात बलात्कार का शिकार होना पड़ा और जागती हुई एक दलित बस्ती लकवाग्रस्त साबित हुई।

ये वे सच्चइयाँ हैं, जो सबसे पहले शब्दों में ढलकर, पन्नों में छपकर जब बाहर आईं तो कहीं सत्ता हिल गई थी, कहीं नौकरशाह बेनकाब हुआ था, कहीं राजनेता मतदाताओं को अपना चेहरा नहीं दिखा सका तो कहीं अपराधी सालोसाल जेल के अँधेरे में रोशनी के लिए तरस गया।

बिहार का पशुपालन घोटाला हो या राजस्थान के रूपकँवर का सती हो जाना या पंजाब में बीबी जागीर कौर की बेटी हरप्रीत की संदिग्ध हालत में मौत, जिसका अपराध एक गरीब लड़के से प्रेम भर करना था—ऐसी खबरें हैं, जिन्हें मुद्रित अक्षरों में ढलने से पहले रोकने की कोशिशें हुईं, पर ईमानदारी और प्रतिबद्धता से जुड़े हिंदी के उन योद्धा पत्रकारों को न तो सियासत डरा पाई, न थैलीशाह उन्हें खरीद पाए। अक्षरों का यह स्वर्ण कलश यदि आज जगर-मगर हो रहा है तो उसके पीछे समर्पण का वह पूँजीनिवेश है, जो अक्षरों के सेनापतियों की असली शक्ति है।

आँकड़ों के आईने में देखें तो वहाँ भी सफलता की एक लंबी लकीर नजर आती है। नेशनल रीडरशिप सर्वे (एनआरएस) के ताजा आँकड़ों के मुताबिक सबसे ज्यादा बिकनेवाले दस अखबरों में छह अखबार हिंदी के हैं और चार अन्य भारतीय भाषाओं के। प्रचार संख्या की बात करें तो इलेक्ट्रॉनिक माध्यमों की भीड़ में भी हिंदी अखबारों की प्रसार संख्या लगातार बढ़ रही है। यही कारण है कि बड़े घरानों और बड़ी कंपनियों के बड़े विज्ञापन आज धड़ल्ले से उन क्षेत्रीय दैनिकों में छप रहे हैं, जो दैनिक कल तक इन विज्ञापनों को पाने के लिए भरत नाट्यम की सारी मुद्राएँ अख्तियार करते थे।

कारण साफ है। क्षेत्रीय दैनिक आज उस समाज के पैरोकार बन गए हैं, जहाँ कल तक किसी और का दबदबा था। बाजार ने यह भी नब्ज पहचान ली है कि जो बिकेगा, वही दिखेगा। लिहाजा वह उत्पाद जो महानगरों में ही बिकता था, आज गाँवों में भी दिखता और बिकता है।

यही नहीं 31 मार्च, 2006 तक पंजीकृत समाचार-पत्रों की कुल संख्या बासठ हजार, चार सौ तिरासी है। केवल 2005 से 2006 के बीच की यानी एक साल में दो हजार, चौहत्तर अखबार पंजीकृत हुए। यानी पंजीकृत अखबरों में तीन दशमलव चार

तीन की वृद्धि हुई। केवल हिंदी में आज तक चौबीस हजार नौ सौ सत्ताइस अखबार दर्ज हैं, जबकि अंग्रेजी में यह संख्या सिर्फ नौ हजार चौंसठ है।

हिंदी के लगभग सभी बड़े अखबार इंटरनेट पर उपलब्ध हैं। यही नहीं हिंदी के दैनिकों की संख्या सात सौ निन्यानबे मौजूद है। प्रसार संख्या की बात करें तो हिंदी के दैनिकों की कुल प्रसार संख्या छह करोड़, सत्तर लाख, पैंतीस हजार, सात सौ छप्पन है। उसके बाद अंग्रेजी दैनिक आते हैं। यह हिंदी का ही दबदबा है कि 'बिजनेस स्टैंडर्ड' जैसा अखबार जब अपने हिंदी अवतार में प्रकट हो रहा है।

जाहिर है कि अक्षरों का असर व्यापक और विराट् है और उसका विस्तार रोज-रोज हो रहा है। 'माय पिक्चर ऑफ फ्री इंडिया' में महात्मा गांधी कहते हैं 'अखबार के शब्दों ने लोगों के बीच 'गीता', 'बाइबल' और कुरान का स्थान ले लिया है। उनके लिए लिखे हुए अक्षर, ब्रह्म वाक्य के समान हैं।' सदी के सबसे बड़े आदमी के इन विचारों पर किसे और क्यों आपत्ति होगी?

(एस.आई.ई.एस. कॉलेज, मुंबई में आयोजित 'हिंदी जनसंचार माध्यम : शक्ति और सीमाएँ' विषय पर आयोजित सेमीनार में पठित आलेख।)

❑

क्यों खलता है कमलेश्वर का जाना?

बात के आखिरी छोर तक आते-आते उसकी आवाज लड़खड़ा गई थी। शब्द आपस में उलझ गए थे। लग रहा था, फोन पर ही वह थम-थम कर रो रहा है। नवें दशक का वह यशस्वी कथाकार इतना विचलित था कि अपनी बात पूरी करने में भी उसे खासी तकलीफ हो रही थी।

फोन के दूसरी तरफ मैं था। उसकी बातों से स्तब्ध। मुझे एक क्षण को लगा क्या यह संभव है? शब्दों की दुनिया के शिखर-पुरुष ऐसा भी कर सकते हैं? पर जो रह-रहकर मेरे कानों में गिर रहा था, उसे कैसे झुठलाया जा सकता था?

सुदूर बिहार के एक निपट देहात में रहनेवाले उस कथाकार ने जो बताया, उसका सार-संक्षेप यह था कि वह अपने चौथे कथा संग्रह का लोकार्पण एक वरिष्ठ कथाकार से करवाना चाहता था। जब उसने उनसे संपर्क किया तो उन्होंने छूटते ही हवाई जहाज से आने-जाने का किराया अग्रिम और तीन सितारा होटल (जो उस क्षेत्र में है ही नहीं) में ठहरने की व्यवस्था का फरमान जारी कर दिया। उसके बाद हारकर जब कथाकार ने एक वरिष्ठ आलोचक से संपर्क किया तो उनकी फरमाइश भी लगभग वैसी ही थी। हाँ, दोनों यह कहना नहीं भूले कि हम आपकी कहानियों के प्रशंसक हैं। समारोह में आना हमें अच्छा लगेगा, पर क्या करें, दूरियाँ और मजबूरियाँ ही ऐसी हैं।

डरा हुआ कथाकार अपने मित्रों से मिला। जनवादी नौजवान सभा ने वह कार्यक्रम आयोजित किया। कॉमरेड सुनील ने पुस्तक लोकार्पित की और देर तक एस.एफ.आई. की छात्राओं का गाया गीत 'हम होंगे कामयाब एक दिन···' की आवाजें हवा में घुलती रहीं।

कार्यक्रम हो गया, उसे अंततः होना ही था। मित्र ने भी वरिष्ठजनों की बदलती

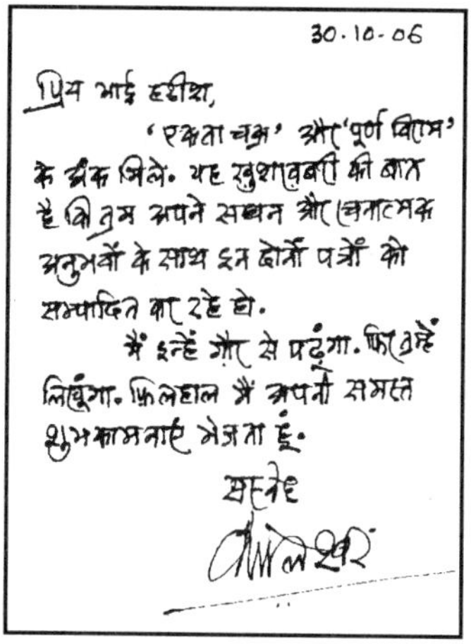
30.10.06

प्रिय भाई हरीश,

'एकता चक्र' और 'पूर्ण विराम' के अंक मिले। यह खुशखबरी की बात है कि तुम अपने सघन और रचनात्मक अनुभवों के साथ इन दोनों पत्रों को सम्पादित कर रहे हो।

मैं इन्हें गौर से पढ़ूंगा। फिर तुम्हें लिखूंगा। फिलहाल मैं अपनी समस्त शुभकामनाएं भेजता हूं।

सस्नेह

कमलेश्वर

भूमिका को देख लिया और उसने अंत में जो कहा, उसने मुझे अंदर तक हिलाकर रख दिया। भाषा के उस जादूगर ने बहुत व्यथित मन से कहा, 'आज कमलेश्वर होते तो ऐसा कतई नहीं होता। मेरे पहले संग्रह का लोकार्पण उन्होंने ही किया था। बड़े उत्साह से अपने खर्चे से वे खुद मेरे गाँव आए थे। उनके आने की खबर सुनकर आस-पास के दो विधायक भी कार्यक्रम में आ गए थे। कई लेखक बिना बुलाए आए। सब अच्छा हुआ। जानते हैं, जाते-जाते कमलेश्वर ने क्या किया? वे मेरी पत्नी विमला के लिए सिल्क की एक साड़ी लाए थे, जो आज भी वह शादी-विवाह में पहनती है।'' वह आज भी अतीत के उसी खुशनुमा मोड़ पर ठिठका था, जहाँ आज वर्तमान उसे नाखुश सा नजर आ रहा था।

कमलेश्वर को हमसे अलग हुए साठ दिन भी नहीं बीते हैं, पर ये साठ दिन साठ सालों में क्यों तब्दील हो गए? हमें नहीं मालूम। हम यह भी कहाँ जानते हैं कि वह क्या कारण था कि हिंदी कहानी का यह शिखर उम्र और अनुभवों में बेहद छोटे लेखकों में भी ऐसे रम जाता था जैसे वे उनके अपने हों—पारिवारिक स्वजन की तरह। उनके दुःख, उनकी चिंता, उनका परिवार, उनका लेखन, उनकी नौकरी, उनकी त्रासदी, उनकी विवशता, उनका मोह और उनका निजी संसार कमलेश्वर की चिंता का हिस्सा बन जाता था। शायद यही कारण है कि उस क्षण मुझ जैसे बहुत से रचनाकार अवाक् रह गए, जब उन्हें कमलेश्वर के न रहने की सूचना मिली।

कैसे भूल सकता हूँ वे क्षण, जब अधिकारी पिता किसी भी कीमत पर नहीं चाहते थे कि इंजीनियर और डॉक्टरों के परिवार में उनका एक लड़का लेखक-पत्रकार बने। प्रताड़ना और उपेक्षा का वह ऐसा घटाटोप अँधेरा था जो मुझे ही लील रहा था। कमलेश्वर तब 'सारिका' के संपादक थे। मेरा उनसे सतत संपर्क था। समांतर की एक दो गोष्ठियों में भी मैं जा चुका था। तब एक रात कमलेश्वर ने मुझसे पूछा, 'तुम्हारी कहानियों में पिता इतने आक्रामक और बेटे के दुश्मन की तरह क्यों उभरते हैं?'

मेरी आँखें डबडबा आईं और मैंने वह सब बता दिया जो भोग रहा था। घर में रहते, घर से बाहर का त्रास। उस वक्त कमलेश्वर खामोश रहे, पर बाद में उन्होंने पहले फोन, फिर पिता को एक चिट्ठी लिखी, जो आज भी मेरे पास सुरक्षित है, जिसकी भाव भूमि थी—'आपका बेटा भूखों नहीं मरेगा, इसकी गारंटी मैं लेता हूँ। वह हो सकता है पैसा न कमाए, पर नाम कमाने का हुनर तो वह रखता ही है।'

इस बात को आज तीन दशक बीत गए। कमलेश्वर की वह चिट्ठी उस दौर में

मेरे लिए प्राणवायु की तरह जरूरी थी। मेरे लेखन और पत्रकारिता का सफर जितने भी मोड़ों से गुजरा, हर पल, हर क्षण यही लगा कि कमलेश्वर एक साए की तरह मेरे साथ हैं। यहाँ तक कि जब मैं हरीश कुमार पाठक 'दीगर' के नाम से लिखता था तो वे कमलेश्वर ही थे, जिन्होंने एक झटके में मुझे हरीश पाठक कर दिया और कहा, 'नाम में क्यों उलझते हो। लेखन शोहरत देगा, अच्छा नाम नहीं।'

यह वह दौर था जब रमेशचंद्र बतरा—रमेश बतरा, सुरेंद्रनाथ सक्सेना—सुरेंद्र सुकुमार और हृदयनारायण श्रीवास्तव—हृदय लानी हो गए थे। मुझे याद हैं वे दिन, जब 'सारिका' में कहानी प्रकाशित होने का मतलब कथाकार होने की पक्की गारंटी थी। यदि किसी लेखक के पास कमलेश्वर का लिखा स्वीकृति पत्र आ जाता था तो वह महीनों तक उसे शर्ट की ऊपर की जेब में रखे घूमता था।

होता यहाँ तक था कि यदि 'सारिका' के 'पाठकीय' स्तंभ में भी किसी की चिट्ठी छप जाती थी, तो छोटे शहरों की गोष्ठी में उस व्यक्ति को बाकायदा अध्यक्षता के लिए बुलाया जाने लगता था। यह आलम बाद के दिनों में भी रहा। जब मैं मुंबई 'धर्मयुग' में आ गया तब मुंबई की एक नगर पत्रिका में कमलेश्वर के संस्मरण 'जलती हुई नदी' शीर्षक से धारावाहिक रूप में प्रकाशित हो रहे थे। एक दिन पत्रिका के फीचर संपादक का फोन आया। उत्तेजना में वह थर्रा रहा था।

उसने कहा, 'कमलेश्वर के संस्मरण की आज नई किश्त आई है, उसमें तीन बार तुम्हारा जिक्र है। कमाल है, कमलेश्वर ने इतनी शिद्दत से तुम्हें याद किया है।' उसे तब मैं क्या बताता कि जिंदगी के हर मोड़ पर कमलेश्वर इसलिए याद किए जाते हैं, क्योंकि उनका समूचा लेखन रिश्तों के ही आस-पास बिखरा है।

लेकिन किस्से और कहानियों से इतर वे कमलेश्वर थे, जो मुझे कहीं से बदले कभी नहीं दिखे। दो साल पहले की सर्दियों में जब मैं उनकी बीमारी के बाद उनसे मिलने इरोज गार्डन पहुँचा, तब मैं 'हिंदुस्तान' के भागलपुर संस्करण में समन्वय संपादक था। बातचीत के बाद मैं चलने लगा तब अचानक उन्होंने पूछा, 'पिता की मौत को आज कितने साल हो गए?'

मैं काँप गया। खुद को सँभालते मैंने कहा, 'बीस साल'। कमरे में सन्नाटा पसर गया।

'आज अगर वे जिंदा होते तो मेरे वायदे को झूठा तो महसूस नहीं कर पाते।'

मैं निरुत्तरित था। मेरे सामने मेरा महानायक था। मेरे अतीत और वर्तमान से रेशा-रेशा वाकिफ।

आज ऐसा कहाँ है? स्याह अँधेरे में कोई नहीं है, जो हमें अपने होने का अहसास कराए।

हमारे दारिद्र का कारण भी तो यही है।

(एकता चक्र, अप्रैल 2007)

❑

रायसीना की महारानी

जीत के जश्न का आलम यह था कि राजस्थान के शेखावटी इलाके के सीकर जिले के छोटी लोसल गाँव में आँगन, मुँड़ेर, चौपाल और छज्जों पर उत्साह में डूबी महिलाएँ थीं। वे अपने पारंपरिक गीत गाते हुए एक-दूसरे को बधाइयाँ दे रही थीं। दूर-दूर तक गुलाल और अबीर में डूबा यह गाँव नाच-गाने की उत्सवी धुन में इस कदर खो गया कि किसी को पता ही नहीं चला कि रात ने कब अपना पाँव चुपके से रख दिया।

चौपालों पर मिठाइयाँ थीं। जगह-जगह रंगोली सजी थीं। सात हजार की आबादीवाले इस गाँव की खुशी का इकलौता कारण था कि अब यह गाँव दुनिया भर में राष्ट्रपति की ससुराल के नाम से दर्ज हो गया था। आखिर गाँव की बहू ने इतिहास में अपना नाम दर्ज किया है, जो सदियों तक जगर-मगर होता रहेगा।

दूसरी तरफ मुड़ें तो गले-गले खुशी में डूबा महाराष्ट्र के खानदेश के जलगाँव जिले का नादगाँव था, जो रोशनी में नहा गया था। आतिशबाजी से पूरा गाँव थर्रा रहा था। गुलाल से पुते चेहरे 'माझी आई, माझा गौरव आहे' के नारे लगाते झूम रहे थे। गाँववालों की खुशी रोकते नहीं रुक रही थी। वे नाच रहे थे। झूम रहे थे, वे थिरक रहे थे। वे जयकारा लगा रहे थे।

यह खबर सुनकर कि आज से यह गाँव देश की पहली महिला राष्ट्रपति का गाँव बन गया है, घर-घर से लोग निकल पड़े। पटाखे, ढोल, नगाड़ों और नारेबाजी के बीच सब कुछ ठहर गया। जिस बालिका माध्यमिक विद्यालय में प्रतिभा पाटिल पढ़ी थीं, वहाँ की छात्राओं ने एक विशाल रंगोली बनाई, जिसे देखने भीड़ टूट पड़ी। पारंपरिक लेजिम पर छात्राओं ने नृत्य किया।

ससुराल और मायके की खुशियों से इतर यह एक ऐसा क्षण था, जिसे दर्प और गर्व के संधिस्थल पर हर व्यक्ति और दल को हिद्दत से स्वीकार करना था। शिखर के इस पद की भव्यता और शालीनता सालों से आम जन में कौतुक का कारण रही है।

प्रतिभा पाटिल की जीत तयशुदा थी। उनका तेरहवाँ राष्ट्रपति चुना जाना उसी दिन तय हो गया था जब संयुक्त प्रगतिशील गठबंधन (यू.पी.ए.) और वाम दलों ने उनके नाम का ऐलान किया था। कई घुमावदार मोड़ों और कुछ अप्रिय प्रसंगों से घूमती यह यश-गाथा विजय के उस निर्णायक मोड़ तक पहुँची, जो विजय पहले से ही तय मानी जा रही थी। आँकड़ों के आईने को देखें तो उसमें बहुत कुछ हैरतअंग्रेज भी मिलेगा। दस लाख, अट्ठानवें हजार के इलेक्टॉरल कॉलेज में प्रतिभा पाटिल को छह लाख, अड़तीस हजार, एक सौ सोलह और उनके प्रतिद्वंद्वी पूर्व उपराष्ट्रपति व निर्दलीय उम्मीदवार भैंरोसिंह शेखावत को तीन लाख, इकत्तीस हजार, तीन सौ छह मत मिले। इस तरह प्रतिभा पाटिल के हिस्से में 65.82 प्रतिशत मत आए। 12.5 प्रतिशत मतवाले तीसरे मोर्चे के अधिकतर घटकों ने मतदान में हिस्सा ही नहीं लिया। नतीजे के तौर पर प्रतिभा पाटिल तीन लाख, छह हजार, आठ सौ दस मतों से जीतकर भारत की पहली महिला राष्ट्रपति बन गईं।

राष्ट्रपति के इस चुनाव में बहुत कुछ नया हुआ। क्रॉस वोटिंग ने भी इस चुनाव में इतिहास रचा। कहा जाता है कि राष्ट्रपति चुनाव में इतनी क्रॉस वोटिंग पहली बार हुई। मध्य प्रदेश, गुजरात, छत्तीसगढ़ और अरुणाचल प्रदेश में भारतीय जनता पार्टी (भाजपा) के ही विधायकों ने अज्ञात कारणों से शेखावत को मत नहीं दिया। अनुशासनप्रिय मानी जानेवाली इस पार्टी के लिए यह किसी सदमे से कम नहीं है।

असम में असम गण परिषद् (अगप) के पंद्रह विधायकों के मत शेखावत को नहीं मिले। मध्य प्रदेश में तो कमाल हुआ। यहाँ भारतीय जनता पार्टी की सरकार है। शिवराज सिंह चौहान उसके मुखिया हैं, पर पार्टी के ग्यारह नाराज विधायकों ने अपनी नाराजगी जताते हुए अपने-अपने मतपत्र पर 'जय श्रीराम' और 'हरिओम' लिखकर अपना इरादा जाहिर कर दिया। अवैध हुए इन सभी मतों पर अब पार्टी चिंतन कर रही है।

इसी तरह गुजरात में करीब अठारह विधायकों ने मुख्यमंत्री से अपनी नाराजगी के कारण शेखावत को मत नहीं दिया। यह चमत्कार ही है कि राष्ट्रपति पद के किसी उम्मीदवार को चार राज्यों में एक भी मत नहीं मिला। शेखावत के साथ ऐसा ही हुआ। छत्तीसगढ़ भी मध्य प्रदेश की राह पर चला। वहाँ के दो विधायक, जो मुख्यमंत्री डॉ. रमन सिंह से खासे नाराज हैं, ने पार्टी आदेश का सरेआम उल्लंघन कर दिया।

हार-जीत के उथल-पुथल भरे इस दौर में यह साबित हो गया कि शिखर की इस राजनीति में वह पहली बार हुआ, जो अब तक कभी नहीं हुआ था। यों अतीत के पन्ने

पलटें तो साफ-साफ मिलता है कि आजादी के बाद से ही पसंदीदा राष्ट्रपति बनवाने का मन हर दौर में सत्तारूढ़ दल का रहा ही है।

इतिहास बताता है कि भारत का संविधान लागू होने के साथ ही पहले प्रधानमंत्री जवाहरलाल नेहरू डॉ. सर्वपल्ली राधाकृष्णन को राष्ट्रपति बनवाने के लिए खासे सक्रिय थे। इस बात का गवाह वह पत्र-व्यवहार है जो पंडित नेहरू और राधाकृष्णन के बीच हुआ था। पर ऐसा नहीं हुआ। 1957 में भी पंडित नेहरू डॉ. राजेंद्र पसाद को दोबारा राष्ट्रपति नहीं बनाना चाहते थे, पर राजेंद्र बाबू के समर्थन में मौलाना आजाद और जगजीवनराम जब खुलकर सामने आ गए तो समूचा दृश्य ही बदल गया। तब नेहरूजी ने काफी मान-मनोवल से डॉ. राधाकृष्णन को दोबारा उपराष्ट्रपति बनने के लिए मनाया और फिर 1962 में उन्हें भारी बहुमत से राष्ट्रपति बनवाकर अपना रुतबा दिखा दिया।

यही नहीं 1962 में ही जब नेहरू ने डॉ. जाकिर हुसैन को उपराष्ट्रपति बनाना चाहा तो डॉ. राधाकृष्णन के नेतृत्व में एक ऐसा अभियान चला, जो विजयलक्ष्मी पंडित को उपराष्ट्रपति बनाना चाहता था पर, पंडित नेहरू को यह सख्त नापसंद था। अंततः वही हुआ जो नेहरू चाहते थे।

साक्ष्य बताते हैं कि 1969 में राष्ट्रपति चुनाव के मुद्दे पर तो कांग्रेस ही विभाजित हो गई थी। तब श्रीमती इंदिरा गांधी वी.वी. गिरि को चाहती थीं, जो नीलम संजीव रेड्डी के राजनीतिक कौशल और अनुभवों के मुकाबले पीछे थे, पर रणनीतिकारों ने ऐसा चतुर जाल बुना कि जीत का सेहरा गिरि के माथे सजा।

सच तो यह है कि प्रतिभा पाटिल ने कई इतिहास एक साथ रचे हैं। ऐसा दुर्लभ ही होता है कि बहुत से संयोग साथ-साथ जुड़ जाएँ और वे उन दुरभिसंधियों को न केवल निरस्त कर दें, बल्कि उसे नष्ट भी कर दें जो सफलता का बीज मंत्र है। प्रतिभा पाटिल ने ऐसा ही किया। संयोग हर पल प्रतिभा पाटिल के साथ रहे हैं। राष्ट्रपति पद की उम्मीदवार भी वे अंतिम क्षण में बनीं, जब शुरू के लगभग पाँच नाम वाम दलों ने ठुकरा दिए थे। इसे भी संयोग ही कहा जाएगा कि राष्ट्रपति पद की गहमागहमी से दूर माउंट आबू में छुट्टियाँ मना रहीं प्रतिभा पाटिल को खुद सोनिया गांधी ने जब यह सूचना दी कि वे संयुक्त प्रगतिशील गठबंधन की राष्ट्रपति पद की उम्मीदवार हैं, वे बुरी तरह चौंक गईं। जाहिर है, इसके पहले किसी भी कोने से उनका नाम उभरा ही नहीं था।

प्रतिभा पाटिल का राजनीति में आना भी एक संयोग था। 1960 में अखिल भारतीय राजपूत परिषद् में उनका तेज-तर्रार भाषण सुनने के बाद उनके वकील पिता नारायणराव पाटिल ने उन्हें राजनीति की दिशा में मोड़ दिया। 1962 में वकालत करनेवाली प्रतिभा पाटिल टेबल टेनिस की बाकायदा चैंपियन रही हैं। 1962 में वे पहला विधानसभा चुनाव लड़ीं और जीतीं।

19 नवंबर, 1934 को महाराष्ट्र के जलगाँव में पैदा हुईं प्रतिभा पाटिल ने जलगाँव

के एम.जे. कॉलेज से एम.ए. किया। इसके बाद बंबई लॉ कॉलेज से कानून की पढ़ाई की। जलगाँव से ही उन्होंने वकालत शुरू की।

वे महिलाओं के उत्थान के मोर्चे पर खासी सक्रिय रहीं। यहीं वे दिग्गज कांग्रेसी नेता आबा साहब केलकर के संपर्क में आईं। यह वह दौर था जब मेहनती और पढ़ी-लिखी महिलाओं पर कांग्रेस की नजर टिकी रहती थी। उन्हें ढूँढ़कर पार्टी में लाया जाता। 1962 में आबासाहब ने उनसे चुनाव लड़ने को कहा तो वे हिचक गईं। पर उन्होंने चुनाव लड़ा, जीता और फिर पीछे मुड़कर नहीं देखा।

1965 में प्रतिभा पाटिल ने राजस्थान मूल के अमरावती में रहनेवाले देवीसिंह रणसिंह शेखावत से विवाह किया। तब शेखावत अमरावती के महापौर थे। इस तरह वे प्रतिभा पाटिल शेखावत बन गईं। वे कांग्रेस की ऐसी नेता हैं, जो कभी कोई चुनाव हारी ही नहीं। वे कहती हैं, 'मैं चुनाव हारने के लिए लड़ती ही नहीं हूँ।' राष्ट्रपति का चुनाव जीतकर तो उन्होंने अपने इस बयान को अक्षर-अक्षर साबित कर दिया।

1979 में जब कांग्रेस पहली बार महाराष्ट्र में हार गई तो प्रतिभा पाटिल नेता प्रतिपक्ष चुनी गईं। तब वे तत्कालीन मुख्यमंत्री शरद पवार पर तीखे वार करने से नहीं चूकीं। 1982 से 85 तक वे फिर महाराष्ट्र सरकार में कैबिनेट मंत्री बनीं। फिर राज्यसभा में भेजी गईं और 1989 से 1988 तक राज्यसभा की उपसभापति रहीं।

कुल जमा महाराष्ट्र में पाँच बार विधायक और राज्यसभा सांसद रहने के बाद 1991 में वे पहली बार लोकसभा के लिए चुनी गईं। उसके बाद एक अंतराल है। 2004 में जब केंद्र में कांग्रेस के नेतृत्ववाली सरकार का गठन हुआ तो उन्हें राजस्थान का राज्यपाल नियुक्त किया गया।

अब वे राजभवन से चलकर राष्ट्रपति भवन तक पहुँच गई हैं—गौरव, गर्व और विश्वास की ऐसी मिसाल बनकर, जिस पर हर भारतीय मुग्ध है और चकित भी। आम जन की यह आस्था प्रतिभा पाटिल से इसलिए भी जुड़ी है कि इस बार शिखर के इस पद के लिए तो और जैसी सियासत हुई उसे रोकना और समूल नष्ट करना इसलिए जरूरी है कि कहीं वह परंपरा न बन जाए। जरूरी यह है कि इस पद की प्रतिष्ठा बरकरार रहे और कुछ नए मापदंड बनाए जाएँ।

इतिहास रचनेवाली प्रतिभा पाटिल से यह अपेक्षा है कि वे उस नई इबारत का प्रस्थान बिंदु बनें, जिसे पढ़ने को सब लालायित हैं।

(एकता चक्र, अगस्त 2007)

❑

खामोश राहुल से उभरे सवाल

पटना के गुलाबी घाट श्मशान में लाल-पीली लौ के बीच खत्म हो गया वह सपना, जो एक जगर-मगर जीवन को अरसे से अपने मन के भीतरी कोने में पाले था। दु:ख और कातरता में डूबे कई चेहरे इस सवाल का जवाब पाना चाहते हैं कि आखिर राहुल राज का यह करुण अंत क्यों और कैसे हुआ? अपना कोई आपराधिक रिकॉर्ड न रखनेवाला यह प्रतिभाशाली छात्र अचानक कैसे इतना उग्र हो गया कि उसे काबू में लाने के लिए मुंबई पुलिस को तेरह गोलियाँ चलानी पड़ीं?

कई अविश्वसनीय मोड़ों से गुजरती इस मौत से राजधानी पटना में सन्नाटा है। परिजन अवाक्, मित्र हैरत में और रिश्तेदार भौंचक हैं। हवा में घुले सवालों की फेहरिस्त इतनी लंबी है कि उत्तर देनेवाली शक्तियाँ सन्निपात में हैं। वे एक ऐसा सुरक्षा कवच ढूँढ़ रही हैं जो उन्हें कुतर्कों के सहारे बचा सके। पर सच के ताप में उनकी सारी गलतबयानियाँ झुलसकर अपना वजूद खो रही हैं।

सच तो यह है कि पटना के कदमकुआँ का रहनेवाला राहुल उस व्यवस्था और राजनीति के घालमेल का शिकार हो या जिसमें सपने, सच और साजिश की मिलीभगत होती है। सपना देखना उसकी आदत थी, जो विश्व के सबसे बड़े लोकतंत्रवाले इस महादेश का हर युवा देखता है। वह एनडीए की परीक्षा में पास होकर फौज में जाना चाहता था। वह बचपन से ही खुद को फौजी मानता था और उसके भावुक मन में यह बात बैठी थी कि देश की रक्षा से बड़ा कोई धर्म नहीं है। उसका यह सपना जब दरका तो न वह हताश हुआ, न हैरान, गलत को गलत कहना और सच का पेरोकार बनाना उसकी मजबूरी भी थी और मजबूती भी। अपनी गलती को स्वीकारने में उसे सेकेंड भी नहीं लगते थे। विनम्र, मिलनसार और स्वप्नदर्शी राहुल फिर हिंसक कैसे हो गया? यह बात एकदम से समझ नहीं आती है।

संस्कारों में जाएँ तो साफ-साफ मिलता है। राहुल के पिता कुंदन कुमार सिंह ने पायलट का बाकायदा प्रशिक्षण लिया है। राहुल की एक बहन स्टेट बैंक ऑफ इंडिया में, तो एक बड़ा भाई ऑटोमोइल इंजीनियर है। दो बहनें पढ़ रही हैं। खुद राहुल राज ने

देवी दयाल उच्च विद्यालय से 1999 में मैट्रिक परीक्षा में सत्तर प्रतिशत अंक प्राप्त किए। यही नहीं, राजधानी के एक प्रतिष्ठित स्कूल से उसने प्लस टू परीक्षा प्रथम श्रेणी में पास कर पटना विश्वविद्यालय से स्नातक की उपाधि ली। उसके बाद उसके बेऊर के इंडियन इंस्टीट्यूट ऑफ हेल्थ एजूकेशन ऐंड रिसर्च सेंटर से रेडियोग्राफी में डिप्लोमा लिया। पढ़ना उसकी आदत थी और संगीत उसकी कमजोरी।

जरा सोचिए, ऐसे संस्कारों में रचा-बसा कोई युवा उस शहर में कैसे ऐसा कुछ कर जाएगा, जहाँ की गली-मोहल्ले, सड़कें, लोग और जीवन-शैली से ही वह वाकिफ न हो। उसे यह जरूर मालूम था कि उसके अपने प्रदेश के युवाओं की उस महानगर में लगातार उपेक्षा हो रही है। उन्हें प्रताड़ित किया जा रहा है, जो महानगर रोज-रोज उसके सपनों में आता है। यह एक ऐसा दुस्वप्न था, जो उस स्वप्नदर्शी युवा को हर पल, हर क्षण परेशान कर रहा था। यह मोहभंग से उपजी हताशा भी हो सकती है और मतिभ्रम भी।

पर सबसे ज्यादा तकलीफ मुंबई पुलिस की उस भूमिका पर होती है, जो उसने आनन-फानन में निभाई। सवाल उठता है कि जब राहुल चीख-चीखकर कह रहा था, 'मैं किसी यात्री को नुकसान नहीं पहुँचाऊँगा, तब मुंबई पुलिस के अफसर उसके जीवन को नष्ट करने पर क्यों तुले थे? क्या वे उसे अपने कब्जे में नहीं ले सकते थे? उसकी बात पूरी तरह नहीं सुनी जा सकती थी? वह बार-बार पुलिस आयुक्त से बात करने की रट लगाए था, तो कोई उपायुक्त तो उसकी बात सुन ही सकता था।

मुंबई पुलिस की पीठ थपथपाने और एक अटपटा बयान देने वाले उपमुख्यमंत्री और गृहमंत्री आर.आर. पाटिल उर्फ बाबा आज क्या बोल रहे हैं। शायद उन्हें भी नहीं मालूम। उनका बयान उस आत्ममुग्धता का परिचायक है, जिसकी इस मौसम में कोई जरूरत ही नहीं है। वे कहते हैं—'बोली का जवाब गोली से ही दिया जाएगा। हम किसी पागल व्यक्ति को हाथ में हथियार लेकर भागने की इजाजत नहीं दे सकते। ऐसे लोगों के खिलाफ तुरंत काररवाई की जाएगी।'

एक निहत्थे युवा पर, जो मानसिक तौर पर पूरी तरह स्वस्थ था, को मार गिराने पर फूले नहीं समा रहे गृहमंत्री की उस वक्त आवाज क्यों दब जाती है जब राज ठाकरे 'गिरफ्तार करके देखो महाराष्ट्र जल जाएगा' जैसे बयान देते हैं और पूरा प्रशासन थका-थका सा नजर आता है। कल्याण में रेलवे भर्ती की परीक्षा देने आए समस्तीपुर के मंगल पासवान को इतना मारा जाता है कि सूजे हाथ-पैरों के साथ वह अस्पताल में उस पल को याद करके काँप जाता है। अभागा मंगल उन छात्रों में शामिल था, जिन पर राज ठाकरे की सेना ने अकारण हमला किया था। उस हिंसक वारदात के बाद भी गृहमंत्री की पार्टी राष्ट्रवादी कांग्रेस के पदाधिकारी जब बाबा से मिले और उन्होंने पार्टी के भविष्य की खातिर तुरंत काररवाई की माँग की तब गृहमंत्री जागे।

यही नहीं, कभी राज ठाकरे तो कभी उद्धव ठाकरे, जो तीखे बयान देते हैं, उन पर गृहमंत्री कभी अपनी जुबान नहीं खोलते। देश का आम जन इस रहस्य को जरूर जानना चाहता है कि तब प्रशासन, कानून, जिम्मेदारी, नैतिकता किस अंधे मोड़ पर जाकर खड़ी हो जाती है? दशहरा रैली में मुंबई के शिवाजी पार्क में शिव सेना के युवराज उद्धव ठाकरे दहाड़ते है, 'मुंबई मेरे बाप की है' तो कभी राज ठाकरे खुलेआम कहते हैं, अगर वे छठ पूजा करेंगे तो हम हठ पूजा करेंगे, तब गृह मंत्री को बयान देते न देखा गया, न सुना गया।

यह कैसे मान लिया जाए कि यह गुमराह करने वाले बयान गृह विभाग के मुखिया के पास न पहुँचे हों? फिर उपमुख्यमंत्रीजी क्यों चुप्पी साध लेते हैं? यह दोहरा व्यवहार क्यों? राजनीति की यह कैसी शैली है, जो आम जन के खिलाफ और राजनेता के समर्थन में बीन बजाती दिखती है? कोई व्यक्तिगत छींटाकशी करे, छठ जैसे विराट् पर्व पर विचित्र बयान दे, किसी की आस्था पर हमला करे तो उसे क्यों और किस सीमा तक बदारश्त किया जाएगा?

राहुल ने हो सकता है बहुत बड़ा अपराध किया हो, पर इस मुल्क में उस अपराध की भी तो सजा है। यह सजा जीवन को एकदम से कहाँ खत्म करती है! क्या ऐसा नहीं हो सकता था?

विपरीत ध्रुवों पर खड़े मुख्यमंत्री नीतिश कुमार, रेल मंत्री लालू प्रसाद यादव व रामविलास पासवान ने राजनीति को दूर रख इस मुद्दे पर जो एकजुटता दिखाई है, वह साबित करती है कि जनता के हित, उसके सपने और सरोकार सबसे ऊपर हैं। राजनीति में यह बड़प्पन अमूमन नहीं दिखता। यह इतनी बड़ी पहल है, जिसे भीगे मन से सबने स्वीकारा। विचारों की यह दुरभिसंधि भारतीय राजनीति का प्रस्थान बिंदु है।

पर सवाल सिर्फ इतना है कि क्या कोई जाँच आयोग उन सपनों का खुलासा कर पाएगा, जो 28 अक्तूबर की रात राहुल के दाह-संस्कार के साथ-साथ ही राख हो गए। क्या जवान सपने गुलाबी श्मशान घाट में दफन होने के लिए अभिशप्त हैं?

(राष्ट्रीय सहारा, 2008)

❑

झूठ के अँधेरे में थरथराता सच

यह एक ऐसा त्रिकोण है, जिसके हर कोण पर सुलगते सवाल हैं। उत्तर की चाह रखते ये सवाल आज राजधानी पटना से चलकर वाया मुंबई होते दिल्ली तक उठाए जा रहे हैं। उत्तर देनेवाली शक्तियाँ आज बचाव की मुद्रा में हैं। वे अपने बयानों से कभी बच रही हैं, तो कभी उलट रही है। सत्ता-शिखर पर जब एक बार झूठ बोला जाता है तो उसकी प्रतिध्वनि कई बार कई तरह से उभरती है—खत्म न होने के लिए।

राहुल राज के मामले में जिस तेज गति से बयान आए, लोग भौंचक हुए, राजनीति थर्राई, तमतमाए चेहरे छोटे परदे पर उभरे, तनी मुट्ठियाँ हवा में लहराईं—उसके पलट आनन-फानन में बयान बदल गए। बदले बयानों का यह राजकरण उन जख्मों को कितनी तकलीफ देगा, इसका अंदाजा उन प्रतिनायकों को क्या पता जो सिर्फ और सिर्फ सियासत की ही भाषा जानते और मानते हैं।

पहले उन डॉक्टर बीजी चिकलकर का बयान आया, जिन्होंने इस स्वप्नदर्शी और होनहार युवक की निर्जीव देह का पोस्टमार्टम किया था। मुंबई के प्रख्यात जे.जे. अस्पताल के फोरेंसिक विभाग के एसोसिएट प्रोफेसर चिकलकर ने कहा कि राहुल के सिर में एक गोली का निशान मिला है। इसमें गन पाउडर के चिह्न मिले हैं। इससे इस बात का संकेत मिलता है कि राहुल को नजदीक से गोली मारी गई है।

चिकलकर के खुलासे के बाद माहौल गरमा गया। पटना में सदमे का आलम यह था कि इस सनसनीखेज जानकारी के बाद शोक में डूबे परिजनों के आँसू नहीं रुके। कथित मुठभेड़ को नृशंस हत्या माननेवाले चीख-चीखकर यह पूछ रहे थे कि आखिर उस निर्दोष ने ऐसा क्या किया था कि पहले उसे पकड़ा गया, फिर उसे निर्ममतापूर्वक मार डाला गया? राहुल के पिता ने कातर स्वर में कहा, 'मेरे बेटे को आखिर मारा क्यों?'

यह सवाल और इसकी धूल से उठे कई सवाल अभी हवा में तैर ही रहे थे कि चिकलकर के मुँह से अचानक उभर गए सच को दबाने की सियासत तेज हो गई। इस पूरे प्रसंग से अब तक दूर रहे जे.जे. अस्पताल के डीन डॉ. बी.एन. सबनीस ने बगैर कुछ

वक्त गँवाए कहा, 'राहुल का पोस्टमार्टम करनेवाले डॉक्टरों के चार सदस्यीय दल में शामिल रहे डॉक्टर चिकलकर ने लिखकर कहा कि वह अपने पूर्व के बयान को वापस ले रहे हैं।' डॉ. सबनीस ने टुकड़ा-टुकड़ा यह भी कहा कि उनका बयान तोड़ा-मरोड़ा गया। उसे बदला गया।

एब बड़े अस्पताल का एक बड़ा अधिकारी जब अपनी बात सामने रख रहा था, तब अज्ञात कारणों से उसे यह भी पता नहीं था कि डॉक्टर चिकलकर ने राहुल की मौत के सच को कैमरे के सामने बेपरदा किया था—किसी गली के नुक्कड़ या दो-चार लोगों के बीच में नहीं; नैतिकता के इस अधिष्ठाता को यह तो मालूम होगा ही कि जो दिखता है उसे कौन, कैसे झुठला सकता है? यदि चिकलकर अपने बयान के पलटे तो वे सामने क्यों नहीं आए? उनकी क्या विवशता थी? डीन महोदय की मजबूरी जगजाहिर हो गई। उनकी भाव-भंगिमा की यह बताने के लिए काफी थी कि एक सच का ताप कितने झूठ को अशक्त, अक्षम्य और असभ्य बना देता है। हालाँकि संयुक्त आयुक्त (अपराध) राकेश मारिया ने देर रात यह कहकर कुछ दिलासा जरूर दी, 'अगर संदेह है तो गोली के पाँचों घावों के पास की त्वचा की फिर से फोरेंसिक जाँच करवाई जा सकती है'। पर सवाल झूठ के बढ़ते तिलिस्म का है। यह झूठ रोज-रोज क्यों बोला जा रहा है? क्या सच किसी को नहीं पता कि मुंबई पुलिस के कई जाबाँज अफसरों को फर्जी मुठभेडों में महारत हासिल है? पिछले एक साल में उसके सितारा इंस्पेक्टर, जिन्हें 'मुठभेड़ विशेषज्ञ' माना जाता था, संगठित अपराध के ऐसे जाल में शामिल मिले, जो हर कोण से हिकारत से भरा था।

यही नहीं, मुंबई पुलिस अपने जिस दया नायक, प्रदीश शर्मा, रवींद्र आंग्रे, विजय सालसकर, सचिन वझे और प्रफुल्ल भोसले पर फूली नहीं समाती थी, वे आज अदालती झमेलों में फँसे हैं। कानून के फँदे का आलम यह है कि दया नायक पर अंडरवर्ल्ड से रिश्ते रखने का आरोप है। यह अलग बात है कि इस दिलेर अफसर ने बयासी अपराधियों को मार गिराया था। दूसरे मुठभेड़ विशेषज्ञ प्रदीप शर्मा को जब बरखास्त किया गया तो समूचा पुलिस तंत्र ही भौंचक रह गया। उन पर डॉन से संपर्क रखने और भूमाफिया से साँठगाँठ के संगीन आरोप थे। पैंतालीस साल के इस दबंग अफसर ने अपनी पच्चीस साल की नौकरी में एक सौ बारह कुख्यात गुंडों को मारा था। रवींद्र आंग्रे और सचिन वझे जैसे अफसर भी किसी-न-किसी विवाद में शामिल मिले। कुल जमा यह कि कभी फर्जी मुठभेड़, तो कभी मुठभेडों को अंजाम देनेवाले अधिकारी आज हाशिये पर हैं। क्योंकि कुछ सच छनकर बाहर जो आ गया है। पर आज आलम अलग है। राहुल राज की मौत रह-रहकर यह साबित कर ही है कि खुद को सर्वशक्तिमान मानने वाली मुंबई पुलिस आज अपनी वरदी पर लग रहे दागों से विचलित भी है और हैरान भी।

यही कारण है कि साख पर आए इस संकट के बचाव में मुख्यमंत्री को भी उतरना

पड़ा। पर दुखपूर्वक यह है कि सूबे का यह सरदार भी झूठ का सहारा लेता दिखा। महाराष्ट्र के मुख्यमंत्री विलासराव देशमुख ने जब उपमुख्यमंत्री आर.आर. पाटिल का बचाव किया और उनके विचित्र बयान 'गोली का जवाब गोली से दिया जाएगा' के संदर्भ में बेहिचक कहा, 'पाटिल ने यह बात महाराष्ट्र के गढ़चिरौली में नक्सलवादियों के बारे में कही थी, तो चारों तरफ से साँय-साँय की आवाज आने लगी। स्तब्ध चेहरे पूछने लगे—'मुख्यमंत्रीजी को यह अचानक क्या हुआ?'

बदलते बयानों की इस बौछार में राहुल की माँ जवाब माँग रही है। झूठ के अँधेरों में आखिर सच को अपनी रोशनी बिखेरने का हक तो है ही।

(राष्ट्रीय सहारा, 2008)

❑

बयान के मुकरने का 'राज'

आवाज में थकन थी और चेहरे पर उदासी। एक क्षण लगा ही नहीं कि छोटे परदे पर जिस शख्स का चेहरा उभर रहरा है वह राज ठाकरे है। वही राज ठाकरे, जो अपने तीखे बयानों और बिगड़ैल तेवरों के चलते इन दिनों अकारण सुर्खियों में है। शालीनता, सज्जनता, नैतिकता, संस्कार और सरोकारों से जब-जब कोई विमुख हुआ है उसे वह प्रचार मिल ही जाता है जो, उसकी दबी इच्छा भी रहती है और निजी राजनीति भी।

महाराष्ट्र नवनिर्माण सेना का यह सेना प्रमुख दबी-दबी आवाज में कह रहा था—'मैं छठ या किसी अन्य त्योहार के मनाए जाने का विरोधी नहीं हूँ। मैं तो छठ मनाए जाने की राजनीति का विरोधी हूँ।' एक कथित राजनीति का विरोध कर अपनी राजनीति करनेवाले राज ठाकरे के अचानक बदले बयान पर किसी को कोई हैरत नहीं हुई, क्योंकि अतीत में भी वे ऐसा ही करते रहे हैं। पर हैरान करनेवाली बात यह है कि उनकी याददाश्त को क्या हो गया? वे अपने उस बयान से क्यों मुकर गए, जो उन्होंने लगभग दहाड़ते हुए दिया था, 'यदि वे छठ पूजा करेंगे तो हम हठ पूजा करेंगे।' यही नहीं, उन्होंने लगभग गरजते हुए कहा था—'यह अपनी राजनीति चमकाने का जरिया है।'

कौन, किसे और कैसे जरिया बना रहा है और आस्था का यह महापर्व कहाँ से उपयोग की राजनीति का औजार बन गया, इस रहस्य को तो राज ठाकरे ही जानते होंगे, पर राजनीति के बाजीगर यह जरूर मानते हैं कि बयान कैसे बदलना राज की राजनीतिक शैली है। वे झरोसे अचानक पलट जाते हैं जब उन्हें यह अहसास होता है कि उनका बयान जन समूह में अपनी चमक खो रहा है।

अतीत को हर पल याद रखनेवाले यह अच्छी तरह जानते हैं कि राज ठाकरे ने जब मुंबई में बसे उत्तर भारतीय समाज और छठ पर्व पर टिप्पणी की तो हर मोर्चे पर उनके खिलाफ बयानों की आतिशबाजी हुई। तमाम गैर-सरकारी संगठन (एन.जी.ओ.) व राजनीतिक दल उनके खिलाफ लामबंद हो गए। रेलमंत्री लालू प्रसाद यादव ने तो उन्हें ललकारते हुए कहा था—'इस बार हम मुंबई में छठ मनाएँगे, देखते हैं कौन रोकता है?'

मामला इस कदर उलझ गया था कि उसका कोई सिरा ही समझ में नहीं आ रहा था। राज ठाकरे और उनकी सेना यह अच्छी तरह जानती थी कि बिहार और उत्तर प्रदेश के वे लोग जो गाँव की मिट्टी को अब तक अपने मन के भीतरी कोनों में रखे, उसकी गंध को बिलानागा महसूस करते हैं—वे छठ की शक्ति से कैसे और क्यों दूर जाएँगे? जुहू का समुद्र तट हो या गिरगाँव की चौपाटी, उत्सव की इस शाम उसके मन में श्रद्धा का जो सरोवर छलाँग मारता है, उसे किसी राज की कोई सेना क्या रोक पाएगी?

राज ठाकरे ने यह भी महसूस किया होगा कि समुद्र तटों पर छठ मैया और भगवान् सूर्य के उपासक जिस तादाद में इस दिन उमड़ते हैं, उस जनसमुद्र को महानगर की आपाधापी में देखना कल्पनातीत है। कभी राजनीति, कभी फिल्म, कभी उद्योग, कभी समाज तो कभी संगीत के दिग्गज छठव्रतियों को अपने बीच पाकर स्तब्ध भी होते हैं, मुग्ध भी।

आज आलम अलग है। छठ पूजा के दौरान समुद्र तटों पर लाउडस्पीकरों के उपयोग पर जब राज्य सरकार ने प्रतिबंध लगाया तो इतने संगठन उच्चतम न्यायालय की शरण में चले गए, जिनकी फेहरिस्त खासी लंबी है। आखिर मामला आस्था के विराट् पर्व से जुड़ा था। 'बिहारी फ्रंट' नाम से एक संगठन ने महाराष्ट्र सरकार के उस निर्णय के खिलाफ याचिका दायर की थी, जिसमें पूजा के दौरान लाउडस्पीकरों के उपयोग पर रोक लगा दी गई थी।

मुख्य न्यायाधीश की अध्यक्षतावाली पीठ ने मुंबई प्रशासन से कहा कि छठ पूजा के दौरान भीड़ को नियंत्रित करने के नाम पर लाउडस्पीकरों का उपयोग राजनीतिक भाषणों के लिए किया जाता है।

तब राज ठाकरे क्या करते? छठ मैया की शक्ति और उसकी विराटता के आगे उनकी क्या बिसात? क्या राजनीति सामाजिक तानेबाने से इतर जाकर अपना वजूद कायम रख सकती है? क्या सूर्य की उपासना के इस महापर्व को किसी दल, लोभ, माया या फिर सियासत से जोड़ा जा सकता है? घरों, मनों और घाटों पर बहती आस्था की नदी को विवादप्रिय राज ठाकरे कभी महसूस कर पाएँगे? क्या वे समझ पाएँगे उन जुड़े हाथों की भाषा, जो बिहार और उत्तर प्रदेश की आस्थावान जनता के जीवन का आधार है। यह वह ताकत है, जो किसी भाषण या मंत्र से नहीं, समर्पण और प्रतिबद्धता से उपजती है।

अपनी निजी सेना का यह सेनापति आज कह रहा है 'दिल्ली की मुख्यमंत्री शीला दीक्षित ने जब बिहारवासियों के खिलाफ बयान दिया तो सभी चुप रहे, असम, मणिपुर व बंगलौर में जब बिहारी मारे जाते हैं तो कोई हंगामा नहीं होता, पर जब मैं कुछ बोलता हूँ तो बिहार के सारे नेता मेरे और महाराष्ट्र के खिलाफ एकजुट हो जाते हैं।'

इस बयान से वे क्या कहना चाहते हैं, यह तो वे ही जानें, पर उन्हें इतना तो पता

होगा ही कि आस्था पर जब चोट की जाती है तो उसकी पीड़ा जानलेवा होती है। यह ऐसी छटपटाहट है, जिसे शब्दों में नहीं ढाला जा सकता। पर्व हमारी ताकत हैं और शक्ति भी। वे न हों तो जीवन सूखा, बंजर, उदास और रसहीन हो जाए। उनकी ताकत जीवन को प्राणवान और रिश्तों को ताकतवर बनाती है। ये रिश्ते आज भी राजनीति के घुमावदार रास्तों पर अपने को साबुत और सुरक्षित रखे हैं। जब भी बिहारवासियों की आस्था पर चोट पहुँची है, बिहार के दिग्गज राजनेता एकता की चादर के नीचे ठिठके मिले हैं। उन्होंने पहले भी यह एकजुटता साबित की है और इस बार भी।

आखिर आस्था का कलश घटाटोप अँधेरे में भी रह-रहकर जगमगाता है—राज ठाकरे यह कब जान पाएँगे?

(राष्ट्रीय सहारा, 2008)

❑

कृपया, गुंडों को नायक न बनाएँ

बाहर तेज धूप थी। बताया गया कि इतनी तेज गरमी पिछले कई वर्षों से मुंबई में नहीं पड़ी। मुंबई के डॉ. दादाभाई नौरोजी रोड स्थित 'टाइम्स ऑफ इंडिया' की इस इमारत के चौथे माले पर बाहर की गरमी का कोई निशान नहीं दिख रहा है। अंदर के केबिन में ठंडक कुछ ज्यादा है, पर यह ठंडक विचारों की गरमी और एक दु:ख ने कमजोर कर दी है। मैं अभी-अभी केबिन से बाहर आया हूँ और अंदर के कुछ शब्द रह-रहकर मेरा पीछा कर रहे हैं। हिंदी पत्रकारिता के शलाका-पुरुष डॉ. धर्मवीर भारती अंदर बैठे उन दो रंगीन पत्रिकाओं की आमुख कथाओं को लेकर चिंतित हैं, जो अपराध-जगत के सरपरस्तों पर विस्तार से छपी हैं। यह 'धर्मयुग' का कार्यालय है और एक विशाल काली शीशेवाली टेबल के पार, ऊँची घुमावरदार कुरसी पर बैठे मेरे संपादक ने सीधे मुझसे पूछा, "इन पत्रिकाओं को आपने देखा? एक गुंडे को मुखपृष्ठ पर छापकर हम अपने पाठकों को क्या संस्कार देना चाहते हैं? जिस गुंडे का आप एक रंगीन चित्र नहीं जुटा सकते, उस पर आप नाहक पत्रिका के बारह पेज बरबाद कर रहे हैं? स्केच छापकर आप गुंडे को एक तरह से प्रचार ही दे रहे हैं और अपनी दयनीयता भी दर्शित कर रहे हैं। हमें इस प्रदूषित पत्रकारिता से खुद भी बचना चाहिए और अपने पाठकों को भी बचाना चाहिए।"

डॉ. भारती की आवाज में उस कथित पत्रकारिता के प्रति गहरा आक्रोश उजागर हुआ था, जो बाजार की माँग के नाम पर महज सनसनी को परोसने में अपनी सार्थकता मानती आई है। लगभग डेढ़ दशक बाद भी वह घटना और वे शब्द मेरा पीछा नहीं छोड़ते।

आज अपराध और अपराधी को जिस तरह से प्रसार और प्रचार मिल रहा है, वह हमारी खत्म होती संवेदना का संकेत भर है।

लगभग चार साल पहले दिल्ली की एक समाजसेवी संस्था ने कुछ स्कूली छात्रों से जब पूछा कि वे अपना आदर्श किसे मानते हैं तो 72 प्रतिशत छात्रों का जवाब था—हर्षद मेहता। सवाल पूछा गया—क्यों? उत्तर मिला—पैसा बनाने (कमाना नहीं) की

कला के कारण। प्रति प्रश्न था—वह रास्ता तो अपराध की अंधी गली तक ले जाता है? उत्तर था—कानून देखें क्या कर पाता है? पर उसने रातोंरात करोड़ों रुपया बना तो लिया। और मुझे वह सब भी याद आता है जब हर्षद मेहता की गिरफ्तारी की खबरें प्रथम पृष्ठ की लीड हुआ करती थीं। सांध्य दैनिक चटखारे लेकर हर्षद-प्रसंग को छाप रहे थे। तब 'टाइम्स ऑफ इंडिया' ने अपने परिशिष्ट 'बॉम्बे टाइम्स' में अतिरिक्त रूप से बड़ी एक तसवीर छापी थी, जिसमें कार में बैठने जाता हर्षद मेहता, इस तरह से लोगों का अभिवादन कर रहा था, जैसे वह राज्याभिषेक के लिए जा रहा हो। यह उसकी गिरफ्तारी का चित्र था। उसके बाद उसके वर्ली स्थित विशाल घर की तसवीर, उसकी पत्नी की अवसाद मुद्रा की तसवीर। 'आज हर्षद हवाई जहाज से दिल्ली जाएगा', 'आज हर्षद मेहता को झूठ पकड़नेवाली मशीन के सामने लाया जाएगा', जैसी खबरें कई दिनों तक छपती रहीं। वह तसवीर भी छपी जिसमें नंगे पैर, बढ़ी दाढ़ी और हाथ में एक प्लास्टिक का थैला लिए हर्षद आजाद मैदान पुलिस स्टेशन के लॉकअप में खड़ा है, रात उसने पुलिस लॉकअप में कैसे बिताई, चप्पलों को सिरहाना बनाया—जैसी खबरें भी खूब छापी गईं। उस संवाददाता सम्मेलन में तो पत्रकारों को खड़े रहने की भी जगह नहीं मिली, जिसमें हर्षद मेहता ने अपने वकील महेश जेठमलानी की उपस्थिति में तत्कालीन प्रधानमंत्री पी.वी. नरसिंहराव को एक करोड़ रुपया देने का कथित आरोप लगाया था। संवाददाताओं को कैसेट भी सुनाए गए थे। दूसरे दिन सारे चैनल और अखबार हर्षद मेहता के आरोपों से रंगे थे। इन आरोपों की तह में जाने की कोशिश न तब हुई, न बाद में। राजनीति के बियाबान में यह किस्सा रह-रहकर उठता है।

शायद इकलौता कारण यही हो कि उन युवाओं के मन में पैसा और प्रचार के टूटे रथ पर सवार हर्ष मेहता दिखता हो और वह उन्हें जँचता भी हो। आज भी मुंबई के सांध्य दैनिक गाहे-बगाहे हर्षद मेहता की तसवीर छाप देते हैं और यह सूचना भी देना नहीं भूलते कि उम्र ने हर्षद पर अपना हमला कर दिया। उसका चेहरा कमजोर हो गया है। उसके बाल उड़ गए हैं और अदालती चक्करों ने उसकी सेहत बिगाड़ दी है। इस तरह की विस्तृत खबरें तो मुंबई के दंगों के लिए बने श्रीकृष्ण आयोग के सर्वेसर्वा न्यायमूर्ति श्रीकृष्ण के बारे में भी कभी नहीं छपीं कि इस ऐतिहासिक आयोग के मुखिया के तौर पर उन्होंने कितनी रातें तथ्यों को जुटाने और उन्हें सँवारने में खर्च कीं। जाहिर है, हमारी प्राथमिकताओं के रास्ते एकदम अलग हैं। प्रचार और प्रसार के मायाजाल में नकली नायक वह जगह पा जाता है, जो न कल उसकी थी, न आज उसकी होनी चाहिए। आपको याद होगा धारावाहिक, 'इंडियाज मोस्ट वांटेड' का वह सूत्रधार सुहैब इलियासी, जो अपनी खनकती आवाज में आपको आगाह कराता था कि 'आप यदि इस शख्स को कहीं अपने आस-पास देखें तो तुरंत फोन उठाएँ और पास के पुलिस स्टेशन को सूचित करें।' बाद के दिनों में छोटे परदे का वह उभरता नायक निजी जिंदगी के

त्रास के चलते उसी तिहाड़ जेल में बंद हो गया, जिसमें उसकी पहल पर कुछ अपराधी बंद थे। कहा गया कि अपराधियों को महिमामंडित करते-करते उसकी मनस्थिति ही गड़बड़ा गई थी। आज भी वह अपने पर लगे आरोपों से मुक्त कहां हो पाया है? पत्नी को आत्महत्या के लिए उकसाने का आरोप उस पर उसकी विदेश में बसी साली ने एक पत्रकार सम्मेलन में लगाया था। इस समूचे प्रसंग को भी खासा प्रचार मिला। क्या सच में यह प्रसंग इतने प्रचार की माँग रखता था? क्या इससे ज्यादा जरूरी दिल्ली के उस पर्यावरण की खोज-खबर नहीं थी, जो राजधानी की एक-एक साँस को दूषित कर रहा है।

ऐसा ही महिमामंडन वरदराजन मुदलियार उर्फ वरदाभाई का भी हुआ। मुंबई की झोंपड़ीपट्टी में आतंक का पर्याय बन गया वरदाभाई मूलतः दक्षिण भारतीय था। अवैध धंधों की सारी सुरंगें वरदा तक जाती थीं। मीडिया ने उसको इस कदर प्रचारित किया कि वह नायक बन गया। गणेशोत्सव में वरदाभाई के गणपति मंडप की सजावट पर लाखों रुपया पानी की तरह बहाया जाता था। मुंबई में सजावट पर इतना पैसा तब किसी गणपति मंडप पर खर्च नहीं होता था। बाद में छोटा राजन ने अपने तिलक नगर के गणेशोत्सव में इस परंपरा को जीवित रखा। धार्मिक प्रवृत्ति के वरदाराजन मुदलियार की 'गरीबों के मसीहा' की छवि अखबारों ने ही बनाई। हत्या, हत्या की धमकी, कच्ची शराब, हफ्तावसूली, तस्करी, मकान खाली कराने और न जाने कितने आपराधिक मामले उस पर दायर थे। पर यह छवि प्रचारित थी कि वरदाभाई गरीबों की मदद करते हैं। गरीब लड़की का विवाह, भाई की पढ़ाई का खर्चा और बीमार के इलाज के वास्ते उनकी तिजोरी हमेशा खुली रहती है। उनकी इसी छवि को फिल्म 'दयावान' में दिखाया गया, जो हिंदी और तमिल भाषा में बनी। कमल हासन और विनोद खन्ना ने तमिल और हिंदी में वरदा के चरित्र को परदे पर जिया। यह खबर भी खूब जोर-शोर से प्रचारित थी कि पुलिस-तंत्र किसी भी तरह उसके किले में सेंध नहीं लगा सकता। लेकिन बाद में पुलिस के ही एक जाँबाज अफसर यादवराव पवार ने ऐसी व्यूहरचना रची कि वरदाभाई का सारा साम्राज्य ढह गया। यह अफसर उसके किले में घुसकर, उसे गिरफ्तार कर और हथकड़ियाँ डालकर ले आया। इस घटना से वरदाभाई की दहशत कमजोर पड़ गई, लेकिन रंगीन पत्रिकाओं ने उसकी जो 'दैवीय' छवि बनाई, वह अंत तक वरदा के साथ जुड़ी रही। बाद में उसकी हृदयाघात से मौत हो गई।

लेकिन मौत का महिमामंडन किस तरह किया जाता है और जब वह मौत बगल से होकर निकल जाए तब तो पूरा दृश्य ही बदल जाता है। इसकी ताजा मिसाल है छोटा राजन पर बैंकॉक में हुआ हमला। 16 सितंबर के 'टाइम्स ऑफ इंडिया' (मुंबई संस्करण) ने पहले पेज पर दो कॉलम की एस. बालाकृष्णन के नाम से सेकंड लीड छापी। शीर्षक था—'छोटा राजन शॉट ऐट, ऐंड गंड डाउन इन बैंकॉक।' इसी अखबार ने 17 सितंबर

को पहले पेज पर उसी संवाददाता के नाम से छापा 'सिटी पुलिस सीक्स छोटा राजन्स एक्स्ट्राडिशन।' इसी दिन के अखबार में पेज पाँच पर 'छोटा राजन्स डेथ मीन द एंड ऑफ हिज गेंग', शीर्षक से खबर छपी। 'बॉम्बे टाइम्स' ने 'छोटा शकील वॉन्टस हिज मैन टू ट्रेवल बाइ पब्लिक ट्रांसपोर्ट' शीर्षक से पहले पेज पर बैंकॉक में छोटा राजन को तीन कालम में खबर दी। 16 सितंबर के 'नवभारत टाइम्स' ने पहले पेज पर बैंकॉक में छोटा राजन की तीन साथियों समेत हत्या' शीर्षक से खबर छापी। दूसरे दिन यानी 17 सितंबर को 'नवभारत टाइम्स' ने सात कॉलम में लीड छापी 'राजन को मरवाने के लिए कोंकणी की मौत का नाटक किया दाऊद ने।' इन दो प्रमुख अखबारों के अलावा 'नवभारत' ने दोनों दिन पहले पेज पर प्रमुखता से यह खबर छापी। 'यशोभूमि' के साथ-साथ गुजराती, मराठी के लगभग सभी अखबारों ने इस खबर को प्रमुखता दी। सांध्य दैनिकों के लिए तो यह खबर जैसे बेचने का सर्वश्रेष्ठ मसाला थी। एक ने छापा 'छोटा राजन डाल-डाल, दाऊद पात-पात।' एक ने छापा 'ऐसे बड़ा बना, छोटा राजन।' एक ने छापा 'सुरक्षा के लिए राजन के साथी मलेशिया में' और एक ने बैनर बनाया 'मुंबई पुलिस बैंकॉक जाएगी।'

कुल जमा किस्सा यह था कि लगभग 17 हत्याओं का आरोपी राजेंद्र सदाशिव निखलजे ऊर्फ छोटा राजन अवैध शराब भट्टी मालिकों, मटकावालों और जुआ अड्डों से हफ्ता वसूलता था। राजन नायर उर्फ बड़ा राजन उसे अपने गैंग में लाया। बड़ा राजन की हत्या के बाद वह गैंग का सरगना बना। दाऊद के वह नजदीक गया। 1978 से 1983 के बीच वह कई बार मुंबई पुलिस द्वारा गिरफ्तार हुआ। पुलिस मुठभेड़ में मारे जाने के भय से वह दुबई भाग गया। बाद में दाऊद से उसकी ठन गई। कहते हैं कि दाऊद ने उसे समुद्र की धारा में डुबोने तक का षड्यंत्र रचा मगर वह बच निकला। उसने बैंकॉक और मलेशिया को अपनी गतिविधियों का केंद्र बनाया। बैंकॉक में वह विजय दमन के नाम से रह रहा था और जब उस पर हमला हुआ तो वह रोहित वर्मा के घर पर था। रोहित वर्मा, वहाँ माइकल डिसूजा के छद्म नाम से रहता था और उसने अपनी पत्नी संजीता का नाम सिकंदी हामा बता रखा था।

इस खूनी लड़ाई में दाऊद और राजन दोनों एक-दूसरे के खून के प्यासे हैं। पुलिस की जानकारी के मुताबिक दोनों गैंगों से अब तक 85 मौतें हो चुकी हैं। हमारी पत्रकारिता की मेहरबानी से एक और जरूरी काम हुआ है, वह यह कि यहाँ भी सांप्रदायिकता को घोल दिया गया है। यह सर्वविदित है कि मुंबई बम कांड का सूत्रधार दाऊद इब्राहिम, पाक खुफिया एजेंसी आई.एस.आई. के इशारे पर काम कर रहा था। लेकिन यह सर्वविदित नहीं है कि छोटा राजन और दाऊद के मतभेद बम कांड को लेकर हुए। अखबारों ने बढ़ा-चढ़ाकर लिखा कि छोटा राजन दाऊद की इसी भूमिका से नाराज होकर उससे अलग हो गया। उसने बम विस्फोट के सात आरोपियों की हत्या करवाई। दाऊद इसीलिए

उससे नाराज है। कुछ अखबारों ने उसे 'हिंदू डॉन' भी लिखा। एक अखबार ने लिखा 'छोटा राजन के मोबाइल को आई.एस.आई. ने सेटेलाइट के जरिए टेप करके दाऊद को इसकी टिप दी।' 'संझा जनसत्ता' ने तो 18 सितंबर के अंक में प्रथम पृष्ठ पर लिखा 'छोटा राजन पर हमले ने शिवसेना नेताओं की नींदें उड़ाई।' इस खबर में साफ-साफ लिखा था—'छोटा राजन पर शिवसेना सरकार बहुत मेहरबान थी। शिवसेना के वे नेता बैंकॉक में छोटा राजन पर हुए हमले से सन्न रह गए हैं, जिनकी हिटलिस्ट छोटा शकील ने बना रखी है।'

अब इस रंग को आप क्या नाम देंगे? यही अखबार एक समय माफिया सरगना अरुण गवली और उनकी आज क्षत-विक्षत पड़ी राजनीतिक पार्टी 'अखिल भारतीय सेना' को शिवसेना की प्रतिद्वंद्वी पार्टी बता रहे थे। पर जब उसके महासचिव जितेंद्र दाभोलकर की 1998 में छोटा शकील गिरोह ने दिनदहाड़े हत्या कर दी, तब से उस पार्टी का अता-पता ही नहीं है। आज अंग्रेजी अखबार पाँच कॉलम में खबर छाप रहे हैं, 'गुड गवली! ही इज ए लॉयर नाऊ!' इस खबर के साथ गवली की दो कॉलम की आकर्षक तसवीर है। (मिड डे 10 सितंबर, 2000)। सच तो यह है कि इन आपराधिक पृष्ठभूमि के लोगों को व्यापक प्रचार-प्रसार देकर, उनकी रंगीन-सादा तसवीरें छापकर ऐसा माहौल बना दिया गया है मानो वे राष्ट्र के दिशा-निर्देशक, पालनहार, रहनुमा, देवता, तारणहार और न जाने क्या-क्या हैं।

जब इस तरह की खबरें छपेंगी तो जाहिर है उसका असर पड़ेगा ही। सबसे पहले दाऊद इब्राहिम की रंगीन तसवीरें छापनेवाली मुंबई की एक साप्ताहिक पत्रिका ने बाद के दिनों में दूसरे पत्रकारों को उसकी भिन्न-भिन्न भाव-मुद्राओं की तसवीरें बाँटीं। यह भी छपा कि, 'दाऊद गुसी जूते पहनता है, वह रेबेन का चश्मा लगाता है, उसकी कलाई पर राडो घड़ी बँधी रहती है और उसकी जेब में ब्लेक मोंक का पेन रहता है। फिल्म सितारों से उसकी नजदीकियाँ जगजाहिर हुईं।

यह महिमामंडन उन युवाओं को लुभा जाता है, जिनके सपने आकाश में तो उड़ाना चाहते हैं, पर उसका अंत वे नहीं जानते। आज की मुंबई में अरुण गवली की दगड़ी चाल, दाऊद इब्राहिम का नागपाड़ा, अमर नाईक का 24 टेनामेंट और छोटा शकील का टेमकर स्ट्रीट स्थित घर और उनके पनाहगार नए अपराधियों के तीर्थ-स्थल बन गए हैं। उनका आतंक और भव्य रहन-सहन युवाओं में घृणा नहीं, आकर्षण पैदा कर रहा है। यही दु:खद अध्याय हमारी चिंता का जरूरी हिस्सा है।

('विदुर' (जर्नल ऑफ द प्रेस इंस्टीट्यूट ऑफ इंडिया), दिसंबर 2000)

❑

मत खोलिए दर्द की किताब

जैसे सबकुछ उस चेहरे के पीछे आकर छिप गया था—पकी उम्र का अनुभव-संसार, फिल्मी दुनिया से उभरे हताश सपने, किस्से-कहानियों से उभरती नायिका और एकांत का सुख-सबकुछ!

यह एक उदास दोपहर थी। ऊपर पहाड़ी पर मांडरे की माता का मंदिर है। उसी पहाड़ी की चपेट में, नीचे के एक कोने पर एक कोठी है। कोठी का लोहे की जाली से बुना फाटक अब दोहरा गया है और कुएँ की जगत पर सिर्फ सन्नाटा है। लंबे-चौड़े बरामदे सूने हैं और कोठी से लगा बाग अब सिर्फ परिंदों की आवाजें सुनता है।

नीली आँखें, पतले होंठ, ईरानी सौंदर्य और बात करने का गजब चातुर्य जिस मुकाम पर ठहरता है—वनमाला उसी शख्सियत का नाम है। हिंदी सिनेमा की उम्र का चौथा दशक जिस अभिनेत्री की उपस्थिति भर से चमत्कृत था, जिसे सोहराब मोदी ने मराठी फिल्म 'आँख मिचौनी' में देखा और सहसा अपनी खोज को विराम दे दिया। 'सिकंदर' की रुखसाना की अनवरत खोज ने उनकी तमाम रातों को सोख लिया था। तब उन्हें वनमाला में ईरानी सौंदर्य के अक्स उभरते मिले और सोहराब मोदी ने इस 'रुखसाना' को अनुबंधित कर लिया। सिकंदर की इस नायिका ने सफल फिल्मों का जो इतिहास रचा, वह आज सिर्फ याद करने की चीज हो गई है। वनमाला वृंदावन और ग्वालियर की नामालूम-सी सड़कों पर विचरती, उन्हीं यादों को उलटती-पुलटती अपनी उम्र के बचे हिस्से खर्च कर रही हैं।

आज के ग्वालियर में एक ऐसी पीढ़ी भी मौजूद है, जो अपने स्कूली दिनों में किताबों को पेट में छिपाए सिनेमा हॉलों की तरफ भागती थी। वे लोग भी इसी शहर में मौजूद हैं, जो उस क्षण के गवाह हैं जब वनमाला के पिता कर्नल रायबहादुर बापूराव

पवार को किसी ने यह खबर दी थी कि कर्नल साब, आप जिसे खोज रहे थे, आपकी वह बेटी फिल्मों में आ गई है और उसकी फिल्म 'नाटक घर' (आज का रीगल सिनेमा) में लगी है। बापूरावजी अपने संगी-साथियों सहित फिल्म देखने गए, पर फिल्म के एक दृश्य पर वे खासे उत्तेजित हो गए और कमर में लटकी रिवॉल्वर से उन्होंने परदे पर गोली चला दी। टॉकीज में भगदड़ मच गई, परदा जल गया और जले मन से बापूराव घर लौट आए। ये किस्से सिर्फ किस्से हैं, जो आज किंवदंतियों की शक्ल ले बैठे हैं।

यों आज अन्नी उम्र के खास मोड़ पर आ चुका है, पर उसकी चेतना में वह क्षण आज भी जिंदा है जब घूमने के वास्ते सुबह-सुबह मुहल्ले के लड़के उन्हीं पहाड़ियों पर जाया करते थे और लौटते वक्त कोहरे में लिपटी, सुबह की खुमारी में डूबी पवार साब की कोठी की ओर उँगली दिखा-दिखाकर एक दूसरे से कहते—'वो देख, वो—वही है पवार साब की कोठी। पवार साब की लड़की घर से लड़कर फिल्मों में चली गई है और बहुत बड़ी हीरोइन बन गई है।' तब सब आगे अटकलें लगाते कि उस हीरोइन का नाम क्या है। कुछ ललिता पवार कहते तो कुछ और।

लाल-पीले बस्तों और लोहे के बक्सों को खोल-खोलकर वे अपनी फिल्मों की तसवीरें दिखाए जा रही हैं, फिर सहसा थकी-थकी-सी कहती हैं, "छोड़िए, अब क्या है इन कागज-पत्तरों में। मैंने तो सबकुछ भुला दिया। मैं भूल गई कि मेरा फिल्मों से भी कभी रिश्ता था।" फिर जैसे कुछ मिल गया हो, जोर से बोलीं, "अरे सुनो, ये नौकर भी नहीं सुनता। सुनो! वह खाकी रंग का लिफाफा उधर रखा है क्या? देखो, वह लड़का कल फोटो देख रहा था। उसमें 'पर्वत पे अपना डेरा' के फोटो हैं, जाओ, जरा देखो।"

और हम चुप हैं। धीरे-धीरे खुल रहा है यादों का वह झरोखा, जिसमें घुस कर हमें बहुत कुछ जानना है। मेरे साथ बैठी रंगकर्मी सुरभि पांडेय, जिनकी खोजबीन के बाद ही मैं यहाँ आ पाया, गुमसुम हैं। वनमालाजी अपने बस्तों से उलझती हैं और कहती जा रही हैं, "आप शाम को ठीक पाँच बजे आ जाएँ। पौने छह तक बात कर लें, फिर मेरे हवन का वक्त हो जाता है।" और मैं तीन दिन तक बिला नागा वहाँ जाता रहा।

लौटते वक्त मैंने सिर्फ एक बार देखा था—पहाड़ी के उस पार सूरज बुझ रहा था। पहाड़ी के इस पार भी मुझे कुछ लगातार बुझता-सा मिला।

पर धीरे-धीरे खुलते रहे अतीत के किवाड़।

यादों की एक बारीक डोर थामे वे कह रही थीं, "हमारा परिवार सामंत परिवारों में से रहा। मेरे पिता अपने बल पर मंत्रिपद तक पहुँचे थे। उन्होंने अपना जीवन तहसीलदार से शुरू किया था। उस समय राज्य-व्यवस्था मराठों के पास नहीं थी। उनका पेशा केवल युद्ध करने का था। तब माधव महाराज (माधवराव सिंधिया के पितामह) को सलाह दी गई कि आप कुछ ऐसे मराठों को चुनिए जो युद्ध के अलावा राज्य-व्यवस्था

में भी भाग ले सकें। तब स्कूल-स्कूल जाकर लड़कों को चुना गया था। ऐसे दस लड़के चुने गए, जिनमें एक मेरे पिता भी थे।

''प्रांत मालवा, आज जिसे उज्जयिनी कहते हैं, वहाँ मेरा जन्म हुआ यानी अवंतिका में 1914 को मैं जन्मी। पिता ने दो विवाह किए। पहले विवाह से बहुत बाद में एक संतान हुई। मेरी माँ का नाम सीता था। हम तीन बहनें और दो भाई थे। भाई बस्तर में कलेक्टर रहे। माँ की करुणा और पिता का कठोर अनुशासन हमारे संस्कारों को विकसित करने में बहुत मददगार साबित हुआ।''

जैसे वे पीछे की ओर देखकर कुछ सहसा पा जाना चाहती हों या फिर उन क्षणों को पाकर उसमें डूब जाने का मन हो—ठीक ऐसा ही भाव उनके चेहरे पर चमका। वे कह रही थीं, ''पिता को मंत्री पद मिला और हम उज्जैन से शिवपुरी और फिर ग्वालियर आ गए। आज भी उज्जैन की शामें, फूलडोल के दिन, फूलों से लदे सड़कों पर विचरते जन-समूह, घंटियाँ बजाती पुरुषों-स्त्रियों की कतारें—सबकुछ मुझे याद है। जब हम ग्वालियर आए तो राजकन्याएँ मेरे साथ थीं। हमारा ज्यादातर वक्त घुड़सवारी, शिकार आदि में साथ-साथ बीतता। मुझे हिंसा से डर लगता था, पर प्रकृति से पागलपन की हद तक प्यार था। फूलों की माला गूँथना, सावनमासी में पतरी बीनना (हर पेड़ से चार-चार पत्ती लाना), कोकिलाव्रत (जब तक कोकिल की आवाज न सुन लें खाना नहीं खाया जाना) आदि में मुझे कुछ ज्यादा ही रुचि थी। व्रत माँ रखती थीं, पर आनंद मुझे आता था।

''घर में हस्तकलाएँ सिखाई जातीं। राजमहल में राजकन्याओं के साथ बड़े-बड़े लोगों से मिलने के दिन तय थे, जहाँ तरह-तरह के सवाल पूछे जाते—यह सब चीजें, जीवन-प्रणाली, कला के लिए पोषक सिद्ध हुईं। सरदार रॉटर स्कूल में चित्रकला की शिक्षा पाई, पर सामंतशाही के जो गजब तौर-तरीके वहाँ थे, वे मुझे रास नहीं आए और मैंने वह स्कूल छोड़ दिया।

''रथ हमें स्कूल ले जाने और छोड़ने के लिए आता था। उस रथ में लाल परदे पड़े रहते थे और घंटियों की किलकिल दूर से ही सुनाई देती थी। हम लोग रथ में बैठकर स्कूल जाते थे। वह अलग वैभव था। जब महल में वाइसरॉय वगैरह आते तो हम लड़कियों को बुलाया जाता, क्योंकि हमारी अंग्रेजी अच्छी थी और बातचीत हमें ही करनी होती।''

''टेनिस, बैडमिंटन के अलावा संगीत के लिए गंधर्व विद्यालय से शिक्षक आते। पहले कृष्णराव शंकरराव पंडित से कुछ सीखा। राग और शास्त्रीय संगीत की शिक्षा ली, बाद में कथकली, मणिपुरी और कथक नृत्य की शिक्षा क्रमशः गुरु नागभूषण, नवकुमार, नरेंद्र कुमार, लच्छू महाराज, सुंदरलाल और शास्त्रीय संगीत के पाठ पंडित सदाशिव राव, घुम्मन खाँ और गणपतराव देवसकर से सीखे। घुड़सवारी, टेन फेकिंग, भाले से

रूमाल उखाड़ना, चाँदमारी, लाठी चलाना और लेझम आदि की शिक्षा के लिए भी अलग-अलग शिक्षक थे।''

''पर इन शिक्षाओं से इतर एक मन था, जिसकी उड़ान बहुत ऊँची थी, जिसकी कल्पना पंखों के बगैर हवा में तैरती थी और मैं जो कभी फिल्मों में जाने, वहाँ अभिनय करने के बारे में भूले-भटके भी नहीं सोचती थीं, वहाँ गई, रमी और लौट आई। मेरा मन तो चाहता था कि मैं शांति निकेतन जाकर कुछ करूँ। मेरी मौसी वहाँ थीं और मेरी रुचि अध्यापन में थी, पर पिता ऐसा नहीं चाहते थे।''

और पिता से शुरू हुई बात जब यहीं आकर थमी तो वनमालाजी के चेहरे पर बहुत सारे दृश्य एक साथ उभरे। उनमें श्रद्धा भी थी, तटस्थता भी, करुणा भी थी और अक्खड़ता भी।

फिर बात फिल्मी-यात्रा पर आ ठहरी और उस जीवन-यात्रा के वे घुमावदार मोड़ उभर आए जो राजमहल में पनपी, रची-बसी एक अभिनेत्री के जीवन में आए भी और चले भी गए, उन्होंने खोए-खोए बताया—

''पुणे में मेरी मौसी थीं। वे वहाँ आगरकर हाईस्कूल में प्रधानाचार्य थीं। उन्होंने मुझे बुला लिया। वहाँ एक छोटी सी जगह थी। मैं वहाँ पचास रुपए प्रति माह पर पढ़ाने लगी। यह 1936-37 की बात है। यहीं मेरा आचार्य अत्रे से संपर्क हुआ। उन्होंने मुझे स्कॉलरशिप देकर बी.टी. की ट्रेनिंग के लिए मुंबई एलिफिंस्टन हाईस्कूल में भेजा। अत्रे उस स्कूल के संस्थापक थे।

''यही जीवन के रंग थे। अत्रे मशहूर नाटककार थे। उनके पास बाबूराव पेंढारकर, मास्टर विनायक और वी. शांताराम चित्रपट कथा की मांग करने आते थे। इन सबका मुझ पर प्रभाव पड़ने लगा। शांताराम तब काफी ख्याति बटोर चुके थे। उन्होंने मुझसे कहा कि आप स्टुडियो में आ कर मेरे अस्टिंट डाइरेक्टर का काम क्यों नहीं स्वीकार लेतीं? मुझे यह प्रस्ताव पसंद आया। लगा—लिखना-पढ़ना, बहस करना, सबकुछ कितना सुखद है। वे सब उन दिनों पुणे में रहते थे और मुझे प्रभात स्टूडियो (आज जहाँ फिल्म संस्थान है) जाना पड़ता।

''कुछ दिनों बाद मास्टर विनायक और बाबूराव पेंढारकर ने आचार्य अत्रे की एक कथा स्वीकार की और 'नवयुग चित्रपट' के नाम से एक कंपनी बनाई। इस कंपनी ने मराठी फिल्म *'लपंडाव'* बनाई, जो हिंदी में 'आँखमिचौनी' के नाम से बनी। इसके लिए सबने मुझसे जिद की और मैंने फिल्म स्वीकार ली। कोल्हापुर के शालिनी स्टुडियो में शूटिंग जारी थी और इसी बीच पिताजी को पता चल गया। मैं फिल्म में लगी रही। बी.टी. कर चुकी थी, पर सारे काम अधूरे पड़े रहे।

''पर इस फिल्म में दो नायिकाएँ थीं—मीनाक्षी और मैं। बाबूराव पेंढारकर नायक थे। वे और मास्टर विनायक पुरुष पात्र थे। फिल्म जल्द ही पूरी हो गई और मेरे काम

की तारीफ हुई, क्योंकि घुड़सवारी का मुझे अभ्यास था और उस चरित्र में यह सब अहम् था। फिल्म का प्रीमियर लेमिंग्टन थिएटर में रखा गया, जहाँ बड़े-बड़े निर्देशक, कलाकार आए। आने वालों में सोहराब मोदी भी थे और उन्होंने मुझे प्रीमियर के वक्त ही '*सिकंदर*' की रुखसाना के लिए चुन लिया। मैं हतप्रभ थी। फिर जैसे कोई प्रवाह में, धारा में बहता है, मैं भी बहती गई। फिल्में मिलतीं, सफल होतीं और मैं अपना काम करती। पर, न जाने क्यों, तब भी मेरा मन उस दुनिया में वृद्धावस्था तक रहने का नहीं था।

''पर, पृथ्वीराज कपूर जैसे दिग्गज कलाकार के साथ आपने काम किया। सोहराब मोदी ने आपको चुना, तब कैसा लगा आपको? सवाल सहसा उभरा।

''*सिकंदर*' में पृथ्वीराज की ऐतिहासिक भूमिका थी। फिल्म शुरू होने से पहले सोहराब मोदी ने कहा—आप दस मिनट अपने इष्ट देवता का स्मरण कर लें। यह बड़ा काम है और इससे आपको बहुत यश मिलेगा। फिर पृथ्वीराजजी के साथ काम करना सुखद था। वे हम पर हँसते भी थे, हँसाते भी थे। फिल्म के एक दृश्य में आउटडोर शूटिंग पर घुड़सवारी का दृश्य था। ऐसे काम प्रायः डुप्लीकेट से लिए जाते हैं, पर यह दृश्य मैंने खुद फिल्माया। पहाड़ी से पूरी रफ्तार में घोड़ा दौड़ाते जब मैं नियत स्थान पर कूदी तो पृथ्वीराजजी जोर से चीखे, 'कमाल है कमाल, इतना अद्‌भुत दृश्य! लगता है, माता-पिता ने तुम्हें झूले पर डालने की जगह घोड़े पर ही डाला होगा।' वे इस तरह हिम्मत बँधाते थे।

''पर, पृथ्वीराजजी की एक आदत थी, वे हमेशा शीशे में खुद को देखा करते थे। मैं उनसे कहती, 'आपको देखकर मुझे 'नार्शियस' की याद आती है जो हमेशा पानी में अपनी आकृति देखता था। तब वे कहते कि आपको देखकर मुझे 'डायना' की याद आती है। वे मुझे 'डायना' और मैं उन्हें 'नार्शियस' कहा करती।

''पर, फिल्मी सफलता मेरे निजी जीवन की असफलता का हिस्सा बन रही थी। पिता ने बिलकुल संबंध तोड़ लिए थे। भाई-बहन आते रहते और मैं खुद पिता के आतंक से ग्वालियर नहीं आती। वे राजर्षि थे और प्रायः कहते कि वह कुछ भी कर ले, कितना भी नाम कमा ले, पर देखना उसका सबकुछ नष्ट हो जाएगा, उसे कुछ नहीं मिलेगा। आज सोचती हूँ उन्होंने ऐसा अनुमान कैसे लगाया होगा?

''पिता तक मेरी बात पहुँचाने, एका कराने, संबंध सामान्य कराने में महाराज ग्वालियर और महारानी का काफी हाथ रहा। उन्होंने पिता को समझाया, 'अब जाने दीजिए, वक्त बहुत हो गया'। तब पिता ने कहा, 'वह अपना सारा सबकुछ दान-दक्षिणा, पूजा-पाठ में लगा दे, हमें कोई दिक्कत नहीं होगी।''

कमरे के बाहर के पेड़ से बार-बार पकी हुई पत्तियाँ गिर रही थीं, हवा उस महलनुमा इमारत में सांय-सांय कर रही थी और ढलती शाम में एक पटिया पर बैठी

वनमालाजी यादों को डरने की हद तक घूर रही थीं। यह सब चमत्कारिक था।

''फिर अत्रे साहब पर आ जाएँ, अत्रे पिक्चर्स से भी आप जुड़ी रहीं। उन यादों को भी पलट लिया जाए।'' ''हाँ'', वे कुछ खो जाती हैं, ''*सिकंदर*' एक साल में पूरी हो गई तब 'अत्रे पिक्चर्स' के बैनर तले हम लोगों ने 'पायाची दासी' (मराठी) व '*चरणों की दासी*' (हिंदी) बनाई। इसका गीत '*अंबुआ पर आई अनोखी बहार, सजनवा ने मोरी सुधहु न लीनी*' बहुत लोकप्रिय हुआ। यह गीत पंडित आनंद ने लिखा था और संगीत अन्ना साहब माहिनकर का था—कहानी अत्रे साहब की थी। त्रिलोक कपूर की '*राजा रानी*' भी बनाई, पर कंपनी नहीं चली और तमाम दिक्कतें पैदा हो गईं।

''पर, मेरा फिल्मी कैरियर जारी था। एक के बाद एक फिल्में मिल रही थीं और उन हालात को भी मैं नजदीक से देख रही थी, जिसमें मेरे निजी जीवन के अलावा फिल्मों की जबरदस्त प्रतिस्पर्धा थी। एक किस्सा सुनें।

''फिल्म '*कादंबरी*' में शांता आप्टे थीं। शांता को वी. शांताराम लाए थे। फिल्म के नायक पहाड़ी सान्याल थे और निर्देशक नंदलाल थे। शांता का व्यवहार मेरे प्रति न जाने क्यों विचित्र था! वे हर बात निर्देशक की मार्फत कहतीं। जैसे 'इनसे कह दो ऐसा करें,' 'इनसे कह दो वहाँ चली जाएँ!' यानी वे मुझसे दूर-दूर रहतीं। फिल्म में मेरा नृत्य था, पर मोटी होने के कारण नृत्य भी उन्होंने किया और मेरा नृत्य कटवा दिया, जबकि फिल्म में मुझे नृत्य की वजह से ही लिया गया था। फिर भी मेरा अभिनय पसंद किया गया। हुआ यहाँ तक कि मेरे अपने चाँदी के गहने तक गायब कर दिए गए। किसने किया, मैं जानती हूँ पर नाम लेने से क्या फायदा।

''ऐसे ही '*आम्रपाली*' (लक्ष्मी प्रोडक्शन) की नायिका के लिए मुझे एक निर्देशक ने अनुबंधित किया। पर, अचानक यह भूमिका संगीता देवी को दे दी गई। फिल्म पिट गई।

''पर, सबसे ज्यादा अचरज मुझे सोहराब मोदी को लेकर हुआ। वे '*झाँसी की रानी*' बना रहे थे और इसकी नायिका के लिए मैं तय थी, क्योंकि तलवार चलाने का अनुभव मेरे अलावा किसी को न था। पर, सोहराब तब तक मेहताब से विवाह कर चुके थे। मेहताब उस भूमिका के लिहाज से भी ठीक नहीं थी। पर उन्हें भूमिका मिली और मुझसे डुप्लीकेट के काम के लिए कहा। मैंने ठुकरा दिया, फिल्म नहीं चली, पर हमारे रिश्तों में कोई अंतर नहीं आया।''

''पर, रिश्तों की कहानी, जिसका निजी जीवन से रिश्ता है, अलग ही रही। बात अचानक शांताराम और मोतीलाल पर आ गई।

'तब मैं राजकमल की '*पर्वत पे अपना डेरा*' में काम कर रही थी। शांतारामजी का आदेश था कि जब तक यह फिल्म पूरी न हो, कहीं काम न करो। वे पात्र को आत्मसात करने की सलाह देते। मेरी भूमिका अंधी लड़की की थी। मैं हर वक्त सोचती

रहती। सेट पर जब नायिका नाव से उतरकर किनारे आती है और टटोलती उतरती है और संवाद बोलती है, 'मैं इतनी अभागिन कि मेरी आँखें चली गई हैं।' शॉट पूरा हो चुका था, पर मुझे सब तरफ अँधेरा ही अँधेरा नजर आ रहा था। ऐसा लग रहा था मेरी आँखें वाकई चली गई हैं।

"और वह वाकिया आज भी मेरे सामने है, जब *'बीते दिन'* की शूटिंग के वक्त मोतीलालजी को मेरे गाल पर गुस्से में चाँटा मारना था। रिहर्सल में वे धीरे से चाँटा मारते थे पर अंतिम वक्त उन्होंने इतनी जोर का चाँटा मारा कि मेरे बड़े-बड़े बुंदें टुकड़े-टुकड़े हो गए और मैं कैमरे के पास खड़ी-खड़ी रोने लगी। वे बहुत सहज कलाकार थे और मैंने उनके साथ *'मुसकराहट'* व *'बीते दिन'* में काम किया था।"

"पर, इन यादों का क्या किया जाए, अब कुछ भी नहीं है। बस, जब-तब ये जगा जाती हैं, न जाने क्यों?"

और जैसे बात का एक छोर मुझे मिल जाता है, "आप बता ही दें कि कैसे आपका विश्वास छला गया?"

"क्या बताना है, बात ऐसी है कि इस पर पूरा परदा डालने का मैंने निश्चय कर लिया है। उस किताब को अब मत खोलिए। मैं कुछ नहीं बोलना चाहती। कुछ भी नहीं।"

और सिर्फ टेप की आवाज कमरे में गश्त लगाती है—घिर्र-घिर्र। सन्नाटे से उबरते ही वे कह रही हैं। "अब कहने को क्या है कि किसी ने धोखा दिया, जीवन को रसहीन, बंजर बना दिया। सब बेमतलब। प्राय: ऐसा होता है कि विरले ही कलाकार होते हैं जिनका पारिवारिक-जीवन सुखमय होता है। मैं समझती हूँ कि मेरे भाग्य में नहीं था। मेरे हिस्से में सिर्फ बरबादी थी। मैं पैसों के लिए डुबोई गई। मैं अपने घर से, परिवार से वंचित रही, क्योंकि मैंने ऐसे व्यक्ति से संपर्क रखा, जिसने अपने वचन निभाए ही नहीं। वे पहले ही विवाहित थे। यों उनका अपने पहले विवाह से कोई संबंध नहीं था। पर वे मुझे हर बार विवाह का आश्वासन देते रहे। पर कुछ नहीं हुआ। जो औरत सम्मान और प्रतिष्ठा को मानती हो, जो औरत जीवन में रिश्तों को ही प्राथमिकता देती रही हो, वह ऐसा जीवन, जिसमें पत्नी को पत्नी-सा दरजा न मिले, कैसे बर्दाश्त करेगी? मुझे बार-बार लगता जीवन सम्मानित होना चाहिए, पर ऐसा नहीं हो पा रहा था।

"वे पैसा खींचते रहे। हमारे संबंध तनाव भरे रहे। वह घर मेरा था, पर उन्होंने अपना परिवार बुला लिया। मेरी संपत्ति पर कब्जा होने लगा। मेरी बहनों ने कहा, 'ऐसा जीवन अपने बस का नहीं, त्याग दो।' उनसे बातचीत होती नहीं थी। मैं तनाव में रहती थी। फिर मुंबई छोड़ने का निर्णय ले लिया।"

"1940 से 1954 तक मैं फिल्मों में रही। बाद में दो साल तक उन फिल्मों में

काम किया, जो अधूरी थीं। इनमें नरगिस के साथ की *'अंगारे'* और *'श्यामची आई'* जिसे साने गुरुजी ने मेरे आग्रह पर बनाया था और राजेंद्र प्रसाद और नेहरूजी ने खास आयोजन पर फिल्म देखी थी, पूरी की और मुंबई से नाता तोड़ लिया।

''बाद के साल अलग अनुभवों से भरे रहे। पिता तक पहुँच ही गई थी। वे हर साल तीर्थयात्राओं पर जाते थे। मैं भी चली गई। सब तीर्थ किए और हिमालय में शांति ढूँढ़ी। वृंदावन में एक भूखंड था गोर्वधन की परिक्रमा के पास। वहीं ठिकाना बना लिया। स्वामी हरिदास कला संस्थान की नींव रखी और तमाम सांस्कृतिक गतिविधियों, अध्यात्म से गहरे रिश्ते कायम कर लिए।

''पिता की मौत 1976 में हुई और अत्रे साहब की मौत की खबर उनके रिश्तेदारों ने मुझे जान-बूझकर नहीं दी थी। बस, इतना सबकुछ बीता।''

...और जैसे शब्द रीत गए थे, जैसे सन्नाटे की चादर ने उम्र के घाव सहसा उघाड़ दिए थे, जैसे पहाड़ी पर खड़े अन्नी और उसके हमउम्र साथी अब भी किसी सुबह कोहरे में लिपटी इस कोठी को उँगली दिखा-दिखा कर कहेंगे—'सच, वहीं कहीं कैद है, देखो उस तरफ देखो।'

जब मैं उठा तो मन बहुत भारी था। अबकी बार न मुझे बुझते सूरज की रोशनी से छले जाने का खतरा था, न उन मासूम भ्रमों को, जिसे एक पूरी पीढ़ी ने सहसा लील लिया था।

(धर्मयुग, 19 जून, 1988)

❑

मशहूर औरत की गुमनाम मौत

दु:ख और त्रास की यह ऐसी कथा है जिसकी नायिका हिंदी फिल्मों की सफलतम अभिनेत्री रही है।

भारतीय सिनेमा का यह वह दौर था जब लड़कियों का अभिनय करना अपराध माना जाता था। उन्हें घर से बाहर कदम न रखने की सख्त हिदायत थी। तब ज्यादातर फिल्मों में पुरुष पात्र ही स्त्रियों की भूमिका निभाते थे।

परंपरा और रूढ़ियों में जकड़े समाज में तब एक ताजी हवा के झोंके की तरह राज परिवार के माहौल में पढ़ी और बढ़ी वनमाला अचानक चमकदार परदे पर उभरीं और लगभग दो दशक तक अपनी उपस्थिति से हिंदी और मराठी फिल्मों के दर्शकों को रुलाती भी रहीं, हँसाती भी रहीं, गुदगुदाती भी रहीं और स्तब्ध भी करती रहीं।

पर उनकी गुमनाम मौत ने सबको स्तब्ध कर दिया। जरा सोचिए, सोहराब मोदी जैसे फिल्मकार ने जिस नायिका में ईरानी सौंदर्य को खोजा हो, जिसे देख 'सिकंदर' जैसी फिल्म के निर्देशक ने 'आँख मिचौनी' देख अपनी खोज को विराम दे दिया हो, जो 'सिकंदर' की रुखसाना के किरदार में परदे पर पृथ्वीराज कपूर जैसे दिग्गज के साथ उतरी हो, उस अभिनेत्री की गुमनाम मौत, चमक भरी फिल्मी दुनिया के उस स्याह अँधेरे को बेपरदा करती है, जो अविश्वसनीय तो लगता है, पर होता अक्षर-अक्षर सच है।

विडंबना का यह वह विकृत चेहरा है, जिसके सिर्फ एक कोने को वनमाला की मौत उभारती है। लगभग बीस साल तक मुंबई की फिल्मी बिरादरी में अपना मजबूत कद रखनेवाली इस सितारा अभिनेत्री ने जब मध्य प्रदेश के सांस्कृतिक शहर ग्वालियर में अंतिम साँस ली तो वह निपट अकेली थीं। उनके आस-पास सिर्फ और सिर्फ यादें थीं, जिनका दंश उन्हें रह-रहकर कचोटता था।

यह वह त्रास भरा अतीत था, जिसमें उनके अपनों द्वारा छले जाने की जानलेवा पीड़ा थी। यह वह बीता क्षण था जिसमें यश और प्रतिष्ठा के बाद मिला सन्नाटा था। यह वह निर्जन था, जहाँ से लगनेवाली आवाज, वापस उन तक ही लौट आती थी।

यह विडंबना ही है कि संचार क्रांति के इस महादौर में ग्वालियर में हुई एक शिखर अभिनेत्री की मौत की खबर अज्ञात कारणों से मुंबई पहुँची ही नहीं।

सन् 1941 से शुरू हुआ वनमाला का सफर 1956 तक अविरल चला। इसमें 'लपंडाव', 'पायाची दासी', 'श्यामची आयी', 'बसंत सेना', 'घर जँवाई' जैसी सफलत मराठी फिल्मों के अलावा 'सिकंदर', 'राजा-रानी', 'मुसकराहट', 'कादंबरी', 'पर्वत पर अपना डेरा', 'शरबती आँखें', 'परिंदे', 'आरती', 'अरबियन नाइट', 'छत्रपति शिवाजी' और 'अंगारे' जैसी हिंदी फिल्में भी शामिल हैं।

सच तो यह है कि वनमाला की पूरी कहानी किसी फिल्मी पटकथा से कहीं ज्यादा घुमावदार है। उनसे जुड़े किस्से आज के ग्वालियर में किंवदंती का रूप ले चुके हैं। इन किस्सों में मिलता है कि कैसे वनमाला के पिता कर्नल राव बहादुर बापूराव पवार को किसी ने यह खबर दी—'कर्नल साहब, आप अपनी जिस बेटी को खोज रहे हैं, आपकी वह बेटी फिल्मों में आ गई है और उसकी फिल्म 'नाटक घर' (रीगल सिनेमा) में लगी है।'

बापूराव पवार तब अपने संगी-साथियों सहित फिल्म देखने गए। फिल्म के एक दृश्य पर वे खासे उत्तेजित हो गए और कमर में लटकी रिवॉल्वर से उन्होंने परदे पर ही गोली चला दी। परदा जल गया और टॉकीज में भगदड़ मच गई। जले मन से बापूराव घर लौट आए, यों उनका अपनी बेटी से कभी कोई रिश्ता नहीं रहा। बताया जाता है कि मराठी संस्कारों में रचे-बसे बापूराव नहीं चाहते थे कि उनकी बेटी फिल्मों में काम करे। परिजनों ने पिता-पुत्री के बीच रिश्ते सुधारने की खासी कोशिश की, पर बापूराव दो टूक लहजे में कहते थे—'वह कुछ भी कर ले, कितना भी नाम कमा ले, पर देखना उसका सबकुछ नष्ट हो जाएगा। उसे कुछ नहीं मिलेगा।' उम्र के अंतिम दौर में वनमाला भी तड़पकर कहती थीं—'पिता का कहा न जाने क्यों सच निकला?'

पुणे में अपनी मौसी के पास गईं वनमाला का 1936-1937 में आचार्य अत्रे से संपर्क हुआ और यहीं से उनकी जीवनधारा तेजी से बदल गई। अत्रे मशहूर नाटककार थे। उनके पास बाबूराव पेंढारकर, मास्टर विनायक और वी. शांताराम आया करते थे। मास्टर विनायक और बाबूराव पेंढारकर ने 'नवयुग चित्रपट' नामक एक कंपनी बनाई। इस कंपनी ने 'लपंडाव' फिल्म का निर्माण किया, जो हिंदी में 'आँख मिचौनी' के नाम से बनी। यहीं से वनमाला का फिल्मी सफर शुरू हुआ, जो लगभग दो दशक तक जारी रहा। इस बीच उन्होंने पैंतीस से ज्यादा फिल्मों में अभिनय किया।

पर जीवन की एक त्रासदी ने वनमाला को अंदर तक हिला दिया। आचार्य अत्रे से उनके रिश्ते उन्हें ऐसी बंजर जमीन तक ले गए, जिनका त्रासद अंत होना ही था। वनमाला के ही शब्दों में—'मुझे धोखा मिला। जीवन को रसहीन बना दिया गया। वे विरले ही कलाकार होते हैं, जिनका पारिवारिक जीवन सुखमय होता है। मेरे भाग्य में,

मेरे हिस्से में शायद बरबादी ही लिखी थी। मैं पैसों के लिए डुबोई गई। मैं अपने घर से, परिवार से वंचित रही, क्योंकि मैंने ऐसे व्यक्ति से संपर्क रखा, जिसने अपना वचन निभाया ही नहीं। वे पहले से ही विवाहित थे, फिर भी वे हर बार मुझे विवाह का आश्वासन देते थे। जो औरत जीवन में रिश्तों को प्राथमिकता देती हो, वह ऐसा जीवन कैसे बरदाश्त करेगी जिसमें पत्नी का दर्जा न हो? मैं तनाव में रहती। इसी तनाव में मैंने मुंबई छोड़ दी।

'फिर हिमालय में शांति ढूँढ़ी। वृंदावन गई, गोबर्धन की परिक्रमा की। अध्यात्म से गहरे रिश्ते कायम किए। वह अतीत मैंने बिसार दिया—जो कभी मेरी पहचान था।'

अतीत कब और कौन भुला पाया है? क्या इतिहास के पीले पन्नों से वनमाला हट सकती हैं? शायद नहीं।

(एकता चक्र, जुलाई 2007)

❑

वे हर शहर में अक्षरों से डरते हैं?

किस्सा बहुत पुराना है। माँ अब नौवें दशक के आस-पास है, पर राजा वाली वह कहानी आज भी वह मेरे भतीजों को सगर्व सुनाती है, जो कभी वह मुझे और मेरे छोटे भाई को सुनाती थी। कहानी के अंत में वे कहती हैं—'...और राजा इतना बड़ा, इतना बलशाली, इतना शक्तिशाली था, फिर भी वह रात को अकारण तेज गति से बहती हवाओं से डरता था। वह रनिवास के सारे दरवाजे बंद करवा देता था, परदों को गिरा देता था, झाड़-फानूसों की रोशनी बंद कर देता था, पर तब भी न जाने कैसे हवाओं की सरसराहट उसके कानों तक पहुँचती थी और वह विचलित-सा असहज हरकतें करता था।'

माँ की इस कहानी में संभव है, राजा का हवा से डरना प्रतीक भर हो, पर समय की शिला पर उस राजा का चेहरा बदल गया और नए राजा-महाराजा अवतरित हो गए। विचारों की क्रांति के संक्रमण-काल में जो नए राजा-महाराजा उभरे और डूबे वे हवाओं से नहीं, विचारों से और अक्षरों से भी डरने लगे। यह डर उनकी पहचान भी बना और कमजोरी भी। इस डर ने इस साक्ष्य को भी उभारा कि उनका जो प्रभामंडल है, उसके पीछे का सच कितना बेरौनक, बदशक्ल और बदहाल है।

'रविवार' को 'विमर्श' में कमलेश्वर का लेख 'डॉ. श्रीराम लागू सार्वजनिक सभाओं में अब क्यों नहीं आते?' पढ़कर स्तब्ध रह गया। मेरी स्तब्धता के कारण कई थे। सवाल उभरा—'तो वे अब तक नहीं बदले।' उत्तर भी अंदर से ही आया—'उम्मीद किसने और क्यों पाली थी?'

और सामने घूम गया वह दृश्य, जो कुछ-कुछ उसी तर्ज पर उन्हीं नायकों-

प्रतिनायकों ने रचा था, जो कमलेश्वरजी के साथ औरंगाबाद में घटा या घटना चाहता था। कमलेश्वर थोड़े सौभाग्यशाली थे कि उनकी सभा में सिर्फ एक मोरेश्वर सावे थे और वह सिर्फ यह कहकर सभा से चले गए कि "यदि यह आयोजन अनंत भालेराव की स्मृति में न होता तो वे इस सभा का विध्वंस भी कर सकते थे और कमलेश्वर को अस्पताल पहुँचा सकते थे।" कमलेश्वर सुरक्षित थे और रहेंगे। मोरेश्वर सावे अज्ञात कारणों से सभा-स्थल से बगैर कुछ किए लौट गए, वरना उनके वंशजों ने तो मंच भी उजाड़ा है, वक्ताओं के कपड़े भी फाड़े हैं, महिला पत्रकारों को चोटें भी पहुँचाई हैं और यह सब करने के बाद 'शिवसेना जिंदाबाद' के नारे भी लगाए हैं।

मैं कैसे भूलूँ वह दिन, जब मुंबई के चर्चगेट स्थित इंडियन मर्चेंट चेंबर के सभागार में 'हिंदी पत्रकार संघ' द्वारा 'सांप्रदायिकता के खिलाफ लिखे अक्षरों का विरोध' विषय पर आयोजित परिसंवाद को शिवसैनिकों ने उजाड़ा था और हिंसा का ऐसा दृश्य रचा था जिस पर पूरे देश का बुद्धिजीवी-वर्ग आंदोलित हो उठा था। मैं 'हिंदी पत्रकार संघ' का संस्थापक महासचिव था और उस साल भी महासचिव था, जिस साल यह हादसा हुआ। इस परिसंवाद में तत्कालीन मानव संसाधन मंत्री अर्जुन सिंह को आना था, पर वे नहीं आ पाए वरना हादसे की शक्ल क्या होती, इसकी कल्पना भी नहीं की जा सकती। इस परिसंवाद में असगर अली इंजीनियर, निदा फाजली, स्व. गणेश मंत्री, निखिल वागले, कुमार प्रशांत सहित आठ वक्ता आमंत्रित थे। जैसे ही निखिल वागले मंच पर आए और उन्होंने 'सामना' के बारे में अपने विचार रखे कि सभागार से कुछ महिलाएँ उठीं, उनके पीछे कुछ पुरुष मंच पर चढ़ गए, उन्होंने निखिल वागले को गिरा दिया, उनके कपड़े फाड़ दिए, पत्रकार संघ का बैनर चीर डाला, दो महिला पत्रकार विद्योत्तमा शर्मा और भारती पावस्कर को गिरा दिया और जाते-जाते अल्पाहार के लिए रखे कप, प्लेट और काँच के गिलासों को इतनी जोर से तोड़ा कि मर्चेंट चेंबर के पदाधिकारी डरकर सभागार तक आ गए। उजड़े मंच और अस्त-व्यस्त माहौल के बीच कुछ श्रोताओं ने दौड़कर भागते हुए एक युवक को पकड़कर एक कमरे में बंद कर दिया। पुलिस उस युवक को ले गई। पूछताछ में पता चला कि वह शिवसैनिक था और शेयर बाजार के बाहर अखबार बेचता था। उसने यह भी बताया कि उसके इलाके के शाखा प्रमुख ने सुबह ही उस सहित कई लोगों को यह सब करने को कहा था।

उस उजड़े मंच को फिर सँवारा गया। परिसंवाद हुआ। आजाद मैदान थाने में रपट दर्ज हुई। मंच तक नारे लगाकर जाते हुए उन युवकों की तसवीरें अखबारों में 'क्या आप इन्हें जानते हैं?' शीर्षक से छपीं। तत्कालीन मुख्यमंत्री शरद पवार से पत्रकारों का जत्था मिला। मंच उजाड़नेवाले तीन और युवक गिरफ्तार हुए और यह रहस्य भी बेपरदा

हुआ कि वे तीनों शिवसेना के शाखा प्रमुख और उप शाखा प्रमुख थे। वे महिलाएँ भी शिवसेना की समर्थक मिलीं, जो सबसे पहले सभागार में उठी थीं और मंच तक गई थीं।

इस हादसे ने लेखक, पत्रकार, अभिनेता, संगीतकार सबको झकझोर दिया था। देश का शायद ही कोई अखबार बचा हो, जिसने इस हादसे को सचित्र न छापा हो। इस मामले ने तूल पकड़ा। नतीजा शिवसेना भवन के सामने उस ऐतिहासिक धरने के रूप में सामने आया, जिसमें देश के प्रमुख लेखकों, पत्रकारों, कलाकारों ने शिरकत की। राहुल देव और राजदीप सरदेसाई की सक्रियता से इस धरने में निखिल चक्रवर्ती, प्रभाष जोशी, मृणाल पांडे, एन. राम, शबाना आजमी, पंडित जसराज, गोविंद तलवलकर, राज बब्बर, निदा फाजली, अनिता प्रताप, निखिल वागले, दिलीप पाडगाँवकर, विश्वनाथ सचदेव सहित तमाम बुद्धिजीवियों ने शिरकत की। एक तरफ अपने किले से शिवसैनिकों को संबोधित करते हिंदू हृदय सम्राट् बाला साहब ठाकरे थे, दूसरी तरफ विरोध की मुद्रा में धरने पर बैठे लेखक, पत्रकार। बीच में थी सशस्त्र पुलिस। तब के प्रतिपक्ष के नेता मनोहर जोशी, सुधीर जोशी और प्रमोद नवलकर घटनास्थल तक आए थे और उन्होंने पत्रकारों से बात की थी, पर पत्रकार अपने विरोध से डिगे नहीं। दूसरे दिन मुख्यमंत्री निवास से पत्रकारों को बुलावा आया। पत्रकार मिले। शरद पवार ने एक उच्चस्तरीय स्थायी कमेटी बनाई, जिसमें वरिष्ठ अधिकारियों के साथ वरिष्ठ पत्रकार भी शामिल थे।

पर, हमलों को कहाँ रुकना था। वे अब तक भी नहीं रुक पाए। यह मुंबई की पत्रकारिता का वह दौर था, जब शिवसेना और उसके समर्थक अपनी बात बनते न देख सिर्फ उत्पात मचाते थे। साक्ष्य बता देंगे कि ऐसी कितनी घटनाएँ उस दौर में घटीं। कहीं किसी सांध्य दैनिक के अखबार में तोड़फोड़ हुई, तो कहीं किसी सभा में व्यवधान डाला गया, तो कहीं वक्ताओं से इस शैली में सवाल पूछे गए कि न वह उत्तर दे पाया, न लोग सवाल समझ सके।

'सामना' की भूमिका तो और भी कमाल की थी। उसके हिंदी अवतार 'दोपहर का सामना' ने तो पत्रकारों के उस रचनात्मक विरोध को गजब तरीके से लिया। उसने अपने एक स्तंभ 'काला साहित्य' के जरिये विरोध में शामिल लेखकों, पत्रकारों, कलाकारों पर व्यक्तिगत आरोप लगाए और संपादक बालासाहब ठाकरे (संपादक के तौर पर उन्हीं का नाम जाता है) ने जो प्रथम पृष्ठ पर संपादकीय लिखा, उसका शीर्षक तक मैं यहाँ नहीं लिख सकता। लिख मैं सिर्फ इतना सकता हूँ कि लगभग एक दशक पूर्व की उस घटना की खरोंचें आज भी मेरे मन और दिल में हैं। मैं भूल भी जाऊँ पर जब मैं पढ़ता हूँ कि उसी शैली में, उसी संप्रदाय के लोग आज भी वैसी ही घटनाओं को अंजाम दे रहे हैं तो विचलित हो जाना स्वाभाविक है।

शिवसेना बाद के सालों में मुंबई में सत्ता-शिखर पर पहुँची। उसके व्यवहार में कितना परिवर्तन हुआ, मैं नहीं कह सकता। मैं सिर्फ इतना कह सकता हूँ कि तथ्यों से बचने, तर्कों से डरने और साक्ष्यों से काँपने की जरूरत शायद लोकतंत्र में नहीं है। विचार है तो विरोध होगा ही। असहमति की नियति बहस है, हिंसा नहीं। लेकिन दु:खद यह है कि कुछ लोग अपनी असहमति को हिंसा का रूप देकर खुद को उस चक्रवर्ती सम्राट् की तरह मान लेते हैं, जिसका अंत अत्यंत करुण हुआ था। क्या हम इतिहास से कुछ नहीं सीखेंगे?

('हिंदुस्तान' में प्रकाशित कमलेश्वर के लेख 'डॉ. श्रीराम लागू सार्वजनिक सभाओं में अब क्यों नहीं आते?')

❑

हिंदी पत्रकारिता की लड़ाकू परंपरा

सौ साल पहले हिंदी पत्रकारिता में एक बड़ी घटना तब हुई थी जब 'हिंदोस्तान' नाम के दैनिक पत्र का जन्म हुआ था। उसे याद करते हुए सौ साल बाद 31 जनवरी, 1987 की दोपहर, कालाकांकर के मदनमोहन मालवीय स्नातकोत्तर महाविद्यालय के प्रांगण में आयोजित समारोह में प्रधानमंत्री राजीव गांधी ने कहा, "आज हमारे सामने सबसे बड़ी चुनौती है पुराने मूल्यों और संस्कृति को बचाने की। यदि हम ऐसा कर सके तो कई मौजूदा समस्याएँ अपने आप हल हो जाएँगी...हम जानते हैं कि हमारी आजादी की लड़ाई में उस समय के हिंदी दैनिकों की महत्त्वपूर्ण भूमिका रही है और समाचारपत्रों की यह भूमिका आज भी कम नहीं हुई है।"

"मैं मानता हूँ कि जिम्मेदारी से काम करनेवाले पत्रकार देश में एक स्वस्थ वातावरण पैदा करते हैं और प्रगति में सहायक होते हैं।"

दैनिक 'हिंदोस्तान' के इस शताब्दी समारोह में प्रधानमंत्री ने अखबारी दुनिया के उन पुरोधाओं को दुशाले भेंट कर श्रद्धापूर्वक सम्मानित किया, जिन्होंने हिंदी पत्रकारिता में अपनी-अपनी तरह से नए मानक स्थापित किए। सम्मानित पत्रकारों में श्रीनारायण चतुर्वेदी, कन्हैयालाल मिश्र 'प्रभाकर', जनार्दन राय नागर, श्रीकांत ठाकुर 'विद्यालंकार', कालिकाप्रसाद दीक्षित 'कुसुमाकर', कुँवर सुरेश सिंह, मुकुटबिहारी वर्मा, अक्षय कुमार जैन, जगदीश प्रसाद चतुर्वेदी एवं नारायण दत्त शामिल थे।

जलसा खत्म हो गया, पर खत्म नहीं हो पाई है उस परंपरा की गाथा, जिसकी शुरुआत दैनिक 'हिंदोस्तान' ने की थी।

यह वह दौर था जब अंग्रेजी हुकूमत के खिलाफ सोचने तक पर पहरे थे। उत्तर प्रदेश के प्रतापगढ़ जनपद के अंतर्गत आनेवाला कालाकांकर कच्चे-पक्के मकानों और

कोई एक हजार की आबादीवाला गाँव था। बिजली और तमाम औसत सुविधाएँ वहाँ से बहुत दूर थीं। कालाकांकर राजवंश से संबद्ध राजा रामपाल सिंह, राजा हनुमंत सिंह के पौत्र थे। साक्ष्य बताते हैं कि आजादी की लड़ाई से यह राज-परिवार बहुत उत्कटता से जुड़ा था। रामपाल सिंह के पिता लालप्रताप सिंह, चांदा (सुलतानपुर) में अंग्रेजों के विरुद्ध लड़ते हुए शहीद हुए थे। पिता का करुण अंत रामपाल सिंह की सपनों से लदी-फदी आँखों पर गहरा असर डाल गया। वे कहीं बहुत गहरे आहत हुए। शायद यहीं से उस लड़ाई का बीजारोपण हुआ, जिसे आगे रामपाल सिंह ने सिलसिलेवार तरीके से लड़ा। उन्हें यह समझ में आया कि इस व्यवस्था को उखाड़ फेंकना चाहिए। साथ ही यह भी समझ में आया कि लड़ाई सामूहिक और संगठित रूप से होनी चाहिए तथा जनता को संगठित करने के लिए उन्हीं की भाषा में उन तक बात पहुँचानी चाहिए। बस, यह विचार जड़ जमाकर बैठ गया। जब रामपाल सिंह शिक्षा के लिए लंदन गए, उन्होंने वहाँ से 1883 में 'हिंदोस्तान' की शुरुआत की। पहले अंग्रेजी, हिंदी और उर्दू में त्रैमासिक और फिर मासिक। अखबार लिथो पर छपता था और इसमें जॉर्ज टेंपल रामपाल सिंह की मदद करते थे। बाद में उन्होंने 'इंडियन यूनियन' भी निकला।

'हिंदोस्तान' लंदन से निकलनेवाला अखबार था, जो भारतीयों की पीड़ा, दुर्दशा और उनके मनोभावों को उभारता था। इसके जरिए ब्रिटिश संसद् में भारतीयों के प्रतिनिधित्व की माँग उठाई गई और 'नमक कर' का जोरदार विरोध किया गया। अखबार की आवाज रंग लाई। 1886 में दादाभाई नौरोजी को ब्रिटिश संसद् की सदस्यता मिली और अखबार को मिला भारतीयों का वह समर्थन, जो आगे चलकर उसकी पूँजी बना।

यह अखबार कुछ और रंग लाता, इससे पहले निजी जीवन के बिगड़ते समीकरणों ने रामपाल सिंह को वापस भारत बुला लिया। वे भारत आए और फैसला किया कि वे हर हाल में कालाकांकर से ऐसा अखबार निकालेंगे, जो व्यवस्था के विरोध में हर भारतीय का मन तैयार करे। 1 नवंबर, 1885 को कालाकांकर से दैनिक 'हिंदोस्तान' की शुरुआत हुई। इस अखबार की शुरुआत के दो माह बाद ही भारतीय राष्ट्रीय कांग्रेस की स्थापना भी हुई। यह अखबार कांग्रेस का उतना ही समर्थक बना, जितना कि लंदन में 'इंडिया' था।

'हिंदोस्तान' की शुरुआत पत्रकारिता में पके विचारों, जुझारू तेवर और पत्रकारिता को मिशन के रूप में लेने की शुरुआत थी। कालाकांकर से, जहाँ आज भी रेल नहीं जाती, अखबार निकालना पागलपन भरा उन्माद माना गया। खपरैल से ढके कच्चे मकानों के बीच एक पक्की हवेली इसका कार्यालय बनी और संवाद समिति रायटर की सेवा लेने के लिए राजा साहब ने 50 मील तक तार बिछवा दिए। हैंड प्रेस पर, रॉयल शीट के दो पन्नों के आकार में निकलनेवाले इस अखबार का शुल्क डाक व्यय सहित 10 रुपए सालाना था। छपने के बाद अखबार एक नाव पर लादकर, गंगा के पार कुबरी

घाट पर उतारा जाता था। वहाँ से घोड़ागाड़ी द्वारा सिराथू रेलवे स्टेशन आता था और फिर वहाँ से लखनऊ, इलाहाबाद आदि जगहों पर जाता था। यों तय होता था विचारों का सफर और ये विचार पाठकों को साँस लेने की तरह जरूरी लगते थे। अखबार की अपनी मर्यादा यह थी कि वह राष्ट्रभाषा और देवनागरी लिपि का पोषक था। इस बात की भी पूरी कोशिश की जाती थी कि बोलचाल की भाषा ही अखबार में इस्तेमाल हो। लगन, जनम, काज, अकारथ जैसे शब्द प्रयोग में लाए जाते और क्षेत्रीय भाषा का ध्यान रखा जाता था। उसकी कुछ वर्तनी को लेकर विवाद भी उठे। जैसे अखबार छापता था—यडीटर, स्यलफ, म्यनेजर, यसिष्टण्ट आदि। विवाद भी चलते रहे और अखबार भी।

1885 का साल भारतीय पत्रकारिता के लिए लड़ाकू-वर्ष माना जा सकता है। वैसे यह साल भारतेंदु हरिश्चंद्र के निधन का साल भी था, पर इसी साल मुंबई में भारतीय राष्ट्रीय कांग्रेस की स्थापना भी हुई और इस संस्था ने भारतीय पत्रकारिता में प्राण फूँके। राष्ट्रीय कांग्रेस के पहले अधिवेशन में 'हिंदू', 'केसरी', 'मराठा', 'इंडियन मिरर', 'ट्रिब्यून', 'इंदुप्रकाश' जैसे अखबारों के प्रतिनिधियों को न्योता दिया गया था और माना जाने लगा था कि देर-सवेर ही सही, अखबर सचमुच लड़ाई का हथियार बनेंगे।

कलकत्ता कांग्रेस अधिवेशन में महामना मदनमोहन मालवीय के एक भाषण से ठाकुर रामपाल सिंह बड़े प्रभावित हुए। उन्होंने उनसे 'हिंदोस्तान' का संपादक बनने का आग्रह किया और अंततः मालवीयजी अपनी नौकरी छोड़कर कालाकांकर आ गए।

विदेशी हुकूमत भारतीय पत्रों को संदिग्ध नजर से देखती थी। वह भारतीय पत्रों की स्वतंत्रता की विरोधी थी और किसी भी कीमत पर अखबारों को कुंठित करने की चालें चलती रहती थी। मालवीयजी ने 'हिंदोस्तान' सँभाला और इसकी सीधी लड़ाई अंग्रेजी शासन के प्रतीक बने 'पॉयनियर' से हुई। यह अखबार सत्ता का गुणगान कर, भारतीयों को नीचा दिखाने का करतब करता था। व्यवस्थित हिंदी पत्रकारिता की शुरुआत कर मालवीयजी ने पत्रकारों की एक धारदार पीढ़ी खड़ी कर दी। इस पीढ़ी में बालमुकुंद गुप्त, अमृतलाल चक्रवर्ती, प्रतापनारायण मिश्र, गोपालराम गहमरी, शशिभूषण चटर्जी, श्रीलाल बहादुर बी.ए., गुलाबचंद्र चौबे, पं. शीतलाप्रसाद, ठाकुर रामप्रसाद सिंह जैसे लोग थे। इन लोगों ने चुनौतीभरी पत्रकारिता को नए आयाम दिए।

मालवीयजी ने पत्रकारिता को रौब, रुतबे के साथ तेजस्वी भी बनाया। संपादक, मालिक के रिश्तों का खुलासा किया। यह स्पष्ट किया कि संपादकीय कामों में हस्तक्षेप नहीं होना चाहिए और संपादक की इज्जत मालिक को करनी ही चाहिए। राजभवन के अहाते में कुश आसन पर बैठकर वे संपादन करते थे। प्रत्येक दिन के लिए उन्होंने अलग-अलग विषय तय किए। वायसराय की लखनऊ यात्रा के खर्चे पर 11 सितंबर,

1885 के अंक में उन्होंने लिखा—''ताल्लुकेदार सभा, हुसैनाबाद एंडोमेंट और म्युनिसिपल बोर्ड ने 1 लाख, 95 हजार व्यय किए हैं। इस व्यय से सभी ताल्लुकेदार ऋणी हो गए।'' इस तरह 1878 के प्रेस कानून का, जो भारतीय पत्रकारिता की स्वतंत्र अभिव्यक्ति का गला घोंट रहा था और सत्ता की छाँव में बैठे लोग इसका समर्थन कर रहे थे, 'हिंदोस्तान' ने विरोध किया। उसने शासन में भारतीयों के उचित प्रतिनिधित्व की माँग उठाई और 31 मई, 1887 के अंक में लिखा—संपूर्ण भारत प्रतिनिधित्व की माँग करता है। आशा है, ब्रिटिश सरकार इस माँग को पूरा करेगी।

विचार और संघर्ष की यात्रा कालाकांकर से जो एक बार शुरू हुई, उसने फिर विराम नहीं लिया। इस नामालूम-से गाँव से उस दौर में 12 अखबार निकले। बालकृष्ण भट्ट के सहयोग से 'सम्राट', 'दरिद्रनारायण' जैसे अखबारों का सिलसिला कालाकांकर की रेतीली जमीन से ही शुरू हुआ। स्त्री-स्वातंत्र्य, छुआछूत, विधवा- विवाह, अंधविश्वास और हरिजन समस्या को अपनी आवाज देनेवाले इस अखबार के प्रशंसकों में महात्मा गांधी भी थे। 'रसिक', 'पैसा', 'वानर', 'कुमार' के अलावा 'साप्ताहिक हिंदुस्तान' जैसा अखबार भी यहीं से निकला। यह अखबार अंग्रेजों की दमन नीति का शिकार हुआ और उसकी प्रतियाँ ढूँढ़-ढूँढ़ कर जलाई गईं।

हिंदी पत्रकारिता इस तेजी से अपनी विकास यात्रा तय करने लगी कि सत्ताशाह यह सोचने पर विवश हुए कि विचार की इस आँधी को कैसे रोका जाए, जानलेवा बनते ये कागज के हथियार कैसे खत्म हों? तब पत्रकारों की आँखों में न लाल कालीन के सुख थे, न पाँचसितारा संस्कृति के लुभावने प्रलोभन। एक पैर जेल में और एक पैर अखबार के दफ्तर में रखनेवाले नरपुंगव ही तब पत्रकारिता के समंदर में आ रहे थे।

'हिंदोस्तान' के बाद बालमुकुंद गुप्त ने 'भारत मित्र' की कमान सँभाली। कलकत्ता में जहाँ राजनीतिक चेतना का विकास बहुत पहले हुआ था, वहीं पत्रकारिता को भी पनपने का सही मौका मिला। पर, हिंदी अखबार वहाँ स्थायी न हो सके। यों पत्रकारिता के शलाका पुरुष पराडकरजी, गर्देजी, देउसकरजी जैसों का प्रशिक्षणकाल कलकत्ता में ही बीता।

'भारत मित्र' को पहला राजनीतिक पत्र कहा जा सकता है। यह वह अखबार था, जिसकी लड़ाई जीवन के हर मोरचे पर थी। इसके अग्रलेख सवाल दागते रहे और संवाददाता बहुत गहरे तक जाकर खबरें लाते रहे। इसने जुआ रुकवाने से लेकर कुली-प्रथा तक पर हमले किए और अपना युद्ध जीता भी। इसी अखबार में बालमुकुंद गुप्त के 'शिवशंभू के चिट्ठे' नामक व्यंग-स्तंभ की शुरुआत हुई, जिसने ब्रिटिश नौकरशाही को डरा दिया। इसका अनुवाद तत्कालीन वाइसराय लार्ड कर्जन को सुनाया जाता था। 'विशाल भारत' (संपादक : बनारसी दास चतुर्वेदी) की शुरुआत भी कलकत्ता से हुई, जिसने प्रवासी भारतीयों के सवालों को चर्चा का मुद्दा बनाया। चतुर्वेदीजी ने इस

अखबार के बंद होने पर 'मधुकर' सँभाला और वहाँ जनपदीय आंदोलन और पत्रकारों के हक की लड़ाई के बीज बोए।

काशी से रामकृष्ण वर्मा ने 'भारत जीवन' की शुरुआत की, जो लगभग चार दशकों तक छपता रहा। 'आज' के प्रकाशन के बाद उसकी साँस टूट गई। यहीं प्रतापनारायण मित्र के 'ब्राह्मण' का जिक्र करना इसलिए जरूरी है कि उस अखबार ने रोज की घटनाओं और उनसे जुड़ी सरकार की नीयत को बेपरदा किया था। जब सरकार के वफादारों को, जो निरक्षर थे, ऑनरेरी मजिस्ट्रेट का पद दिया जा रहा था, इस अखबार ने 15 मई, 1885 के अंक में लिखा था—"सरकार से कोई पूछे कि बाबू के लिए तो मिडिल की योग्यता चाहिए, मजिस्ट्रेट के लिए क्या क ख ग का ज्ञान तक जरूरी नहीं है?" यह स्वर था उस दौर की पत्रकारिता का! इस अखबार को, जो हिंदी का समर्थक था, हतोत्साहित भी किया गया और कुछ खास तबके के लोग अखबार मँगवाकर वापस करने लगे। आपत्ति यह थी कि यह तो हिंदी में है।

प्रेस विरोधी कानून की तलवारें हिंदी अखबारों की गरदन पर लटकती रहतीं। 1910 में, जब पंडित सुंदरलाल के साप्ताहिक 'कर्मयोगी' को बंद कर दिया गया, उन्होंने 'भविष्य' निकाला और जानकार बताते हैं कि चौथे दशक के सत्याग्रह आंदोलन में 'भविष्य' ने जोरदार भूमिका अदा की।

सत्ता के रथ पर बैठी हुकूमत जब अपनी ताकत दिखा रही थी, अखबार व्यवस्था-विरोध की लड़ाई तेज करने में लगे थे। 'चाँद' (मासिक) ने फाँसी अंक निकाला, तो उसे तुरंत जब्त कर लिया गया। फिर जब 'अभ्युदय' (संस्थापक : मालवीयजी) ने फाँसी अंक निकाला तो उस पर भी पहरा बिठा दिया। जन जागरण के सारे रास्ते बंद किए जा रहे थे, पर कहीं न कहीं छेद निकल ही आता था।

राष्ट्रीय पत्रकारिता के शीर्षपुरुष गणेशशंकर विद्यार्थी ने 1913 में कानपुर से 'प्रताप' की शुरुआत की। उन्होंने मालवीयजी और द्विवेदीजी के साथ पत्रकारिता के मूल पाठ सीखे थे। यह अखबार अंग्रेजी शासन की निरंकुशता के खिलाफ बड़े विश्वास से उठा। रियासतों के राजाओं के खिलाफ भी वह बोला और अंत में वीरपाल सिंह द्वारा एक मानहानि के मुकदमे के कारण दैनिक बंद हो गया, साप्ताहिक चलता रहा। 'प्रताप' के जरिए विद्यार्थीजी ने तमाम पत्रकारों को लड़ने की हिम्मत दी और इन लोगों ने 'सैनिक', 'स्वदेश', 'नवशांति' और 'कर्मवीर' जैसे अखबार निकाले।

यह वह समय था, जब राष्ट्रीय एकता के लिए समाचारपत्र हर तरह की जोखिम उठा रहे थे और लाहौर से लेकर मद्रास तक हिंदी अखबारों का संसार फैला था।

1920 के आस-पास काशी से परम देशभक्त शिवप्रसादजी गुप्त द्वारा दैनिक 'आज' का प्रकाशन हुआ। इसी साल हिंदी में आठ दैनिक और निकले। 'आज' का संपादन बाबूराव विष्णु पराड़करजी के हाथों में था और इस अखबार ने गांधीजी के

असहयोग आंदोलन, सत्याग्रह, शांति और अहिंसा के सिद्धांतों का अपना मूलाधार माना। पर, दमनचक्र के अंधड़ में 'आज' की साँसें थम गईं। तब पराडकरजी ने 'रणभेदी' नाम की एक गुप्त पत्रिका निकाली और अपनी लड़ाई जारी रखी।

'आज' ने सबसे पहले क्षेत्रीय पत्रकारिता को अंतर्राष्ट्रीय धारा से जोड़ा और विदेशों में अपने संवाददाता नियुक्त किए। जब-जब दमन के कारण अखबार बंद हुए, तब-तब नाम बदलकर उन्हें फिर से प्रकाशित करने की परंपरा फैली। इंद्र विद्या वाचस्पति ने 'विजय', कभी 'वैभव', कभी 'अर्जुन' तो कभी 'वीर अर्जुन' निकाले।

सत्याग्रह आंदोलन से फैली राजनीतिक चेतना को पुख्ता करने और उसे फैलाने के लिए छोटे-छोटे शहरों, अलग-अलग प्रांतों से अखबार निकले। माखनलाल चतुर्वेदी ने 1920 में जबलपुर से 'कर्मवीर' निकाला, जो सरकारी नीतियों से लेकर शराब के ठेके तक का सख्त विरोधी था। इसी अखबार के कारण माधवराव सप्रे पत्रकारिता से जुड़े। बाद में यह अखबार खंडवा चला गया। द्वारकाप्रसाद मिश्र ने 'सारथी', नियाज फतहपुरी ने 'निगार' (भोपाल से), और जी.वी. अटल ने 'लोकसेवा' निकाला। लोकसेवा को जब कागज का कोटा नहीं मिला तो वह केले के पत्ते पर ही निकलने लगा।

वर्धा से 1925 से 'राजस्थान केसरी', अहमदाबाद से गांधीजी के संपादन में 'नवजीवन' (1926), कलकत्ता से 'हिंदू संसार' निकला। यह अखबार एक राजा के खिलाफ समाचार छापने पर, भारत की आजादी तक वारंट प्राप्त करता रहा। बिहार से 'देश', 'तरुण भारत' और 'युवक' (1929) अपनी आवाज उठाते रहे। रामवृक्ष बेनीपुरी और गंगाशरण सिंह के संपादकत्व में 'युवक' में जब 'इंकलाब जिंदाबाद' शीर्षक से लेख छपा तो तत्कालीन शासन हिल उठा। बाद में रामवृक्ष बेनीपुरी 'जनता' (1938) से जुड़ गए।

बहुत दूर तक देखने-सोचने की संपादकीय क्षमता, अन्याय से टकराने का साहस पाठकों की निगाह में अखबारों को एक विश्वस्त सलाहकार की छवि दे गया। जनता और उसके रोजमर्रा के जीवन से अखबार पूरी तरह जुड़े थे। तब न तो धड़धड़ाते टेलिप्रिंटर थे, न ही फोन से संपर्क करने की प्रथा और न ही क्राइम रिपोर्टर कंट्रोल रूम पर आश्रित था। उसे घटना की तह में जाना होता था। सीट पर बैठकर, भाषायी चमत्कार से काम नहीं चलता था।

साक्ष्य यह बात बहुत शालीनता से उजागर करते हैं कि कस्बों और छोटे शहरों से निकलनेवाले छोटे अखबार आज भी बड़ी लड़ाई, बड़ी शिद्दत से लड़ रहे हैं। हर तरह के हमलों और तकलीफों को झेलते हुए इन छोटे अखबारों की रीढ़ झुकने को तैयार नहीं है। इसके पीछे कहीं-न-कहीं अपनी विरासत का बोध भी है।

कुछ पल को यदि हम बड़े अखबारों की खबरों, जैसे—भागलपुर आँख फोड़वा कांड, बनारस में कैदियों के पैर तोड़नेवाली घटना, कमला की खरीदी, मध्य प्रदेश के

राज्यपाल का आरक्षण विरोधी भाषण आदि भूल जाएँ, तो सवाल यह है कि ये छोटे अखबार, जो आज अभावों की जमीन पर बगैर समझौतों के, राजनीतिक और आर्थिक मार सहते हुए भी अपनी बात पर अडिग हैं, क्या एक लड़ाकू परंपरा के वारिस नहीं हैं? परंपरा न तो थोपी जा सकती है और न ही वह एक दिन में बनती है। हिंदी पत्रकारिता का संघर्षशील चरित्र भी लंबी परंपरा की पैदावार है। आज उसके रक्षण-संवर्धन की जितनी जरूरत है, शायद उतनी पहले कभी नहीं थी।

(धर्मयुग, 29 मार्च, 1987)

❑

हिंदी पत्रकारिता में रचनात्मकता की कमी?

मान्यताओं का गणित कुछ और है, तथ्यों की रोशनी कुछ और कहती है। तर्कों की शक्ल कुछ और है, बहस के मुद्दे कुछ और। पर, यह अक्षर-अक्षर सच है कि मौजूदा हिंदी पत्रकारिता आज जिस मोड़ पर खड़ी है, वहाँ सवाल तो उठ सकते हैं पर उसके जवाब भी उन्हीं सवालों में निहित हैं। एक मोड़ से यह सवाल उठाया जा रहा है कि आज की हिंदी पत्रकारिता में रचनात्मकता का अभाव है, तो जवाब भी आस-पास से आ रहा है कि शब्द और साक्ष्यों की जो विरासत लेकर आज हिंदी पत्रकारिता जहाँ अपने पाँवों पर खड़ी है—वहाँ अभावग्रस्तता नहीं, संपन्नता के ऐसे द्वीप हैं, जो दूर से ही अपने होने का अहसास कराते हैं। जाहिर है, यह संपन्नता विचारों की है। रचनात्मक प्रस्तुति की है। भाषा की है। शिल्प की है। तथ्यों की तह में जाकर नया कुछ खोज लाने वाली जिद और जिजीविषा की है। और यह संपन्नता है उस इच्छाशक्ति की, जो आज की हिंदी पत्रकारिता को बेहद ऊर्जावान बना रही है।

आइए, इस मोड़ पर कुछ क्षण ठिठक जाएँ और कुछ उद्धरणों का हाथ थाम लें। भाषा-शिल्प और प्रस्तुति में रचनात्मकता किस तरह से धड़कती है यह हिंदी साहित्य और पत्रकारिता के शिखर पुरुष डॉ. धर्मवीर भारती के यात्रा संस्मरणों और युद्ध संस्मरणों से सहज तौर पर उजागर होती है। उनके युद्ध संस्मरण 'ब्रह्मपुत्र पर सेतुबंध' से एक उद्धरण—

"मैं अपनी मृत्यु के स्थल पर खड़ा हूँ। डूबते सूरज की धूप में बाँस की लंबी-लंबी छायाधारियाँ मेरे चेहरे पर पड़ रही हैं। बाँसों के बीच से गोधूलि में बेड़ों पर पार उतरते ट्रकों की छायाकृतियाँ दीख रही हैं। एक दिन यही मेरे पाँवों के पास बहती ब्रह्मपुत्र की काली कीचड़ मिली बालू, मोर्टार तोपों के गोले से फव्वारे की तरह उछलकर हजारों-लाखों बूंदों के रूप में देर तक गिरती थीं, टप-टप-टप। और धीरे-धीरे धूप मुझे घुना देती है। मैं बिलकुल अकेला हूँ। अपनी ही नियति के समक्ष लेकिन धीरे-धीरे वह नियति हरेक से संपृक्त होकर एकाकार होने लगती है। यह मुक्ति संग्राम, यह रक्त

मुक्ति में उभरता संग्राम, यह रक्त मुक्ति में उभरता नया देश, यह करवट लेते हुए खेत, यह एक महान् लक्ष्य की पूर्ति के लिए प्राण हथेली पर रखकर जाते हुए बहादुर सैनिक, ये नावों के बेड़े से क्षितिज पर कुछ बादल और यह शांत बहती नील सुनहरी ब्रह्मपुत्र। कहाँ है शून्य? कहाँ है भीड़ का अकेलापन? कहाँ है भय? कहां है निरर्थकता? क्या किसी ऐसे क्षण में बांग्लादेश की किसी नदी संध्या के क्षण में रवींद्रनाथ टैगोर ने कहा था—

ऐसे शून्य भाव से क्या देख रहा है तू?
क्या तूने सुना नहीं कि बाँसुरी बज रही है
जिसके सुर से सारा बातास
सारा आकाश सिहर उठा है नहीं,
इस बार मैं अपनी नौका धार में उतार ही दूँगा।

अब हिंदी पत्रकारिता के सर्वाधिक आदरणीय संपादक प्रभाष जोशी के स्तंभ 'कागद कारे' के अंतर्गत प्रकाशित 'सिंहस्थ एक आत्म कुंभ' का एक उद्धरण—"रामघाट पर अपने बेटे के हाथ से निकलता क्षिप्रा का वह जल मैंने अपने पिंड पर पड़ते देखा। फिर मैंने देखा कि पिता के पिता और जाने कितने पुरखों ने इसी रामघाट पर इसी तरह संकल्प छोड़ा और इसी तरह उनका दशा-कर्म हुआ और क्षिप्रा में पिंड प्रवाहित किए गए। मुझे विश्वास हुआ कि मेरे पिता मरे नहीं हैं। वे मुझमें जीवित हैं। मैं मरूँगा तो भी मरूँगा नहीं, अपने बेटे में जीवित रहूँगा। मुझमें जीवित हैं मेरे पिता, दादा, परदादा और पुरखे और वे सब आगे के बेटे-बेटियों में जीवित रहेंगे। उस क्षण मैं व्यक्ति नहीं, काल की आदि अनंत क्षिप्रा पर तैरता एक अमृत तट था। वही तत्व जो इस आदि अनंत नदी के उद्‌गम पर भी है और सामने वर्तमान में भी और भविष्य के विसर्जन में भी। इस प्रतीति से मृत्यु अप्रासंगिक हो जाती है। मृत्यु को अप्रासंगिक करना ही जीवन है और उसका ध्येय भी। यह मैंने पढ़ा नहीं है। उस दिन रामघाट पर अपने पिंड पर गिरते क्षिप्रा के जल में महसूस किया था।"

शब्दों, तथ्यों और तर्कों को सामने रखने वाले ऐसे उद्धरण अकसर कम ही मिलते हैं। पर मुझे यह कहने और कुछ हद तक साबित करने में सुख प्राप्त हो रहा है कि हिंदी पत्रकारिता का मौजूदा चेहरा पूरे तौर पर रचनात्मकता से लबालब है। आप यदि भाषा और शिल्प की बात करते हैं तो आपको अतीत के उन पीले पन्नों को बहस की केंद्रीय धारा में लाना होगा जिस अतीत में डॉ. धर्मवीर भारती और उनका 'धर्मयुग' है। डॉ. भारती ने 'धर्मयुग' सँभालते ही 13 मार्च, 1960 के अंक में लिखा था—"यह मिथ्या धारणा है कि हिंदी में पाठक-वर्ग है ही नहीं। न केवल यह कि हिंदी का पाठक है,

बल्कि बहुत बड़ी संख्या में है और यह भी कि वह स्थिर या जड़ नहीं है सक्रिय है, गत्यात्मक है। आप दो कदम आगे बढ़िए तो वह चार कदम आगे बढ़कर स्वागत करने को तत्पर है, पर आप उस तक पहुँचने की पगडंडियाँ खोज तो निकालिए।'' डॉ. भारती ने हिंदी पत्रकारिता की नैतिक जिम्मेदारी की ओर संकेत करते हुए लिखा था—''यह तो हिंदी पत्रकारिता का काम है कि उस पाठक के मर्म तक पहुँचने के सही रास्ते खोजें। केवल सस्ते या भौंडे तरीकों से आसान रास्ते खोजना या सिर्फ बौद्धिक असमंजस में पाठक-वर्ग से मुँह मोड़कर बैठे रहना दोनों गलत रास्ते हैं।''

यही नहीं, उस दौर के 'दिनमान', जिसके सत्ता शीर्ष पर अज्ञेय थे—ने रचनात्मकता को पत्रकारिता का तीर्थ बना दिया था। 'मगध' और 'माया दर्पण' जैसी कृतियों के रचयिता श्रीकांत वर्मा की राजनीतिक टिप्पणियाँ, 'बकरी' जैसी कालजयी कृति के लेखक सर्वेश्वरदयाल सक्सेना के स्तंभ 'चरचे और चरखे' ने पूरी दृश्यावली को ही बदल दिया था। यह अज्ञेय की ही ताकत थी, जिन्होंने फणीश्वर रेणु जैसे लेखक से बिहार में पड़े सूखे पर और निर्मल वर्मा से 'कुंभ' पर रिपोर्ताज लिखवाकर हिंदी पत्रकारिता में नई शैली ही विकसित कर दी। उसके बाद की एक पूरी-पूरी पीढ़ी है, जो लेखन के मोरचे पर सफल और संपन्न होने के बावजूद पत्रकारिता के अरण्य में अपने होने को सिद्ध किए हुए है। उनका रचनात्मक ताप किसी भी मोड़ पर न कम हुआ, न कमजोर। फिर चाहे स्वर्गीय रघुवीर सहाय हों, मनोहरश्याम जोशी, स्व: मुनीश नारायण सक्सेना, हिमांशु जोशी, कमलेश्वर, राजेंद्र यादव, शानी, सोमदत्त, मृणाल पांडेय, रमेश उपाध्याय, विष्णु खरे, मनमोहन सरल, कन्हैयालाल नंदन, प्रयाग शुक्ल, राजकिशोर, पंकज बिष्ट, उदयप्रकाश, विनोद भारद्वाज या मधुसूदन आनंद—इनसे चलती हुई यह परंपरा स्व. रमेश बतरा, मंगलेश डबराल, विष्णु नागर, वीरेंद्र जैन, महेश दर्पण, विकास कुमार झा, संजय खाती, सुधीर सक्सेना, प्रियदर्शन तक आती है। जाहिर है यह सूची संकेत भर है, पर यह संकेत एक पूरी कहानी कहते हैं। हिंदी से चलकर बांग्ला तक आएँ तो वहाँ गौरकिशोर घोष, शक्ति चट्टोपाध्याय, सुनील गंगोपाध्याय जैसे नाम उपस्थित हैं, जो साहित्य के शिखर पर तो हैं ही, पर उनके बगैर बांग्ला पत्रकारिता का भी जिक्र बेईमानी है।

यह 'रविवार' की ही ताकत थी कि यदि बिहार के किसी गाँव का कसेरुआ किसी सामंत के घोड़ों की टापों से मारा जा रहा है तो उसे पत्रकारिता का आधार बना दिया जाए। बनारस की जेल में यदि कैदियों के पैर तोड़ दिए गए हैं या कानपुर की स्वदेशी कॉटन मिल में मजदूरों पर गोली चली है या जबलपुर के पास पीतल के टुकड़े बीनने के लालच में किसी सात साल की लड़की ने अधफटे बम को छू लिया और वह

धुआँ-धुआँ हो गई तो यह आठवें दशक की उस पत्रकारिता की धड़कन थी, जिसे रचनात्मक पत्रकारिता ने छुआ, पकड़ा और उसे पाठकों तक पहुँचा दिया। घटनास्थल पर जाकर वहाँ से खबर को बटोरकर उसे पाठक तक पहुँचाने का सद्कार्य हिंदी पत्रकारिता में गाजे-बाजे के साथ हुआ है। स्वर्गीय उदयन शर्मा, अरुण रंजन, संतोष भारतीय, अनिल साहरी, मिलापचंद डांडिया, ईशमधु तलवार, राजीव शुक्ल, सुरेंद्र किशोर, स्व. जयप्रकाश शाही, स्वामी त्रिवेदी, अंजनी कुमार विशाल, एनके सिंह, राजकुमार केसवानी ऐसे ही नाम हैं, जो अपने हाथ में हथियार की शक्ल में कलम को लिए हुए हैं और वे उस उर्वर भूमि पर खड़े हैं, जिसका कण-कण रचनात्मक है। जाहिर है, साक्ष्यों के इस मौसम में नाउम्मीद कैसे हुआ जा सकेगा?

(संझा जनसत्ता, 27 जनवरी, 2000)

❑

कहाँ गई पत्रकारिता की खोजी आँख?

राजधानी के दो अखबारों ने इन दिनों खासा माहौल गरमा दिया है। इनमें एक हिंदी का अखबार है और दूसरा अंग्रेजी का। दोनों दैनिक हैं और खासे नामी-गिरामी।

सबसे पहले हिंदी दैनिक की बात। इस दैनिक के एक संवाददाता ने कुछ दिन पहले एक संवाददाता सम्मेलन में दिल्ली के पुलिस आयुक्त अजयराज शर्मा से शिकायत की थी कि दिल्ली के निगमबोध घाट से कोई भी व्यक्ति झूठा मृत्यु प्रमाणपत्र ले सकता है। तब पुलिस आयुक्त ने उस संवाददाता को कुछ इस तरह उपेक्षित किया था कि वह तिलमिलाकर रह गया। बात सब भूल गए। पर वह संवाददाता कहाँ भूल पाया था। वह अपने मिशन में लगा रहा। अंततः वह सफल हो गया।

पिछले सप्ताह उस अखबार ने अपने पहले पेज पर एक खबर छापकर धमाका कर दिया। इस खबर के संवाददाता ने दिल्ली के पुलिस आयुक्त और महापौर का मृत्यु-प्रमाणपत्र निगमबोध घाट से प्राप्त कर, उसे छाप दिया। खबर छपने के बाद प्रशासन को जागना था—सो परंपरागत तौर पर वह जागा। बाकायदा अपने-अपने पदों पर सक्रिय पुलिस आयुक्त और महापौर को मृत घोषित करने वाले कर्मचारियों को हड़बड़ाकर जागे प्रशासन ने धरा से तो मुक्त नहीं किया, हाँ—सेवा से जरूर मुक्ति दे दी।

इसी तर्ज पर अंग्रेजी दैनिक ने कुछ अलग काम किया—जो प्रायः अंग्रेजी अखबार करते ही हैं। उसके संवाददाता ने दिल्ली सरकार में स्वास्थ्य मंत्री के नाम की एक फर्जी मेडिकल की डिग्री मात्र एक हजार रुपए में प्राप्त कर, उसे अखबार की सुर्खी बना दिया। इस खबर में विस्तार से दिल्ली में फर्जी डिग्रियों के बाजार की खोज-खबर थी। पुलिस ने खबर को आधार बनाया और इस अपराध में बलवंत अरोड़ा के घर-दफ्तर पर छापा मारा। उन्हें गिरफ्तार किया। उनके पास से पुलिस को फर्जी डिग्रियों का अंबार मिला। यह रहस्य भी अरोड़ा की गिरफ्तारी से बेपरदा हुआ कि उनका यह कारोबार संस्थागत रूप ले चुका है और वे कई दशकों से यह जालसाजी कर रहे थे। अरोड़ा बंद है और संवाददाता मुदित कि उसकी खबर ने एक शिक्षा-माफिया को उसकी सही जगह

पहुँचा दिया। यों, इस बीच अरोड़ा की डिग्री पाकर न जाने कितने 'डॉक्टर' कहाँ से कहाँ पहुँच गए होंगे। उनसे इलाज करवाने वाले मरीजों का क्या हुआ होगा, वे बेचारे कहाँ पहुँचे होंगे, यह अनुसंधान हम न करें तो जीवन सुखी रहेगा।

···तो यह ताकत है खोजी पत्रकारिता की। लेकिन दुःखपूर्वक यह कि सातवें दशक के उत्तरार्द्ध में जिस खोजी पत्रकारिता ने अपने होने का आतंक पैदा कर दिया था—खासकर हिंदी में, वह आतंक नवीं सदी के अंत तक आते-आते अपनी चमक भी खो बैठा और शिनाख्त भी। इस शिनाख्त का एक भी टुकड़ा महाराष्ट्र में, खासतौर पर देश की औद्योगिक राजधानी मुंबई में दिखाई नहीं देता। अंग्रेजी पत्रकारिता की बात संदर्भ के तौर पर करें, तुलना के तौर पर नहीं—तो वहाँ जरूर दो मुख्यमंत्री, राजनीति के अजायबघर में खड़े मिलेंगे, जिन्हें अंग्रेजी अखबारों की खोजी पत्रकारिता ने पलक झलकते ही नीचे गिरा दिया था। यों, महाराष्ट्र में हिंदी पत्रकारिता का इतिहास और उसकी परंपरा आधी सदी पुरानी तो हो ही चुकी है, पर यहाँ खोजी पत्रकारिता का कोई युद्धपोत खड़ा नहीं दिखता।

यहाँ दिखती हैं वे जासूसी आँखें, जिन्हें किसी भवन निर्माता का अवैध निर्माण, राजनेताओं के माफिया सरगनाओं से रिश्ते, फिल्मी तारिकाओं के शयन कक्ष का रंग-रोगन, अमिताभ बच्चन की दाढ़ी का राज या किसी बड़े व्यावसायिक घराने की बहू के चोरी गए हार का आधा-अधूरा किस्सा ही नजर आता है। ये जासूसी आँखें, कुछ ही क्षणों में अपनी पलकें मूँद लेती हैं, क्योंकि इनकी नीयत और नियति मुंद जाने में ही है। इस हाल में आप किस खोज की उम्मीद किस से करेंगे? यहाँ तो ज्यादातर लोग अपने भूमिगत रिश्ते, भूमिगत सरगनाओं से रखे हुए हैं। वक्त आने पर वे अपनी इसी छिपी प्रतिभा को, सगर्व उजागर भी कर देते हैं। एक अखबार का एक अपराध संवाददाता एक विवाह समारोह में खुलेआम कह रहा था—'पत्रकारिता गई तेल बेचने, मैं तो अपना घर भर रहा हूँ।' उसके इस दिव्य विचार पर किसी ने बहस नहीं की।

पर, यहाँ बहस की गुंजाइश है। जब विदिशा के पास के एक गाँव में, एक बच्ची माँ बना दी जाती है तो एक अलका सक्सेना उस गाँव में रातोंरात पहुँचकर उस 'बच्ची माँ' की दास्तान लिखकर 'रविवार' के पन्नों पर उतार देती है। पटना में जब नरमुंडों का व्यापार खबर बन जाता है, तब एक अंजनीकुमार 'विशाल' उस क्रूर-कथा को 'पाटलिपुत्र टाइम्स' की सुर्खी बना देता है, फिर चाहे उसे तमाम निजी दुःख क्यों न उठाने पड़े।

यह सब हिंदी पत्रकारिता या कहें खोजी पत्रकारिता का वह चेहरा है, जिस पर हाल-फिलहाल कुछ धूल-सी जम गई है। यह धूल है—धुंधलका नहीं। यह मिटेगा ही, क्योंकि धुंधलकों की भी उम्र ज्यादा कहाँ होती है?

(संझा जनसत्ता, 10 जुलाई, 2000)

❑

क्या है पत्रकारों की भूमिका?

"'पत्र निकालकर सफलतापूर्वक चलाना बड़े-बड़े धनियों अथवा सुसंगठित कंपनियों के लिए ही संभव होगा। पत्र सर्वांग सुंदर होंगे। आकार बड़े होंगे, लेखों में विविधता होगी, कल्पकता होगी, गंभीर गवेषणा की झलक होगी, ग्राहकों की संख्या लाखों में गिनी जाएगी। यह सबकुछ होगा, पर पत्र प्राणहीन होंगे। पत्रों की नीति देशभक्त, धर्मभक्त अथवा मानवता के उपासक महाप्राण संपादकों की नीति न होगी—इन गुणों से संपन्न लेखक विकृत मस्तिष्क समझे जाएँगे, संपादक की कुरसी तक उनकी पहुँच भी नहीं होगी। वेतन-भोगी संपादक मालिक का काम करेंगे और बड़ी खूबी के साथ करेंगे। वे हम लोगों से अच्छे होंगे। पर आज भी हमें जो स्वतंत्रता प्राप्त है, वह उन्हें न होगी। वस्तुतः पत्रों के जीवन में यही समय बहुमूल्य है। इंग्लैंड और अमरीका के पत्रों ने उन्हीं दिनों सच्चा काम किया था, जब उनके आकार छोटे थे, समाचार कम होते थे, ग्राहक थोड़े होते थे पर संपादक की लेखनी में ओज और प्राण था। उन देशों की उन्नति के बहुत कुछ कारण वे ही संपादक थे, जिनसे धनी घृणा करते थे और जो हमारे ही जैसे, एक पैर जेल में रखकर धर्म-बुद्धि से पत्र का संपादन किया करते थे। उनके परिश्रम से और कष्ट से पत्रों की उन्नति हुई पर उनके वंश का लोप हो गया। अब संचालक और व्यवस्थापक सर्वेसर्वा हैं—संपादक कुछ नहीं है।'

हिंदी पत्रकारिता के पितामह बाबूराव विष्णु पराड़कर ने अरसा पहले अपने ये विचार व्यक्त किए थे। वर्तमान में रहते हुए जिस आगत की चिंता उन्हें साल रही थी, जो वे शिद्दत से महसूस कर रहे थे, वह भविष्यवाणी मौजूदा भाषायी पत्रकारिता का अर्द्धसत्य नहीं, पूरा सच है। आज भाषायी पत्रकारिता जिस मोड़ पर खड़ी है या कहें कर दी गई है, वहाँ उसका चेहरा-मोहरा लगभग वैसा ही है, जो चेहरा श्रद्धेय पराड़करजी ने अपनी भविष्य-टोहती आँखों से देखा था।

सवाल यह है कि आखिर 21वीं शताब्दी में पत्रकारों की भूमिका क्या होगी? इस सवाल से पहले एक सवाल यह भी उठता है कि आखिर मौजूदा दौर में पत्रकारों की भूमिका क्या है? क्या यह भूमिका उतनी ही सजग और सकारात्मक है, जिसकी उम्मीद

कलम के सिपाही से की जाती है। चौथी सत्ता का यह नायक क्या आज अपनी इन प्रचलित और मान्य मर्यादाओं पर उतना ही खरा उतर रहा है, जो मर्यादाएँ उससे अपेक्षित थीं? क्या शब्दों का वह पागल प्रेमी अपने व्यवहार और संस्कार में आदर्श बनने की प्रक्रिया में है? क्या उसकी भूमिका उस मल्लाह की तरह है, जो गहरे पानी में उतरकर मोती चुन लाता है? क्या आज भी उसके भीतर उस संजय का अंश धड़क रहा है, जो सूर्यास्त के साथ-साथ रिश्तों में अंधे हुए धृतराष्ट्र को युद्ध का आँखों देखा हाल सुनाता था? क्या वह अपनी निरापदता और निष्पक्षता की नई-नई लकीरें खींच रहा है? क्या कोई राज-दरबार उसकी उपस्थिति भर से भयग्रस्त है? वह कहीं पर किसी सत्ता गलियारे में बिछा तो नहीं है? डूबी महफिलों में वह कहीं खो तो नहीं गया और यह भी कि वह किसी चक्करदार राजमहल में चारण या भाट बनने को अभिशप्त तो नहीं है?

यह खतरे थे, हैं और रहेंगे। डर के कुछ अदृश्य और अनाम कारण भी होते हैं। यह डर और चिंता विष्णुदत्त शुक्ल की पुस्तक 'पत्रकार कला' में हिंदी पत्रकारिता के शलाका पुरुष गणेश विद्यार्थी ने कुछ इस तरह व्यक्त की है—"अब बहुत से समाचार-पत्र सर्वसाधारण के कल्याण के लिए नहीं रहे। सर्वसाधारण उनके प्रयोग की वस्तु बनते जा रहे हैं। एक समय था, इस देश में साधारण आदमी सर्वसाधारण के हितार्थ एक ऊँचा भाव लेकर पत्र निकालता था और उस पत्र को जीवन-क्षेत्र में स्थान मिल जाया करता था। आज वैसा नहीं हो सकता। इस देश में भी समाचार पत्रों का आधार धन हो रहा है। धन से ही वे निकलते हैं। धन ही के आधार पर वे चलते हैं और बड़ी वेदना के साथ कहना पड़ रहा है कि उनमें काम करनेवाले बहुत से पत्रकार भी धन ही की अभ्यर्थना करते हैं। अभी यहाँ पूरा अंधकार नहीं हुआ है, किंतु लक्षण वैसे ही हैं। कुछ ही समय पश्चात् यहाँ के समाचार-पत्र भी मशीन के सदृश्य हो जाएँगे और उनमें काम करनेवाले पत्रकार केवल मशीन के पुरजे। उनका कोई व्यक्तित्व नहीं रहेगा, सत्य और असत्य का अंतर न रहेगा, अन्याय के विरुद्ध डट जाने और न्याय के लिए आफतों को बुलाने की चाह न रहेगी। रह जाएगा केवल खिंची हुई लकीर पर चलना, ऐसे बड़े होने की अपेक्षा छोटे और छोटे से छोटे, किंतु कुछ सिद्धांतोंवाला होना कहीं ज्यादा अच्छा है।"

हिंदी पत्रकारिता के शिखर-पुरुष विद्यार्थीजी की जो चिंता कई दशकों पूर्व थी और उनकी भविष्यद्रष्टा आँखें जो देख रही थीं, मौजूदा भाषायी पत्रकारिता के संसार को देखें तो उसमें बहुत कुछ अंतर नजर नहीं आता। उसमें बदलाव की संभावना भी नहीं दिखती है। पत्रकारों की भूमिका लगातार बदल रही है। आज वह नैतिकता का ताबीज गले में डाले अनैतिकता के उस अंधे मोड़ पर आ खड़ा है, जहाँ रोशनी का एकदम क्षत-विक्षत टुकड़ा ही दिखाई देता है। उसकी संवेदना जन के प्रति नहीं, कहीं धन के आस-पास घूम रही है। उसकी कलम आग नहीं उगल पा रही, उससे स्तुतिगान निकल रहे हैं। वह सत्ता की प्यास अपने होंठों पर लिए इधर-उधर भाग रहा है। उसकी चेतना

नया कर दिखाने में नहीं, नया कुछ पा जाने की चिंता में लगी है। उसके सपनों में सामान्य-जन के दुःख-दर्द नहीं आते, वहाँ पाँच सितारा संस्कृति की जोड़-तोड़ आती है। उसे युद्ध में नहीं, युद्ध-विराम में दिलचस्पी है। उसे प्रतिबद्धता नहीं, अराजकता भाती है। उसे जय नहीं, जय-जयकार में शामिल होना अच्छा लगता है।

दरअसल, यह अब उस अक्स के हिस्से हैं, जो महत्त्वाकांक्षाओं के मरुस्थल में अपना होना तलाश रहा है। भाषायी पत्रकारिता की मौजूदा स्थिति जब इस कदर अकल्पनीय और अरुचिकर हो तो उसके भविष्य की कामना ही क्या करें? जैसा कि विद्यार्थीजी ने कहा 'पूरा अंधकार नहीं है' पर जो और जितना अंधकार है, उसे तोड़नेवाली ताकतें ही कहाँ है? सम्मान-असम्मान की बात जाने भी दें तो यह बात तो उठती ही है कि पत्रकार अपनी भूमिका प्रतिपल क्यों बदल रहा है? वह किसी राजनेता का बगल-बच्चा क्यों बन बैठा है? वह किसी अशिक्षित व्यापारी का गोपनीय दिशा निर्देशक क्यों बन रहा है? वह अपने चेहरे पर बेचारापन चिपकाए दानदाताओं की गली में क्यों खड़ा है? उसका सुविधाभोगी तन, वेतनभोगी मन पर हावी क्यों है? क्या इस दलदल से वह खुद को निकाल पाएगा?

इन सवालों के जवाब पुस्तक 'आत्मनेपद' में अज्ञेय कुछ इस तरह से देते हैं—"हिंदी पत्रकारिता के आरंभ के युग में हमारे पत्रकारों की जो प्रतिष्ठा थी, वह आज नहीं है। साधारण रूप से तो यह बात कही जा सकती है। अपवाद खोजने चलें तो यही पाएँगे कि आज का एक भी पत्रकार या संपादक वह सम्मान नहीं पाता, जो पचास-पचहत्तर वर्ष पहले के अधिकतर पत्रकारों को प्राप्त था। आज के संपादक-पत्रकार अगर इस अंतर पर विचार करें तो स्वीकार करने को बाध्य होंगे कि वे न केवल कम सम्मान पाते हैं, बल्कि कम सम्मान के पात्र हैं—या कदाचित सम्मान के पात्र बिलकुल नहीं हैं, जो पाते हैं वह पात्रता से नहीं, इतर कारणों से।"

अज्ञेय आगे कहते हैं "अप्रतिष्ठा का प्रमुख कारण यह है कि उसके पास मानदंड नहीं है। यही हरिश्चंद्र कालीन संपादक-पत्रकार या उतनी दूर न जाएँ तो महावीर प्रसाद द्विवेदी का समकालीन भी हमसे अच्छा था। उसके पास मानदंड थे, नैतिक आधार थे और स्पष्ट नैतिक उद्देश्य भी। उनमें से कई ऐसे भी थे, जिनके विचारों को हम दकियानूसी कहते तो भी उनका सम्मान करने को हम बाध्य होते थे, क्योंकि स्पष्ट नैतिक आधार पाकर वे उन पर अमल भी करते थे। वे चरित्रवान् थे। आज विचार-क्षेत्र में हम अग्रगामी भी कहला लें तो कर्म के नैतिक आधारों की अनुपस्थिति में निजी रूप से हम चरित्रहीन ही हैं और सम्मान के पात्र नहीं हैं।"

जाहिर है, यह विवाद और बहस का मोड़ है। पत्रकारों की मौजूदा भूमिका इतनी आश्वस्ति कहाँ जगा पा रही है कि हम ललककर आनेवाले कल और वहाँ उसकी भूमिका का विश्लेषण करें। पर आशंका, ग्लानि और चिंता के बीच से ही हमें आगे के

रास्ते को चुनना है। तय है, इन रास्तों से मिलनेवाली पगडंडियाँ मन में भय जगाती हैं। पर यह भय हमें चुप तो नहीं बैठाता।

मैं मानता हूँ कि वेबसाइट, इंटरनेट और कंप्यूटर क्रांति के इस संक्रमण-काल में अक्षर आहत है। मशीन आगे-आगे चल रही है विचार, संवेदना, रिश्ते और रचनात्मकता उठ-बैठ रही है। वह समय के संग-संग चलने की लड़ाकू मुद्रा अपनाए हुए है। शब्द कालजयी है। उनकी अर्थवत्ता को चुनौती देना असंभव है। उसके तेज को कमजोर करने की कोशिश मूर्खता के आस-पास मानी जाएगी। शब्दों का असर और आतंक हर दौर में रहा है और रहेगा। पत्रकारों की भूमिका मौसम के मिजाज के मुताबिक शायद बदलती रहे। कुमार विकल के शब्दों में कहूँ तो

मुझे शब्दों की हिफाजत
अपने तरीके से करनी है
और पहली लड़ाई
उस आदमी के खिलाफ लड़नी है जो शब्दों की अर्थवत्ता को तोड़ता है
और दूसरी, दूसरी उसके विरुद्ध जो शब्दों की अर्थवत्ता को छोड़ता है।

(हमारा महानगर, 19 फरवरी, 2000)

❑

पत्रकार चारण तो नहीं हैं

घटना इस तरह घटी।

1989 के लोकसभा चुनाव के दौरान एक राष्ट्रीय दैनिक के प्रमुख संवाददाता को चुनाव कवर करने के लिए एक लोकसभा क्षेत्र में भेजा गया। संवाददाता ने उस क्षेत्र में पहुँचने के दूसरे दिन ही खबर भेजी—इस लोकसभा क्षेत्र से अमुक पार्टी के उम्मीदवार के पक्ष में हवा बह रही है, उनकी जीत पक्की है, जबकि मतदान होने में लगभग नौ दिन शेष थे। खबर ब्यूरो में आई, वहाँ से कार्यकारी संपादक के पास। संपादक ने खबर पढ़ी, वे झल्लाए और उन्होंने ब्यूरो प्रमुख को आदेश दिया—जब मतदान के नौ दिन पूर्व ही हमारा संवाददाता एक खास उम्मीदवार को जितवा रहा है, फिर उसके वहाँ रहने का मतलब क्या है? वह संवाददाता के तौर पर गया है, कार्यकर्ता बनकर तो नहीं? आप उसे तुरंत वापस बुला लीजिए। नौ दिन रुककर वह आखिर वहाँ करेगा क्या?

ये संपादक थे—सुरेंद्रप्रताप सिंह और वह राष्ट्रीय दैनिक था—नवभारत टाइम्स। इस घटना के बाद सुरेंद्रप्रताप उर्फ एसपी सिंह ने पत्रकारों की नैतिकता को लेकर एक भावुक भाषण दिया और अपने कार्यालयीन सहयोगियों को साफ-साफ जता दिया कि पत्रकार का काम खबर को पाठकों तक पहुँचाने का ही नहीं, उसके पीछे के रहस्य-रोमांच को भी उजागर करना है। वह चारण नहीं है, वह भाट नहीं है, वह शंख नहीं है और न ही वह किसी व्यक्ति या राजनीतिक दल का प्रवक्ता है। वह पत्रकार है और उसकी नैतिकता पत्रकार बने रहने में ही है।

पत्रकारों की विश्वसनीयता को लेकर एसपी सिंह खासे चिंतित रहते थे और कहते थे—"पत्रकारों की विश्वसनीयता बहुत संदिग्ध होती जा रही है। छोटे शहरों में तो आप पाएँगे कि अब पत्रकार की 'इमेज' पुलिसवाली होती जा रही है। लोग पत्रकार से डरते हैं। पत्रकारों को देखकर घबराते हैं। यह चिंता का विषय है कि कैसे पत्रकार की विश्वसनीयता वापस लाई जाए, कैसे वह पुलिस का पर्यायवाची न बने। वह नैतिकता का हाथ थामे रहे।"

यही नैतिकता आज हिंदी पत्रकारिता से धीरे-धीरे गायब हो रही है। कहा जा रहा

है कि आज मूल्यों की पत्रकारिता कर कौन रहा है, पर पूछा यह भी जा सकता है कि मूल्यहीनता की पत्रकारिता करवा कौन रहा है? यही पत्रकारिता आज खुद को ज्यादा अवसरवादी, सफल और बिकाऊ मानती है। राजधानी से प्रकाशित होने वाले एक राष्ट्रीय दैनिक में गंभीर आलेखों के प्रकाशन पर अघोषित और अलिखित निषेधाज्ञा लागू है। उस अखबार की खासियत है कि यह फिल्म अभिनेत्रियों या खूबसूरत बालाओं की अर्धनग्न तसवीर छापने में योग्यता हासिल किए है। यही नहीं, प्रेम, वासना, विवाहेतर संबंध और समलैंगिकता जैसे विषय पर परिचर्चा आयोजित कर, दर्जनों पाठकों के फोटू छापकर वह अखबार खुद को श्रेष्ठ मानता है। एक अर्धनग्न चित्र पर, जब उसके कार्यालय पर एक महिला संगठन ने प्रदर्शन किया तो जानते हैं, मालिक-संपादक ने क्या कहा? उसका जवाब था—'नग्नता यदि बिकती है, तो मैं उसे रोज-रोज बेचूँगा।' प्रदर्शनकारियों ने उसका चेहरा काला कर दिया था, पर उसके बाद भी अखबार की टेढ़ी पूँछ आज तक सीधी नहीं हो पाई है।

दूसरी तरफ एक और मालिक-संपादक हैं, जो तमाम आर्थिक लाभ को छोड़कर, आज भी अपने अखबार में 'हॉट गर्ल' और 'सेक्सी नाइट' जैसी फिल्मों के विज्ञापन इसलिए नहीं छापते कि इससे कहीं उनका युवा पाठक विकृत मानसिकता की ओर न बढ़ जाए। यह अखबार बलात्कार की शिकार महिला और नाबालिग अपराधी का भी नाम नहीं छापता, ताकि उनका भविष्य काला और दिशाहीन न हो जाए। यह अखबार है—'नई दुनिया' और मालिक-संपादक हैं—अभय छजलानी। जबकि उनका एक प्रतिस्पर्धी अखबार बलात्कार की शिकार महिला का नाम, उसके पति का व्यवसाय और उसके मुहल्ले का नाम सगर्व प्रकाशित करता है और उसके स्थानीय संपादक खैनी मलते हुए कहते हैं—'भैया, यही बिकता है। समय के साथ नहीं चलेंगे, तो पिछड़ जाएँगे?' किस तर्क को आप अपना कहेंगे?

एक और मालिक-संपादक हैं, जिनके संस्थान में सबकुछ नियम-कानून उनके अपने हैं—यहाँ तक कि नैतिकता की परिभाषा भी। विशाल पाठक-समुदाय वाली पत्रिका निकालने वाले उस संस्थान में एक सुबह एक लड़की रोती हुई आई। एक खुले हॉल में लगभग सात पत्रिकाओं के दफ्तर हैं—कहीं कोई केबिननुमा माहौल नहीं। संपादकीय विभाग के साथी चाय पी रहे थे कि लड़की ने रोते हुए उस दक्षिण भारतीय पत्रिका प्रभारी महिला से पूछा—"यह तसवीर आपने छापी है?" पत्रिका प्रभारी बोली—"जी, इस पत्रिका में छपी है तो जिम्मेदारी मेरी ही है, कहिए क्या बात है?" लड़की ने कहा—"मैं अविवाहित हूँ और इस तसवीर के नीचे लिखा है—एक अच्छी माँ अपने बेटे का हर पल ध्यान रखती है।"

लड़की फिर रोने लगी थी। पत्रिका प्रभारी ने उसे समझाते हुए कहा—"आप केबिन में बैठे हमारे मालिक-संपादक से मिल लीजिए।"

इस घटना के कुछ दिनों बाद एक भाई-बहन फिर उसी दफ्तर में आए। इस बार उनके हाथ में एक हिंदी पत्रिका थी। उन दोनों भाई-बहनों की तसवीर जिस लेख के साथ छपी थी, उसका शीर्षक था—'यौन संबंध ऐसे विकसित होते हैं।' चीख-चीखकर उन्होंने दफ्तर को हिला दिया था। सच तो यह था कि वह संस्थान आज भी मामूली पैसों में फोटू खरीद लेता है। पच्चीस साल के लिए। एक हरे रंग के कागज पर वह छायाकार से रसीदी टिकट पर दस्तखत करवा लेता है। उस कागज पर लिखा होता है—'हम इस तसवीर का किसी भी तरह उपयोग कर सकते हैं।' शायद यह कानूनी सुरक्षा का वह ताबीज है, जो मालिक-संपादक को साबुत और सुरक्षित बचा लेता है।

फिर इस मौसम में पत्रकारीय नैतिकता की बात कौन और क्यों सोच रहा है?

(संझा जनसत्ता, 3 जुलाई, 2000)

❑

एक लड़ते हुए अखबार की हत्या

सिर्फ इतनी-सी खबर है—'जनसत्ता' का मुंबई और चंडीगढ़ संस्करण अचानक बंद कर दिया गया। पर यह घातक और बुरे संकेत देनेवाली खबर उन लोगों को सन्निपात की हालत में खड़ा कर देती है, जो मन और दिल से 'जनसत्ता' को चाहते थे। उनके लिए यह दु:स्वप्न है, जो पिछले बारह वर्षों से लगातार कमजोर पड़ती जा रही अपनी ताकत के बावजूद 'जनसत्ता' को प्राणवायु की तरह जरूरी मानते थे। उनकी मान्यता थी कि लगभग समाप्ति की ओर बढ़ रही तेवरवाली पत्रकारिता का कुछ अंश अब तक 'जनसत्ता' अपने भीतर जिंदा रखे है। कुछ लोगों के लिए 7 फरवरी के 'जनसत्ता' के अंक में पहले पेज पर छपी वे तीन लाइनें उस सपने की मौत की तरह थीं, जो सपना उनकी उन आँखों ने पाला था—जो हिंदी, हिंदी पत्रकारिता, हिंदी समाज और हिंदी के विकास से जुड़ा था। इन तीन लाइनों में लिखा था—'हमें खेद के साथ सूचित करना पड़ रहा है कि आज से 'जनसत्ता' के मुंबई संस्करण का प्रकाशन फिलहाल स्थगित किया जा रहा है।' इस असंवेदनशील सूचना ने बहुत कुछ स्थगित कर दिया।

यह स्थगन आदेश उस मौसम में आया जब 'जनसत्ता' के 32 पत्रकार और गैरपत्रकार प्रबंधन के उस आदेश के पालन में प्राणपण से जुटे थे, जिसके तहत उन्हें कंप्यूटर ज्ञान की जरूरी शिक्षा लेनी थी। कहा गया था कि तकनीक की विराट होती प्रतिस्पर्धा में हम क्यों पीछे रहें और मार्च तक संपूर्ण तंत्र कंप्यूटरमय हो जाएगा यानी कागज पर नहीं, सारे पत्रकार कंप्यूटर पर काम करेंगे। पत्रकार इस शिक्षा को ग्रहण करने के लिए अपनी दिनचर्या बदल रहे थे और गले-गले तक उम्मीद में थे कि अब उस खतरे के पूरे संकेत मिट चुके हैं, जो खतरा एक साल से मंडरा रहा था यानी अखबार बंद होने का खतरा। तर्क आपस में दिए जा रहे थे—आखिर बंद करना होता तो कंप्यूटर क्यों सिखाया जाता? और इस मासूम सवाल के समर्थन में कई जोड़ा सिर भी

हिल जाते थे। पर, इतिहास शायद घटनाओं में ही दर्ज होता है और प्रबंधन की भाषा-शैली और उसकी चतुरता एक जैसे व्यवहार से जाहिर होती है। जिस वक्त 'टाइम्स ऑफ इंडिया' प्रबंधन ने एक जमाने की सितारा पत्रिका 'माधुरी' के अनुवादी चेहरे 'हिंदी फिल्मफेयर' का वध किया था, उस वक्त उसके पत्रकार बोनस में मिले रुपयों को पूरी तरह गिन भी नहीं पाए थे कि उन्हें पत्रिका की मौत की सूचना फोन पर प्रबंधन के प्रतिनिधि रंजन गर्ग ने दी थी। यह दुर्भाग्य ही था कि मात्र दो पेज का विज्ञापन जुटानेवाली उस पत्रिका का, जो छपने को तैयार अंक प्रबंधन ने रोका था, उसमें पूरे चौदह पृष्ठ के विज्ञापन थे यानी कुछ-कुछ हालात सुधर रहे थे।

यही नहीं, चार दशकों तक हिंदी पत्रकारिता के शिखर पर रही पत्रिका 'धर्मयुग' को जब टाइम्स समूह ने दिल्ली के एक नामालूम से कागज व्यापारी को मय टेबल, कुरसी, अलमारी और स्टाफ के बेच दिया, तब 'धर्मयुग' का सोलह सदस्यीय स्टाफ 'टाइम्स को-ऑपरेटिव सोसायटी' के 25 साल पूरे होने की खुशी में मिलनेवाली एक अटैची, एक घड़ी, एक मिठाई का डिब्बा और कुछ नकदी को संभालकर घर लौटा था। उस दिन शनिवार था यानी 'धर्मयुग' की मृत्यु का आखिरी दिन। सोमवार को उन पत्रकारों के नाम व फोटो 'टाइम्स भवन' में वांटेड अपराधियों की तरह लगे थे और कर्मचारियों को बेचे जाने की सूचना कूरियर द्वारा उनके घरों में पहुँचा दी गई थी। एक पत्रकार धोखे से 'टाइम्स भवन' में घुस गया था तो उसने अपनी नंगी आँखों से देखा था कि जिस जगह 'धर्मयुग' था, वहाँ खाली जमीन थी, पोंछा लगा था। कैंटीन तक से उस पत्रकार को आदेशात्मक स्वर में निकाला गया था। इसी तरह जब 417 करोड़ टर्नओवरवाली कुबेर कंपनी ने 'कुबेर टाइम्स' का मुंबई संस्करण बंद किया तब उसका स्टाफ अखबार की बत्तीस हजार पर पहुँची प्रसार संख्या को देखकर भरतनाट्यम करने को आतुर था, पर प्रबंधन को तो उस स्टाफ से तांडव-नृत्य करवाना था, उस अखबार को रातोंरात बंद कर दिया गया।

कुल जमा यह कि प्रबंधन की चालाक आँखें आपको उस वक्त भ्रमित कर देती हैं, जब उसका षड्यंत्र अपने चरम पर होता है। कंप्यूटर शिक्षा का पासा फेंककर एक्सप्रेस प्रबंधन ने भी 'जनसत्ता' कर्मचारियों को अस्त-व्यस्त कर दिया था। कहा गया कि हम किसी को नहीं निकालेंगे, 'संझा जनसत्ता' का प्रकाशन यथावत जारी रहेगा। यहाँ ब्यूरो तो रहेगा ही और यह कि पत्रकारों को कलकत्ता और दिल्ली के संस्करणों में स्थानांतरित कर दिया जाएगा। पर, ये दोनों संस्करण कहीं दो महीने बाद बंद नहीं कर दिए जाएँगे, इस बात की क्या गारंटी है और प्रबंधन इस तरह की गारंटी देने की तैयारी में भी नहीं दिखता। सेवाओं के बारे में अब तक पत्रकारों को कोई लिखित आश्वासन नहीं दिया गया है, सिर्फ मौखिक तौर पर कहा गया है कि आपको हटाया नहीं जाएगा। अपना रचा-रचाया संसार उजाड़कर कौन पत्रकार उम्र के इस विकासवान मोड़ पर दूसरे

महानगर की राह पकड़ेगा। 'जनसत्ता' के दूसरे संस्करण और वहाँ कार्यरत पत्रकार क्या अपने संसार में अचानक और अनाहूत आ गए मेहमानों से बिदकेंगे नहीं? अपनी सत्ता के संदिग्ध हो जाने और प्रोन्नति जैसे खतरे उन्हें नहीं सताएँगे। आज तक प्रबंधन ने पत्रकारों से कोई बात नहीं की है। केवल यूनियन के अध्यक्ष वसंत प्रधान कल आठ फरवरी को पत्रकारों से मिले और उन्होंने भी प्रबंधन की धुन पर ही अपना राग बजाया। यह कि अखबार का पुनर्प्रकाशन असंभव है, किसी की नौकरी नहीं जाएगी और अंत में यह कि नारेबाजी, अदालतबाजी या आंदोलन से न यूनियन का कुछ नुकसान होगा, न प्रबंधन का। साफ-साफ यह कि आप चुप रहें और वह सब स्वीकार कर लें जो प्रबंधन ने किया है या वह आगे कर रहा है। इस अप्रत्यक्ष धमकी में संभव है, बहुत से पत्रकार मजबूरी की चादर ओढ़कर वह स्वीकार कर लें जो प्रबंधन चाह रहा है।

दरअसल, 'जनसत्ता' का प्राणांत उस वक्त हुआ, जब मुंबई में उसकी उमर के बारह साल पूरा होने में सिर्फ उनसठ दिन ही बचे थे। इस सवाल पर बहस करने की जरूरत ही नहीं दिखती कि 'जनसत्ता' एक लड़ता हुआ अखबार था— अक्षरों की दुनिया में, सामाजिक कुरीतियों के आंगन में, राजनेताओं के जमघट में, भ्रष्टाचारियों के दलदल में और अपनी बात ईमानदारी से कहने की इच्छाशक्ति रखने वाले निहत्थे व्यक्ति के पक्ष में लड़नेवाला अखबार।

मुझे याद है जब 23 नवंबर, 1983 को 'जनसत्ता' के दिल्ली संस्करण का पहला अंक बाजार में आया था तब उसकी भाषा, उसका तेज, उसकी बेबाकी और उसका आँखों में उँगली डालकर उगल देनेवाला सच एक तूफान की मानिंद था। यही एकमात्र कारण था कि देखते-देखते 'जनसत्ता' शिखर पर जा बैठा और प्रसार का यह आलम हो गया था कि आदरणीय प्रभाषजी को पहले पन्ने पर छापना पड़ा था 'इतना प्यार…बस और नहीं।' इस सूचना में उन्होंने लिखा था—हमारी मशीन, हमारे शर्माजी (जो छपाई का काम देखते थे) इससे ज्यादा प्रतियाँ नहीं छाप पाएँगे। अब आप मिल-बाँटकर इसे पढ़ें हिंदी पत्रकारिता या कहें भाषायी पत्रकारिता का यह आदर्श उदाहरण था। तब 'जनसत्ता' की प्रसार संख्या पौने तीन लाख को छू रही थी। इसका बहुत बड़ा कारण यह भी था कि प्रभाषजी के नेतृत्व में खबरें, उनके शीर्षक, उनकी प्रस्तुति इतनी ताजी और आक्रामक थी कि बरबस पाठक वहाँ खिंचा चला जाता था। पत्रकारों के चयन के बाद एक माह तक बाकायदा क्लास लेकर प्रभाषजी अपने मन में बसी उस अखबार की तसवीर पत्रकारों को बताते थे, जो तसवीर उनके अपने 'जनसत्ता' की थी। भाषा और तेवरों को लेकर वे खासे सचेत थे। 'अखबार' कैसे निकालना है और किस तरह का निकालना है, इस विषय पर प्रभाषजी बाकायदा क्लास लेते थे।

यही वजह रही कि किताबों का एक पूरा पन्ना, खेल, व्यापार और साहित्य को इतनी जगह मिलने लगी कि लोग स्तब्ध रह गए। पाठकों के पन्नों का स्तंभ 'चौपाल'

शुरू में तो खुद प्रभाषजी देखते थे। इस मौसम ने पत्रकारिता का मिजाज ही बदल दिया।

मिजाज प्रभाषजी के लेखकीय जादू ने भी बदला और उनके वैचारिक ताप ने भी। 'अजहर तेरा नाम रहेगा' जैसे प्रथम पृष्ठीय संपादकीय ने खेल-प्रेमियों को खासा अपनी ओर खींचा। यही नहीं, दो प्रधानमंत्रियों, एक उपप्रधानमंत्री और दर्जनों राजनेताओं के साथ रहने के बावजूद प्रभाषजी ने अपनी वैचारिक ऊर्जा का श्रेष्ठतम प्रयोग कर उस आम पाठक को अपने नजदीक खड़ा कर लिया, जो पाठक किसी हिंदी दैनिक में विचारों की खाद चाहता था। उसे बासी और उबाऊ विषय पसंद नहीं थे। सती प्रथा के समर्थन में लिखे संपादकीय जैसे प्रसंग हम भूल जाएँ तो बाबरी मसजिद का ध्वंस, ऑपरेशन ब्लू स्टार, ऑपरेशन ब्लैक थंडर, श्रीमती गांधी की हत्या के बाद की हिंसा जैसे तमाम प्रसंग हैं, जहाँ प्रभाषजी की स्पष्ट और बेबाक नीति ने 'जनसत्ता' को न केवल प्राणवान बनाया, बल्कि मूल्यवान भी बनाया। उसका विरोध और समर्थन जगजाहिर रहा।

पूर्व प्रधानमंत्री चंद्रशेखर पर लिखे उनके लेख 'भोंडसीवाले बाबा' हो या जॉर्ज फर्नांडिस के संदर्भ में हाल में लिखे लेख उनकी स्पष्ट नीति को उजागर करते हैं। राष्ट्रीय स्वयंसेवक संघ के खिलाफ उनका नजरिया समय-समय पर जाहिर होता ही है। यह एक ऐसी धरोहर है जिसने 'जनसत्ता' को विचार और प्रतिबद्धता की जमीन पर बाकायदा स्थापित किया। प्रभाषजी के संपादकीय, संपादकीय पृष्ठों पर छपे लेख और 'कागद कारे' लोकप्रियता के प्रतीक बने। उन्होंने प्रखर और शुष्क राजनीतिक विचारधारा के लोगों तक अपनी बात पहुँचाने का जरूरी काम किया। मेरी खुली-खुली मान्यता है कि 'जनसत्ता' के विकास में, उसके पूर्व प्रधान संपादक और मौजूदा सलाहकार संपादक का पूरा-पूरा योगदान रहा। जब-जब 'जनसत्ता' इस धारा से इधर-उधर हुआ, तब-तब उसका पाठक-संसार खिसक गया। यह प्रभाषजी ही थे, जिन्होंने 'हिंदी पत्रकार संघ' की सभा में निखिल वागले पर हुए शिवसैनिकों के हमले का मुँहतोड़ जवाब देने के लिए शिवसेना-भवन के सामने दुनियाभर के पत्रकारों को इकट्ठा कर दिया था और तमाम दबावों, तनावों के चलते एक पूरा दिन धरना दिया था। इस धरने में स्वर्गीय निखिल चक्रवर्ती, मृणाल पांडेय, एन.राम., दिलीप पाडगॉवकर, राजदीप सरदेसाई, शबाना आजमी, हरि जयसिंह, अनीता प्रताप, निदा फाजली, विश्वनाथ सचदेव, पंडित जसराज, डॉली ठाकुर, एलिक पद्मसी, राज बब्बर न जाने कितने लोग थे। ऐसा विरोध मुंबई के इतिहास में अब तक तो नहीं दिखा।

आज एकदम अलग मौसम है। मुंबई 'जनसत्ता' की हत्या भाषायी अखबारों की आसन्न मृत्यु का पूर्व संकेत है। इसमें दो राय नहीं कि 'जनसत्ता' का मुंबई संस्करण पिछले एक साल से ऑक्सीजन पर चल रहा था। प्रबंधन कह रहा है (जो हर प्रबंधन कहता है) कि अखबार नहीं बिक रहा था। आँकड़ों का सहारा लें तो मिलेगा, यही

'जनसत्ता' जब जयंत मेहता और अच्युतानंद मिश्र के संपादकीय से होते हुए राहुल देव के नेतृत्व में आया था, तब इसकी प्रसार संख्या 36,000 (छत्तीस हजार) तक पहुँची थी। वह हिंदी-भाषियों की जरूरत बन गया और यह जरूरी काम उसने अपनी अंतिम साँस तक किया भी। भाबेकर नगर की झुग्गी-झोंपड़ी का मामला हो या रमाबाई नगर की हिंसा, उत्तर भारतीय संघ का मसला हो या 'धर्मयुग', 'दोपहर', 'मुंबई संध्या', और 'कुबेर टाइम्स' के पत्रकारों की लड़ाई—'जनसत्ता' हरदम, हर वक्त युद्ध में खड़ा मिला। यह भी सच है कि राहुल देव के नेतृत्व में जब अखबार बिक रहा था, तब उसकी कीमत भी कम थी, उसके पृष्ठ भी ज्यादा थे, इतवार के दिन रविवारीय परिशिष्ट भी मिलता था और बत्तीस पेज की निशुल्क पत्रिका 'सबरंग' भी। कहते हैं घाटे पर तब ध्यान ही नहीं दिया गया, प्रसार तो था पर घाटा भी ज्यादा था। क्या इस तरफ प्रबंधन को नहीं देखना था?

प्रबंधन ने देखा और उसने वही किया जो उससे अपेक्षित था। अंग्रेजी अखबार 'इंडियन एक्सप्रेस' के पेज भी बढ़े और कीमत भी कम हुई। 'जनसत्ता' के पेज भी कम हुए, कीमत भी बढ़ी, रविवारीय परिशिष्ट भी बंद किया और अंत में उस अखबार की ही साँस तोड़ दी, जिसने बहुत मनों और दिलों को विचार की खाद दी थी और दिया था लड़ने का हौसला। तब इसके स्थानीय संपादक प्रदीप सिंह थे। अंग्रेजी में सोचने, बोलने और उसकी वकालत करनेवाले प्रबंधन से और उम्मीद ही क्या थी, क्योंकि इससे पहले उसने 'आस-पास' भी बंद किया था और 'हिंदी एक्सप्रेस' भी।

सात फरवरी के बाद मेरे घर की चौखट पर तुम नहीं आ रहे हो 'जनसत्ता' पर तुम्हें बहुत-बहुत याद करते हैं—हम लोग।

(हमारा महानगर, 11 फरवरी, 2000)

❑

पत्रकारों के फर्जीवाड़े को रोकिए

लगभग तीन दिनों में आधे दर्जन फर्जी पत्रकारों को मुंबई पुलिस ने गिरफ्तार किया है। इन पत्रकारों पर हफ्ताखोरी या आपराधिक मामलों में शामिल होने के संगीन अपराध दर्ज हैं। इनकी अयोग्यता यह कि ये पत्रकार ही नहीं हैं और योग्यता यह कि इन लोगों ने इस चालाकी से पैसे वसूलने का जाल बुना कि कोई भी स्तब्ध रह जाए। यह भी कि जब पुलिस घटनास्थल से सार्वजनिक तौर पर इन्हें मारते हुए थाने तक लाई, तो एक ने तो पुलिस अधिकारी के बिल्ले उतरवा देने की ही धमकी दी। एक फर्जी महिला पत्रकार अपनी ही उस आवाज को जाली बताने लगी, जो पुलिस ने पैसों की माँग के वक्त टेप की थी। एक पुलिस अधिकारी के मुताबिक जब इससे कहा गया—'होशियारी करु नको, तुझी वीडियो फिल्म दाखविन आता' तो वह टूट गई और धम्म से थाने की बेंच पर बैठ गई।

यह महिला पत्रकार स्मिता सिंह उर्फ मीना सिंह उर्फ गीता सिंह थी, जो खुद को उस अखबार से संबद्ध बता रही थी, जो अरसे पहले बंद हो चुका है। उसके साथ जो दो कथित पत्रकार गिरफ्तार हुए, उनमें से एक पर कुछ दिनों पूर्व एक मोबाइल फोन चोरी का आरोप है। पत्रकारिता से इन तीनों का बाकायदा कोई लेना-देना नहीं है। हाँ, लेन-देन की पत्रकारिता को जरूर इन्होंने अपने जीवन का आधार बना रखा था।

नवें दशक में हिंदी पत्रकारिता की ऐसी दुर्गति हो जाएगी, शायद किसी ने नहीं सोचा होगा। यह दुर्गति फर्जी पत्रकारों के कारण रोज-रोज हो रही है। ये वे लोग हैं, जो पत्रकारिता के अक्षर ज्ञान से कोसों दूर हैं। उन्हें कैसे भी—एक अखबार का नाम चाहिए, एक परिचय-पत्र चाहिए। वे पूरे शरीर को ऐंठाते हुए इस भाषा में बात करेंगे कि लगेगा, 'संपादक' नाम की संस्था इन्हीं की देह में बसती है। साक्ष्य बताते हैं कि कैसे पुलिस मुख्यालय से लेकर मंत्रालय और रेल विभाग से लेकर वन विभाग तक इस फर्जीवाड़े की जड़ें हैं। मुंबई के पत्रकार-जगत के लोग यह अच्छी तरह जानते हैं कि कैसे प्रेस क्लब के एक सुंदर से कार्ड को प्राप्त करने के लिए कुछ कपड़ा व्यापारी, कुछ सरकारी कर्मचारी, एक तबलची और एक भंगार विक्रेता ने अपनी प्रतिष्ठा को दाँव पर

लगा दिया था। 'सक्रिय पत्रकारिता' और 'आजीविका का एकमात्र साधन पत्रकारिता है' को आधार माननेवाले प्रेस क्लब को बाकायदा कठोर रुख अपनाकर और वरिष्ठ पत्रकारों की एक 'स्क्रुटनी कमेटी' बनाकर, इस बीमारी से मुक्ति पानी पड़ी। लेकिन चोरी-छिपे यदि आज भी कोई फर्जी पत्रकार उस कार्ड को कलेजे से चिपकाए घूम रहा हो, तो आप उसका क्या कर सकते हैं? जो पत्रकार मंत्रालय में घुसकर, मंत्री के फोन से दुबई बात कर सकता है या पुलिस मुख्यालय में बैठकर कानून-व्यवस्था की जरूरी सूचनाएँ माफिया सरगनाओं को दे सकता है—उसकी हिम्मत या बेशर्मी पर आप सिर्फ चौंकने के अलावा क्या कर सकते हैं? इसी मुंबई में 'व्यापार' कवर करनेवाले पत्रकारों ने उन दो सफारी सूटवाले पत्रकारों को दर्जनों बार पाँच सितारा होटलों में मुफ्त की शराब, मुफ्त का खाना और गिफ्ट पाते हुए देखा है—जो किसी भी अखबार से नहीं जुड़े पर हर संवाददाता सम्मेलन में अनाहूत आते हैं और सरेआम लज्जित भी होते हैं।

पिछले महाराष्ट्र विधानसभा चुनावों के दौरान, चुनाव लड़ रहे एक उम्मीदवार के दफ्तर में एक सुंदर-सी लड़की को साथ लिए एक ऐसा पत्रकार उपस्थित हुआ, जिसके दोनों हाथों में मोबाइल फोन थे। उसने खुद को उस संवाद समिति का सर्वेसर्वा बताया, जिसका नाम उसे खुद अपने 'विजिटिंग कार्ड' से देखकर बताना पड़ रहा था। उसका दावा था कि उसकी एजेंसी यूएनआई, पीटीआई से बहुत आगे है। उसके पूरे देश में सत्रह सौ संवाददाता हैं। वह कथित पत्रकार उस उम्मीदवार से उसका चुनाव-प्रचार का ठेका सिर्फ पाँच लाख में लेना चाहता था। यह सुंदर लड़की, जिसे वह अपनी चीफ रिपोर्टर बता रहा था—केरल को भारत की राजधानी कह रही थी। उसको दरवाजा तब दिखाया गया, जब उसने हिंदी के एक सर्वाधिक आदरणीय संपादक के साथ तीन दिन पहले लंच करने की बात कही, जबकि उस पुरोधा संपादक की मृत्यु 4 अप्रैल, 1991 को दिल्ली में हो चुकी थी।

यही नहीं, 'कुबेर टाइम्स' की संपादकी के दिनों में मुंबई के एक डिग्री कॉलेज के प्राध्यापक कुछ बुरी-सी खबरों के साथ रोज मेरे दफ्तर आते थे। एक दिन मैंने उन्हें साफ मना कर दिया कि यह सब आपसे नहीं होगा। उन्होंने कहा—"तुम मेरे बेटे की उमर के हो। एक काम कर दो, एक परिचय-पत्र दे दो—मेरा काम हो जाएगा।" मेरे यह पूछने पर—"आप उसका क्या करेंगे?" वे दृढ़तापूर्वक बोले—"फिल्मी पार्टियों में जाने का शौक है, उसे पूरा करूँगा।" वे आज भी मिलते हैं और कहते हैं—"मेरा काम कर देते तो शायद मेरी दुआओं से अखबार बंद नहीं होता, क्या करूँ मैं किसी का सिर नहीं फोड़ सकता?"

सच तो यह है कि ऐसे फर्जी पत्रकारों से सरकारें भी परेशान हैं। मध्य प्रदेश सरकार ने वर्ष 1999 में ऐसे 427 अखबारों के सरकारी विज्ञापन बंद कर दिए, जो केवल विज्ञापनों के लिए ही निकलते थे। सरकार के इस निर्णय से सरकार के राजस्व में

2.50 करोड़ का फायदा हुआ। आलोचना और 'सरकार का अखबार विरोधी' रवैया जैसा माहौल सिर्फ कुछ दिनों तक ही रहा।

यही नहीं, उत्तर प्रदेश सरकार ने अवांछनीय अखबारों की छँटनी के लिए अखबारों में टेलीप्रिंटर सेवा का उपयोग करने का फैसला लिया था, इस फैसले का व्यापक विरोध हुआ और इसके निर्णय के क्रियान्वयन को स्थगित करना पड़ा। तब सरकार के पास हैरतअंगेज तथ्य सामने आए। यह कि आजमगढ़ से प्रकाशित दिखाए जानेवाले एक अखबार का कोई प्रिंटिंग प्रेस आजमगढ़ में नहीं था। फिर भी सब डिवीजनल मजिस्ट्रेट, आजमगढ़ के कार्यालय में उसके स्थानीय मुद्रण स्थल का घोषणा-पत्र दाखिल है। सबको मालूम है कि वह अखबार लखनऊ से छपता है। यह भी सच बेपरदा हुआ कि एक पुलिस दारोगा ग्यारह जिलों से अखबार संचालित करता है, जो उसके परिवार के अलग-अलग सदस्यों के नाम से निकलते हैं।

सवाल यह है कि इस फर्जीवाड़े को पनपने किसने दिया? तथ्य निकला कि ज्यादातर पत्रकार उन अखबारों से संबंधित हैं, जो अखबार अपने पत्रकारों को वेतन ही नहीं देते। वे पत्रकारों को मौखिक तौर पर कहते हैं, 'खाओ और खिलाओ।' ये अखबार रातोंरात निकलते और बंद हो जाते हैं।

कुछ अखबार अवैध-धंधों को ढंकने, कुछ राजनीतिक लाभ, तो कुछ मालिक-संपादक की राजनीति चमकाने के लिए निकलते हैं। इन पर अंकुश जरूरी है। कानून का लचीलापन इन्हें पनपने में मौका देता है। यदि संपादक-मालिक ऐसी प्रवृत्ति को रोकें, पत्रकारों के खिलाफ कार्यवाही करें तो बीमारी थम सकती है। फिर बड़े या छोटे संस्थान पत्रकारों को परिचय-पत्र देने में सख्ती बरतें। वे रेवड़ी की तरह परिचय-पत्र न दें। वह किस्सा लोग कहाँ भूले हैं, जिसमें पुलिस मुठभेड़ में मारे गए तीन अपराधियों की जेब से एक ही अखबार के परिचय-पत्र निकले थे।

मुंबई के पत्रकार संगठन आगे आ रहे हैं—इस फर्जीवाड़े को रोकने की पहल की दिशा में 'भारतीय पत्रकार विकास परिषद' और 'सहयोग संघ' ने प्रस्ताव पारित कर, आयुक्त को ज्ञापन देने की शुरुआत की है। ऐसी शुरुआत के नतीजे तभी सुखद होंगे, जब सामूहिक चेतना सामने आए, वरना बेईमानों के मुहल्ले में मुट्ठीभर ईमानदारों को भी बेवजह बदनाम होना पड़ेगा।

(संझा जनसत्ता, 12 जून, 2000)

❑

यह 'प्रेस' किसे डराता है?

मीरा रोड (पूर्व) में स्थित नया नगर। इस मुस्लिम-बहुल इलाके में ज्यादातर दुकानें किराना व्यापारियों की हैं। नई-नई बस्ती है तो बनती हुई इमारतें, बसते हुए लोग और सजते हुए घर—यहाँ आसानी से देखे जा सकते हैं। मध्यवर्गीय परिवार ही इस इलाके में बसते हैं। कुछ भवन-निर्माताओं के दफ्तर और कुछ होटल हाल में यहाँ खुल गए हैं।

एक दोपहर जब मैं मीरा रोड स्टेशन जाने के लिए इस रास्ते से गुजर रहा था, तो एक जगह भीड़ को देखकर ठिठक गया। एक सफेद फिएट कार को घेरे लोग खड़े थे और उस भीड़ में एक बारह साल का लड़का लगभग अचेत पड़ा था। कार के पास खड़ा युवक हल्की दाढ़ी और झक्क सफेद पेंट-शर्ट में था। मुझे वह चेहरा कुछ-कुछ परिचित-सा लगा। पता करने पर मालूम हुआ कि बारह साल के इम्तियाज ने उस सफेद फिएट के पीछे लगे स्टिकर को खेल-खेल में नोंच दिया था। एक भवन-निर्माता के दफ्तर के बाहर खड़ी उस कार का मालिक तड़पते हुए बाहर आया और उसने इम्तियाज को इस कदर मारा कि उसके कान से खून बह रहा था। दाढ़ीवाले सज्जन को भीड़ ने घेर लिया था और भीड़ उनको आदेश दे रही थी कि आप इसे डॉक्टर के पास ले जाइए और इसके इलाज का पैसा दीजिए। मैंने पहले उन सज्जन को और बाद में उस स्टिकर को देखा, जो इम्तियाज की पिटाई का कारण था। कार के पीछे लाल अक्षरों में 'प्रेस' लिखा था और उसके बगल में 'बिच्छू' फिल्म का स्टिकर था। इम्तियाज ने नोंचा 'बिच्छू' को था, पर 'प्रेस' का कुछ हिस्सा भी उससे फट गया। दाढ़ीवाले सज्जन का गुस्सा इसी पर था।

जब मैंने बहुत सहजता से उनसे पूछा—"आप किस प्रेस में काम करते हैं?" तो झल्ला कर उन्होंने मुझसे कहा—"आपको मतलब"? मेरे यह कहने पर कि "मैं भी पत्रकार हूँ और इस लड़के ने कोई इतना बड़ा अपराध नहीं किया है कि आप इसका कान ही खराब कर दें?" वे अचकचा गए और इधर-उधर झाँकने लगे। "मुझे आप अपना कार्ड दिखाएँ और इस लड़के को अस्पताल ले जाएँ।" मैंने साफ-साफ कहा। भीड़ को देखकर वह पस्त हो गया, पर कार्ड दिखाने को तैयार नहीं था। अंततः उन्हें

इम्तियाज को, उसकी माँ के साथ अस्पताल ले जाना पड़ा। कार्ड उन्होंने अंत तक नहीं दिखाया। कार्ड उनके पास था ही नहीं। वे अरसे पहले चार पेज का एक साप्ताहिक अखबार निकालते थे, जिसके नाम में उनका अपना नाम जुड़ा था। एक बार यह कथित संपादक एक अवैध निर्माण करने में मशहूर भवन निर्माता से उलझकर, पुलिस की गिरफ्त में आ गया था। फिर उसने अखबार बंद कर खुद को 'बिल्डर' कहना शुरू कर दिया। अब पत्रकारिता से उनका रिश्ता काँच पर चिपके स्टिकर से ज्यादा नहीं है। पर उनका हाव-भाव, तौर-तरीका 'द गार्जियन' के संपादक तक को डरा दे।

यह हिंदी पत्रकारिता का दुर्भाग्य है कि उसका दुरुपयोग उन चालबाजों द्वारा हो रहा है, जिन्हें शुद्ध हिंदी लिखनी भी नहीं आती। मुंबई के एक वरिष्ठ पुलिस अधिकारी ने एक औपचारिक चर्चा में मुझसे कहा था कि "हम वाहनों पर लिखे 'प्रेस' से बहुत परेशान हैं। जब तलाशी की बात करते हैं तो ये कथित पत्रकार 'देख लेने' या 'यह बहुत महँगा पड़ेगा' जैसे फिल्मी संवाद बोलते हैं। प्रेस कार्ड दिखाते नहीं है और कभी-कभी तो इनके पास वाहन के पूरे कागज भी नहीं होते। नगरसेवक से लेकर, परिवहन मंत्री तक से अपने रिश्तों की दुहाई ये सड़क किनारे खड़े-खड़े देते हैं। परेशान होकर इन्हें छोड़ना पड़ता है।"

यह परेशानी मुंबई में ही नहीं है। उल्हासनगर, कल्याण और नवी मुंबई में तो ऐसे प्रतापी पत्रकारों और वाहन मालिकों, चालकों की खासी संख्या है। 'मदन प्रिंटिंग प्रेस' का मालिक भी अपने वाहन पर 'प्रेस' लिखवा लेता है और कुछ नेताओं की प्रेस-विज्ञप्ति कंपोज करनेवाला 'चित्रे टाइपसेटर' भी अपने वाहन पर 'प्रेस' लिखने में नहीं हिचकता। हिचकते हैं बड़े अखबारों और संस्थानों से जुड़े वे पत्रकार, जिन्हें अक्सर इस सबकी जरूरत ही नहीं पड़ती।

जरूरत पड़ी है उत्तर प्रदेश सरकार को इस जाँच की कि आखिर 'प्रेस' लिखे इतने वाहन आ कहाँ से गए? इतने तो अखबार भी नहीं हैं। उत्तर प्रदेश के मुरादाबाद मंडल में फर्जी प्रेस वाहनों की गहन पड़ताल का जरूरी काम पुलिस उप महानिरीक्षक ज्ञान सिंह के नेतृत्व में चालू है। श्री सिंह ने बाकायदा एक संवाददाता सम्मेलन करके कहा —"मंडल के रामपुर, मुरादाबाद, बिजनौर और ज्योतिबा फुले नगर जिलों में ऐसे वाहनों की संख्या हजारों में पहुँच गई है, जिन पर 'प्रेस' लिखा रहता है। इनमें सैकड़ों दुपहिया और चार-पहिया वाहन ऐसे हैं, जिनका 'प्रेस' से वास्तव में कोई लेना-देना नहीं है।" उन्होंने एक रणनीति के तहत, दो सप्ताह तक ऐसे वाहनों की पड़ताल का एक अभियान चलाया है, जिसे मंडल के स्थानीय संपादकों का सहयोग प्राप्त है। सिंह इसे 'सफाई अभियान' कह रहे हैं।

इस सफाई से कुछ गंदगी के खत्म होने की उम्मीद तो की ही जा सकती है।

(संझा जनसत्ता, 28 अगस्त, 2000)

❑

आओ रानी, हम ढोएँगे पालकी!

राजमहल का गुंबद देर तक मेरे सपनों को झकझोरता रहा। आसमान अब भी नीला था। अम्माँ की पलकें बंद हो गई थीं, पर किस्सेवाली राजकुमारी अब भी मेरे दिमाग में अटकी थी। उसका दिपदिपाता सिंहासन, उसका रत्नजड़ित स्वर्णमुकुट, तनी हुई भौंहें, चमचमाती तलवार, सिंहासन के आस-पास बिखरे चरणागत लोग, याचक-मुद्राओं का मेला, मेले में खोए सपने, ढुलते चँवर, पुरोहितों का मजमा, मंत्रोच्चार की तेज ध्वनि, इत्रों की फुहार, स्तुतिगानों का कभी न खत्म होनेवाला सिलसिला, नगाड़ों का शोर, जयकारों से फटता आसमान, हर दिशा में बिखरे चारण और भाट, मुचे हुए गुलाब, चाँदी की थाली से आरती उतारती रूपसियाँ, सजे हुए हाथी, लाल कालीन पर गंदे न हो जाने के डर से आहिस्ता-आहिस्ता उतरते राजकुमारी के चरण और हिलती हुई बंदनवारों के बीच जल छलकाते स्वर्ण-कलश!

यह सपनोंवाली राजकुमारी का किस्सा था, जो अम्माँ की बूढ़ी, थकी और अतीत टटोलती उन आँखों में कैद था जो राजतंत्र के मायावी संसार की साक्षी थीं और उसमें कुछ हद तक शामिल भी। वक्त बदला, मिजाज बदला और बदलते मौसम ने ध्वस्त होते राजतंत्र के उस अंतिम अवशेष को भी धो-पोंछ तो दिया, पर न तो किस्से दिमाग से मिट पाते हैं, न ही परंपराएँ अपनी जमीन बदलती हैं। सालो-साल बाद यादों का हुजूम रानी के आस-पास फिर-फिर मिलता है। नए अवतार में रानी फिर मुसकराती है और रानी नाराज न हो जाए इस आतंक में कई जोड़ा आँखें, जिनमें कातरता बसी है—हँसने-मुसकराने की मजबूरी में शामिल हैं।

यह नई रानी के राज्याभिषेक के ठीक 58वें दिन की घटना है। तमिलनाडु की नई महारानी जयललिता को अपने राज्याभिषेक के 57 दिन बाद अचानक अपने उस

विधानसभाई क्षेत्र बारगुर की याद आई, जो कई बार उन्हें गाजे-बाजे के साथ विधानसभा में पहुँचाता रहा है। फरमान जारी हुआ कि महारानी पधार रही हैं और पाया गया आसमान में रोशनी का रंग बदल गया है। मद्रास शहर से केवल तीन किलोमीटर दूर स्थित इस बारगुर क्षेत्र को रातोरात सैनिक छावनी में तब्दील कर दिया गया और अभेद्य सुरक्षा-व्यवस्था में जब एक बारीक छेद को महारानी की आँखों ने देखा या उन्हें दिखाया गया, तो इस लापरवाही की सजा मद्रास के उस पुलिस आयुक्त को मिली, जिसकी कार्यक्षमता पर कभी कोई संदेह की सुई नहीं घूमी थी। पुलिस आयुक्त को मद्रास से दूर खदेड़ दिया गया।

महारानी का काफिला बारगुर की ओर बढ़ा। रोशनी के उस उत्सव में बहुत से अँधेरे शामिल थे। रानी आ रही थीं। पेड़ों को रंगीन लट्टुओं से पाट दिया गया था। घरों को रंगों से पोत दिया गया था। रानी एक सजी-धजी गाड़ी पर सवार थीं और उन पर हर मोड़ पर सिक्कों, गुलाबों और इत्र की बौछार हो रही थी। रानी के पीछे कारों का काफिला था और उस काफिले में एक हजार से ज्यादा कारें शामिल थीं। रानी के इस काफिले ने तीन किलोमीटर की दूरी, पाँच घंटे में तय की और इस पूरे जलसे में एक अनुमान के मुताबिक 60,000 लिटर पेट्रोल खर्च हुआ। रानी की यह यात्रा अपने पीछे सवालों की एक बारीक लकीर खींच गई।

पर आज के तमिलनाडु में ऐसे सवाल इसलिए अप्रासंगिक हैं, क्योंकि जयललिता आज जीते-जी उन सामंती दिनों की याद समारोहपूर्वक दिला रही हैं, जो अब तक अतीत का एक भूला हुआ किस्सा थे। पर आज उस मरे हुए पंख को बहुत शिद्दत से जिलाया जा रहा है और प्रतीक-पुरुष की तरह जयललिता इसमें शामिल हैं। पर किस्सा केवल जयललिता का ही नहीं है। इसमें वे राजनेता भी शामिल हैं, जो संसद् के गलियारे में, सार्वजनिक मंचों पर, उद्घाटनों और सम्मान-समारोहों में तो मूल्याधारित राजनीति की बात करते हैं, पर अपनी जीवन-शैली में मूल्यहीनता के शिकार हैं। वे प्रजा के दुःख-दर्द की बातें भले ही भरी आँखों और भारी गले से करें, पर तार-तार सच यह है कि एक विदेशी कार, एक महँगा होटल, एक वातानुकूलित कमरा और एक उड़नखटोला दुनिया के इस सबसे बड़े लोकतांत्रिक मूल्य के रहनुमाओं की कलई खोलने के लिए काफी है। 'जनता के लिए, जनता द्वारा, जनता का शासन' जैसी सैद्धांतिक बात करनेवाले राजनेता आज भले ही खुद को नैतिकता का प्रथम-पुरुष मानें, पर सच यह है कि उनके वैधानिक घर के पते पर आपको कई अवैधानिक घरों की सूचनाएँ मिल जाएँगी और किसी पाँच-सितारा होटल में जाए बगैर ही आप उनकी ही कोठी के भूमिगत संसार में सितारा-संस्कृति का उपभोग कर सकते हैं।

फिर प्रजा की बात कौन सुने?

यदि प्रजा की चिंता इतनी ही होती तो शायद महामखम का वह हादसा न हो

पाता, जिसमें सरकारी तौर पर 33 और गैरसरकारी तौर पर 55 लोगों की जानें गई थीं। महारानी जयललिता उस दिन कावेरी जल-विवाद पर आयोजित एक जरूरी बैठक में हिस्सा लेने के लिए मद्रास से दिल्ली पहुँचीं। वहाँ उन्होंने बैठक में हिस्सा लिया और बैठक के बाद अपने यान से दिल्ली से सीधी तंजौर पहुँचीं। यह खबर पहले से ही थी कि महारानी दिल्ली से सीधे तंजौर आएँगी। राज-पुरोहितों ने महामखम सरोवर में महारानी के डुबकी लगाने की शुभ घड़ी खोज रखी थी। महारानी अपने ब्लैक कैट कमांडो के साये में सरोवर तक पहुँचीं। उनकी निजी सहायिका ने स्नान के बाद और स्नान के बीच महारानी को क्या करना है, की पूरी सूची अपने हाथ में थाम रखी थी। प्रजा अपनी महारानी को उस पवित्र जल में, उस महा घड़ी में अपने सामने देखने को तरस रही थी। महारानी ने स्नान किया। लाखों की भीड़ के दबाव ने प्रशासन की चुस्त व्यवस्था को ध्वस्त कर दिया और इसके साथ ही ध्वस्त हो गई वह दीवार, जो गिरते-गिरते अपने साथ कई जानें ले गई। साफ तौर पर तो यह कहा गया कि दीवार पुरानी थी, पर सच यह था कि महारानी की सुरक्षा के लिए जो इंतजाम किए गए थे, उनमें वह दीवार भी अभेद्य सुरक्षा का काम कर रही थी। पर जनता के दबाव को वह दीवार बरदाश्त न कर सकी, गिर पड़ी। हाँ, इतना जरूर हुआ कि यह दुर्घटना महारानी की विदाई के बाद घटी। यानी इधर रानी गई, उधर प्रजा पर कहर टूटा!

यह कहर आज के तमिलनाडु का अर्धसत्य नहीं, पूरा सच है।

खुद को 'साक्षात् देवी', 'पराशक्ति', 'झाँसी की रानी' और 'क्रांतिकारी नेता' के तौर पर प्रचारित करनेवाली जयललिता ने 24 जून, 1991 को जब तमिलनाडु की मुख्यमंत्री के तौर पर शपथ ली तो आम जन ने उनको बहुत लकदक विश्वास के संग देखा था। यह विश्वास उस चुनावी घोषणा-पत्र ने भी पुख्ता किया था, जिसे जयललिता ने 18 अप्रैल, 1991 को राजीव गांधी की उपस्थिति में चुनाव की पूर्व संध्या में मेरीना में जारी किया था। इस चुनावी घोषणा-पत्र में साफ-साफ कहा गया था—'यदि मेरी पार्टी सत्ता में आई तो हम भयमुक्त समाज, ईमानदार और भ्रष्टाचारविहीन प्रशासन, सुथरा सरकारी तंत्र और नई सामाजिक व्यवस्था की शुरुआत करेंगे।' औद्योगीकरण को प्राथमिकता की बात घोषणा-पत्र में भी कही गई थी और इसका जिक्र जयललिता अपने चुनावी भाषण में भी करती थीं। चुनावी घोषणा-पत्र पर लोगों ने यकीन किया। जयललिता और उनकी पार्टी बहुमत से जीती, पर यही जीत आज वहाँ की जनता को हार का अंदेशा दे रही है। सारा तंत्र महारानी की मुट्ठी में कैद हो गया है और वे जो जनता को हाथ हिला-हिलाकर आश्वासन देती थीं, आज अपने राजमहल में कैद हैं और सुरक्षा के वास्ते जनता-दर्शन प्रतिबंधित है। आकुल-व्याकुल जनता उनके महल के बाहर उनकी झलक पाने को बेचैन है। पर, महारानी में ऐसी कोई बेचैनी नहीं है। वे प्रातः आठ, साढ़े आठ पर राजमहल के एक कंगूरे से प्रकट होती हैं। रेशमी परदा हिलता है, महारानी का

हाथ भी हिलता है। जनता की कौतुक भरी आँखों में कौतूहल कम, स्तब्धता ज्यादा हावी रहती है। प्रजा महारानी के करीब जाना चाहती है।

52 साल के के.जी. गणेश सात महीने से लापता अपने 16 साल के इकलौते पुत्र की खोज-खबर चाहते हैं। उन्हें यकीन है कि उनकी रानी उनके लापता बेटे को उनके घर तक जरूर पहुँचा देंगी पर उन्हें सुरक्षाकर्मी कई बार धकेल चुके हैं। जयम्मा अपने मृत पति के पेंशन के कागजों को सीने से चिपकाये रानी-दरबार में दो महीने में 12 बार आ चुकी है, पर हर बार वह भीड़ का ही हिस्सा बनकर रह जाती है। अविनाश नायर अपने अंधे पिता और अपाहिज माँ की रोशनी बनना चाहता है। इसी आशा से वह एक फाइल में अपने सारे कागज लिए रानी-महल के पास खड़ा रहता है कि कभी तो रानी उसका दुःख सुनेंगी, उसे नौकरी दिलवाएँगी, पर उसकी दलीलें रानी तो क्या, दरबारियों तक भी नहीं पहुँच पा रहीं। न जाने कितने के.जी. गणेश, जयम्मा और अविनाश अपने कलेजे में उम्मीद की किरणें थामे रोज घर से निकलते हैं और फिर पस्त कदमों के संग वापस घर में ही दाखिल हो जाते हैं। रानी की झलक भर उन्हें राहत देती है।

लेकिन 28, 29 जून को मदुरई में संपन्न हुए दो दिवसीय विजयोत्सव में जयललिता अपनी कौन-सी छवि की झलक दिखाना चाहती थीं—कठोर प्रशासक की छवि, लोकप्रिय मुख्यमंत्री की छवि, दबे-पिसे तमिलों की रहनुमा की छवि या आत्ममुग्धता की शिकार महारानी जयललिता की छवि! प्रत्यक्ष और प्रमाणित तौर पर इस विजयोत्सव में महारानी की छवि ही उभर कर आई।

तारीखें कैलेंडर से जरूर मिट सकती हैं, पर घटनाओं को अपनी आँखों में दर्ज करनेवाले बुजुर्गों की नजरों से नहीं। इतिहास ने बहुत शालीनता से बताया कि ठीक आठ साल पहले जब जयललिता मीनाक्षी देवी का आशीर्वाद लेने मदुरई आईं थीं, तब उनके साथ मुट्ठी भर लोग थे। भीड़ का कोलाहल किसी को कोई तकलीफ नहीं दे रहा था। यह साल 1984 था। चुनावों का मौसम था और वे अपनी पार्टी के चुनाव-अभियान की शुरुआत दैवीय आशीर्वाद से करना चाहती थीं। खास घटना यह थी कि ऑल इंडिया अन्ना द्रविड़ मुनेत्र कषगम (ए.आइ.ए.डी.एम.के) के संस्थापक एम.जी. रामचंद्रन उन दिनों न्यूयॉर्क के एक अस्पताल में अपना इलाज करवा रहे थे और तब चुनाव की बारीक डोर जयललिता के अनुभवहीन हाथों में थी। इस घटना को थोड़ा और आगे ले चलें। यह साल 1986 है। अब एम.जी. रामचंद्रन कुछ-कुछ स्वस्थ हो गए थे और उन्होंने देवी-देवताओं, पूजा-अर्चनाओं, आस्था-विश्वासों के इसी शहर में अपने फैन-क्लब द्वारा एक विराट समारोह आयोजित करवाया था, जिसके बारे में उनके राजनीतिक शत्रुओं का कहना था—'यह एम.जी.आर. का अंतिम अस्त्र है और इससे वे साबित करना चाहते हैं कि वे पार्टी से भी बड़े हैं।'

यह सब हुआ। तब एम.जी.आर. ने जयललिता को इसी समारोह में चाँदी से बना

पार्टी चुनाव-चिह्न भेंट किया था। तमिल जनता ने उस दिन अपने मन में ही यह मान लिया था कि यह एम.जी.आर. द्वारा सार्वजनिक तौर पर अपने उत्तराधिकारी की सांकेतिक घोषणा है। जयललिता ने भी इस बात को जमकर भुनाया था। वजह भी साफ थी, क्योंकि उस वक्त वे पार्टी की प्रोपेगंडा सेक्रेटरी (प्रचार सचिव) थीं। प्रोपेगंडा करना वे खूब जानती थीं, लिहाजा इसका वे फायदा भी ले गईं। इसी समारोह में एम.जी.आर. के विशाल कट्आउट पूरे शहर में लगे थे, जो तब अखबार की सुर्खियाँ बने थे। साथ ही द्रविड़ आंदोलन के पुरोधाओं के जीवन-वृत्त को सामने रखकर प्रदर्शनी भी आयोजित की गई थी, जिससे नई पीढ़ी आंदोलन की पूरी जानकारी रख सके। कहा जाता है कि कल के उस समारोह में जयललिता हाशिए पर थीं, मुख्य दृश्य में नहीं। पर यह उनका पूर्वाभ्यास था, मुख्य दृश्य में आने के लिए।

पर, दृश्य बदला। 1986 में अब छह साल और जोड़ लें। 28, 29 जून की मदुरई जिसने भी देखी, उसकी आँखें खुली ही रह गईं। हिंदू देवी-देवताओं की प्रचलित अवधारणाओं की तरह जयललिता देवी की तरह सजी-सँवरी, अपने 15 लाख से ज्यादा संख्यावाले अनुयायियों के सामने खड़ी थीं। यह उनके राज्याभिषेक के एक साल पूरा होने का विजयोत्सव था और वे सत्ता-रथ की रफ्तार पूरी तरह अपनी देवी-छवि को चमकाने में तेज-तेज कर रही थीं। इस शोभायात्रा की यह महारानी जब थमुक्कम जंक्शन के वातानुकूलित प्लेटफॉर्म पर उतरीं तो जयकारों के शोर से प्लेटफॉर्म की दीवारें काँपने लगीं। सब तरफ भीड़ ही भीड़ थी। सुरक्षाकर्मियों ने एक कुरसी महारानी को खड़ी होकर, आशीर्वचन देने के लिए घेर रखी थी। भीड़ को काटती और राजसी दर्प में मुसकराती महारानी ने, मीनाक्षी मंदिर के नजदीक से भारतीय वायुसेना के एक हवाई जहाज से आमंत्रित भीड़ का हवाई सर्वेक्षण किया और पचास किलोमीटर तक भीड़ से पटी रमानाथपुरम सड़क का दृश्य अपनी आँखों में जज्ब किया।

भीड़ सभास्थल तक कई घंटों बाद पहुंची और तब तक महारानी सभास्थल से सटे आरामगृह में (जो मंच के बगल में बनाया गया था) थकान मिटाती रहीं। इधर, महारानी थकान उतार रही थीं, उधर हाथियों, घोड़ों, बैंडबाजों, तासों, नगाड़ों और सौ से ज्यादा मोटरसाइकिल सवारों से सुसज्जित कारवाँ सभास्थल तक बढ़ा आ रहा था। स्त्री-पुरुष उत्सवी धुन गाते-बजाते नई महारानी के इस विजय-पर्व में शामिल होने के लिए चले आ रहे थे। महारानी जयललिता के एक अनुयायी ने अपने सीने पर त्रिशूल खोंप लिया था, तो एक ने जीभ के सहारे त्रिशूल टिका रखा था। कुछ अनुयायियों ने अपने हाथों पर महारानी के नाम का गोदना गुदवा रखा था, तो हवा में कहीं से उस्ताद वैद्यनाथन का रचा नया राग—'राग जया' बज रहा था। सड़कें जाम थीं और मकानों की छतों-खिड़कियों, यहाँ तक कि पेड़ों तक पर लोग, रानी की मूरत देखने को व्याकुल थे। जगह-जगह रानी के कट्आउट लगे थे और इन कट्आउटों की कुल संख्या 60 से

ज्यादा थी। 1986 में एम.जी.आर. की सभा में कुल कट्आउट 39 थे यानी महारानी अपने छाया-पुरुष से आगे थीं। तब एम.जी.आर. का कोई भी कट्आउट 50 फुट से बड़ा नहीं था, पर महारानी का सबसे बड़ा कट्आउट 150 फुट का था। यह अलग बात है कि एम.जी.आर. स्पोर्ट स्टेडियम में लगा एक विशाल कट्आउट जब भगदड़ में गिरा तो उससे 6 व्यक्ति गंभीर रूप से घायल हो गए। फायर ब्रिगेड के सूत्रों ने घायलों की संख्या 6 बताई थी, पर सूत्र इनकी संख्या 15 बता रहे थे।

और विजयोत्सव जारी था। विजयोत्सव में शामिल होने के लिए 75 लाख खाने की थैलियाँ बांटी गईं जिनमें प्रत्येक में 500 ग्राम खाना था और लगभग इतनी ही पानी की थैलियाँ बाँटी गईं।

मंच पर स्तुति-गानों का दौर जारी था। महारानी को साष्टांग दंडवत करने जैसी कई प्रतिस्पर्धाएँ चल रही थीं। यों मुख्यमंत्री जयललिता के शपथ ग्रहण के बाद शपथ लेनेवाले हर मंत्री ने उनके चरण छू लिए थे, गोया मंत्री के माथे में लोहा और मुख्यमंत्री के पैरों में चुंबक लगी हो। इस चरण-स्पर्श प्रतियोगिता में तब वरिष्ठ राजनेता आर.एम. वीरप्पन, के. राजाराम, एस.डी. सोमसुंदरम, वी.आर. नेडुचेजियन और के.ए. कृष्णास्वामी शामिल नहीं थे। पर विजयोत्सव में कई दूसरे वरिष्ठ मंत्री चरण-स्पर्श समारोह में शामिल हो रहे थे।

मांगलिक ध्वनियों और आतिशबाजी के बीच महारानी जयललिता को 6 फुट ऊँचा, 102 किलोग्राम वजनवाला सिंहासन भेंट किया गया, जिसकी कीमत मोटे तौर पर 13 लाख रुपए आँकी गई है। सिंहासन है, तो मुकुट भी चाहिए, लिहाजा एक स्वर्णमुकुट भी रानी को बाकायदा पहनाया गया। मुकुट पहनकर रानी सिंहासन पर विराजीं, उनकी आरती उतारी गई और मीनाक्षी देवी की छह किलो वजन की एक मूर्ति, जिस पर सोना मढ़ा था, महारानी को भेंट की गई। इसकी कीमत 12 लाख रुपए आँकी गई है।

अनुमान, अंदाज और आक्रोश विजयोत्सव में जरूरी सवाल की तरह हाजिर रहे। अनुमान है कि इस पूरे उत्सव पर 40 करोड़ रुपया खर्चा हुआ और इसकी क्षणिक पूर्ति उन टिकटों से हुई, जिनकी कीमत 10 रुपए थी और ऐसे 50 लाख टिकट बाँटे गए थे। यानी लगभग 5 करोड़ रुपए की आय इन टिकटों से हुई। बाकी पैसा कहाँ से आया? कहा जा रहा है, बाकी पैसा उद्योगपतियों से चंदे के तौर पर वसूला गया और इसके लिए कुछ वरिष्ठ मंत्री जुटे रहे। मद्रास से मदुरई के लिए विशेष गाड़ियाँ चलाई गईं और महारानी जयललिता के विभिन्न मुद्राओं के चित्र हर कोने में बिक्री के लिए उपलब्ध थे। इन चित्रों की बिक्री का आँकड़ा लाखों में है।

शायद यही एक ऐसा उपकरण है, जिसके बूते पर हमारे जननेता खुद को महानायक घोषित करवाने पर तुले हैं। ये जनप्रतिनिधि आज सुख-सुविधाओं की जिस अटारी पर बैठे हैं, वहाँ से उनकी आम जन के प्रतिनिधि की छवि कम, राजसी-दर्प में चमकते

सम्राट् की छवि ज्यादा चमकती है। यही चमक लोकतंत्र की बेरौनक हो रही गलियों की गवाह भी है।

गवाही का आलम यह है कि कल तक जो राजा-महाराजा राजतंत्र के रथ पर सवार थे, उसी प्रजा ने आज भी उन्हें लोकतंत्र के अहाते में ला खड़ा किया है, फिर चाहे राजा अपनी उस प्रजा को महल के अहाते में आने की इजाजत न दें।

नागरिक उड्डयन और पर्यटन मंत्री महाराजा माधवराव सिंधिया का किस्सा कुछ ऐसा ही है। ग्वालियर स्थित उनका 'जयविलास प्रासाद', जिसके रानी महल में महारानी विजयाराजे सिंधिया रहती हैं, दूसरी तरफ माधवराव का निवास है, उनके जनसंपर्क कार्यालय के बगल में बने संगमरमर के गोल अहाते में चिड़िया तक को उड़ने की इजाजत नहीं है। अहाते के नीचे जनता, मंत्री, विधायक, शुभचिंतक खड़े रहते हैं। यदि कभी किसी पत्रकार या किसी कार्यकर्ता ने अहाते में खड़े होने की हिम्मत की तो सुरक्षाकर्मी उसका 'सार्वजनिक अभिनंदन' तक कर सकते हैं, क्या करें महाराज का हुकुम है?

महाराज का एक और हुकुम है—सिर्फ महाराज की कार के अलावा कोई और कार अहाते में न आ पाए। हाँ, वे लोग साँस रोके जरूर कार के आस-पास खड़े रह सकते हैं, जिन्हें महाराज के आते और जाते वक्त 'श्रीमंत महाराज माधवराज की जय' के सामूहिक उद्घोष में शामिल होना होता है। इस जयकारे के साथ बहुत से शरीर आधे ही ऊपर उठ पाते हैं और कुछ महाराज के चरणों के आस-पास लेटे नजर आते हैं। अहाते के ऊपर 'दीवाने खास' तक जाने के लिए सीढ़ियों पर लाल कालीन बिछा है और आदेश है कि जो भी ऊपर आए, नंगे पैर आए!

और श्रीमंत माधवराव सिंधिया चुनाव-प्रचार की सभाओं से लेकर सार्वजनिक अभिनंदन समारोहों तक अपने खूबसूरत लहजे में कहते हैं—'मैं आपका अपना प्रतिनिधि हूँ, आप कभी भी मेरे घर का दरवाजा खटखटा सकते हैं!' कौन-सा दरवाजा? राजमहल के दरवाजे तक बेचारा वोटर पहुँचे तो पहुँचे कैसे? चाँदी की रेलगाड़ी (जो एक जमाने में इस राजमहल के भोजन-कक्ष में खाना पेश करती थी) के दिन तो अब 'जयविलास प्रासाद' में नहीं रहे, पर हाँ श्रीमंत का पसंदीदा रसोइया और उनकी मालिश करनेवाला (खासतौर पर चुनावों के दिनों में, पैरों की मालिश के लिए) अब भी माधवराव की खिदमत में रहते हैं।

इस कथा से महारानी विजयाराजे सिंधिया भी कहाँ अलग हैं। उनके रानी महल का मौसम, माधवराव के महल से कुछ अलग जरूर है, पर वहाँ भी कोर्निश करते लोग हैं। दरवाजे के अंदर दरवाजे, परदों के भीतर परदे—इस महल की खासियत हैं और कानाफूसी में मशगूल भारतीय जनता पार्टी के शीर्षस्थ नेता भी आपको इस महल की चारदीवारी में मिल जाएँगे। चमकते फानूस के नीचे झक्क सफेद साड़ी में लिपटी

राजमाता के आस-पास भी पैर छूनेवालों की कतार रहती है।

एक दौर तो ऐसा भी था जब अपने हेलिकॉप्टर से चुनाव-प्रचार पर जाती राजमाता को देखनेवालों को खदेड़ने के लिए पुलिस को बल की जरूरत पड़ती थी। उड़ते हुए हेलिकॉप्टर की उड़ती हुई धूल को लोग अपने माथे पर लगाते और बुदबुदाते—'हमारी राजमाता हैं, हमने इनका नमक खाया है।' ऐसे दृश्य तब के ग्वालियर के आस-पास की चुनाव-सभाओं में आम थे। कायदे से तो आज राजमाता विजयाराजे और उनकी पुत्री वसुंधराराजे को बतौर सांसद बड़े-बड़े सरकारी आवास मिले हैं, उन्होंने लिए भी हैं, पर जानते हैं वहाँ कौन रहता है? वहाँ राज-दरबारी रहते हैं और राजमाता और वसुंधरा रिंग रोड के किनारे बसी दूर तक फैली अपनी 'सिंधिया विला' में रहती हैं, जिसमें प्रवेश के साथ ही लगता है कि आप किसी दूसरे शहर में आ गए हैं—फानूसों, फव्वारों और झुके हुए लोगों के शहर में; साफ लगता है कि यह शहर दिल्ली तो नहीं है।

और यदि दिल्ली लगे भी तो क्या करें! दुनिया-जहान में खुद को गरीब किसान और अनपढ़ देहाती के तौर पर प्रचारित करनेवाले हमारे भूतपूर्व उपप्रधानमंत्री देवीलाल के वातानुकूलित तबेले का किस्सा तो सब जानते हैं। देवीलाल को उपप्रधानमंत्री के नाते 1, विलिंग्टन क्रींसेंट (राष्ट्रपति भवन का पिछवाड़ा) का बंगला मिला था। (आज वहाँ राष्ट्रपति भवन का संग्रहालय है) इस बंगले के तहखाने के साथवाले हिस्से में उन्होंने अपनी विदेशी नस्लवाली भैंसों के लिए एक वातानुकूलित तबेला बनवा दिया था, जिसमें तीन-तीन टनवाले चार एअरकंडीशनर लगवा दिए थे। इन भैंसों के दाना-पानी की व्यवस्था, उनकी देखभाल पूसा इंस्टीट्यूट के निदेशक के जिम्मे थी। निदेशक यह जिम्मेदारी नहीं निभाते तो क्या करते, क्योंकि मामला उपप्रधानमंत्री, कृषि मंत्री चौधरी देवीलाल से जुड़ा था। यों तो इस बंगले में भारतीय बीज निगम का एक कांउटर भी था, जिस पर किस्म-किस्म के बीज बिकते थे, पर खरीदारों की संख्या नहीं के बराबर थी। इस बंगले के लिए जो फर्नीचर लोक निर्माण विभाग ने खरीदा था, मोटे तौर पर उसकी कीमत 10 लाख रुपए आँकी गई थी। पर जिन देवीलाल को हरियाणा सरकार का सिर्फ विमान किराया 75 लाख रुपया देना हो (कहा तो यही जा रहा है) उनको 10 लाख की क्या चिंता?

चिंता कम-से-कम जन-प्रतिनिधियों को तो है ही नहीं। राज्य सरकार के विमानों का मामला हो या इंडियन एयरलाइंस के विमानों का, इनका 'सदुपयोग' हर राजनेता कर लेता है। 'नई राजनीतिक संस्कृति' का नारा देनेवाली मध्य प्रदेश सरकार और उसके सेनानायक का आलम यह है कि वे भोपाल से दिल्ली तक आएँगे तो राजकीय विमान से, पर दिल्ली आते ही वे आधिकारिक तौर पर अस्वस्थ हो जाएँगे, ट्रेन से वापस जाएँगे सोते हुए। बेचारा विमान आम की डलिया और कुछ जरूरी दवाइयाँ लेता हुआ भोपाल चला जाएगा।

संचार मंत्री राजेश पायलट का हाल यह है कि मंत्री बनने (जून 91) से 2 दिसंबर 91 तक वे 106 घंटे 'हवा' में बिता चुके थे। अब तो ये घंटे पता नहीं कहाँ पहुँच चुके होंगे। कुछ वरिष्ठ मंत्रियों ने संचार मंत्री की हवाई यात्रा की शिकायत प्रधानमंत्री से भी की थी। इन 106 घंटों में विशेष विमान से वे 25 घंटे, 50 मिनट, इंडियन एयरलाइंस के विमानों से 32 घंटे, 50 मिनट, हेलिकॉप्टर से 48 घंटे, 30 मिनट की उड़ान 2 दिसंबर 91 तक भर चुके थे। पंजाब, कश्मीर की यात्राएँ इसमें शामिल नहीं की गई हैं। संचार मंत्री की तो यह अदा बन गई है कि सुबह वे यदि आपको हरियाणा में उद्घाटन करते मिलेंगे तो दोपहर में आप उन्हें दौसा (राजस्थान) में भाषण करते देख सकते हैं। उनके दिल्ली स्थित सरकारी आवास में डिश एंटीना लगा है।

डिश एंटीना अब अभिजात-वर्ग का प्रतीक बन गया है और मंत्री इस प्रतीक का उपभोग न करें, कैसे संभव है? नई दिल्ली नगरपालिका के आँकड़ों पर यदि यकीन करें तो सिर्फ नई दिल्ली क्षेत्र के 106 बंगलों में डिश एंटीना लगे हैं। इस क्षेत्र में ज्यादातर मंत्रियों, सांसदों के आवास हैं। कप्तान सतीश शर्मा के फार्म हाउस और घर में तो रिमोट से कंट्रोल करनेवाला डिश एंटीना लगा है। जब मर्जी आए, आप जहाँ बैठे हों, वहाँ से एम.टी.वी. देख लें, बी.बी.सी. देख लें। पूरा घर वातानुकूलित है। यानी कप्तान इटैलियन टाइलों से आगे पहुँच गए हैं। हाल तो यह है कि जब राजधानी दिल्ली में कार टेलिफोन की सुविधा दी जाने लगी, तो इसमें वे लोग भी कूद कर शामिल हो गए, जिनके राजनीतिक संपर्क काफी व्यापक थे। अनुमान है कि अब तक 350 टेलिफोन मंत्रियों-सांसदों और उनके सहायकों को दिए गए हैं, जबकि 150 टेलिफोन अपने संपर्कों के बूते पर लोगों ने ले लिए हैं। इनमें अमिता मोदी की कार भी शामिल है। एक अंग्रेजी दैनिक के प्रधान संपादक की कार और एक कैबरे हाउस के मालिक की कार भी। दलितों के उत्थान का शोर पूरी ताकत से उठानेवाले रामविलास पासवान का भी विशाल घर है, जिसकी मोटी कीमत 90 लाख रु. है। दलितों के पैरोकार पासवान कांटेसा में चलकर पता नहीं किस सामाजिक बदलाव की वकालत करते हैं?

चुरहट के राजा अर्जुन सिंह के जिस केरवाँ बाँध स्थित घर पर दुनिया भर में हाय-तौबा मची है, इसकी लागत पर अब तक लोग एकमत नहीं हो पाए हैं। और बहुत कम लोग ऐसे हैं जिन्होंने अर्जुन सिंह के इस अति आधुनिक राजमहल को देखा है। सोने की टोंटीवाले नलों की बात कितनी सच है, यह तो नहीं मालूम, पर यह सच है कि उनके भोजन-कक्ष में टेबल के आस-पास जितनी कुर्सियाँ हैं, वे सब 'एंटीक्स' हैं और पुरावेत्ता उनकी कीमत लाखों में आँकते हैं। टेबल के पीछे की संगमरमरी दीवार पर एक स्लेट जड़ी है और स्लेट पर लिखा है—

साईं इतना दीजिए
जा में कुटुंब समाए,

मैं भी भूखा न रहूँ
साधु न भूखा जाए!

और इस राजमहल में सीढ़ियाँ तो हैं, पर सीढ़ियों की रेलिंग पर एक कुरसी रखी है, जो बटन दबाने पर नीचे से ऊपर जाती है और इस कुरसी पर श्रीमती सरोज सिंह का ही अधिकार है।

अधिकारों की सीमा-रेखा तय कौन करेगा? भूतपूर्व प्रधानमंत्री चंद्रशेखर का वातानुकूलित भोंडसी 'आश्रम' हो या आंध्र के पूर्व मुख्यमंत्री रामाराव की वातानुकूलित 'कुटिया', सुविधाओं का ऐसा 'ग्रीन रूम' है, जहाँ सब चेहरे बेपरदा नजर आते हैं।

सादगी की प्रतिमूर्ति और भाजपा में सर्वाधिक स्वीकार्य जननेता अटलबिहारी वाजपेयी की रायसीना रोडवाली सरकारी कोठी के लॉन में बच्चों के खेलने के अधिकतम मूल्यवाले न्यूनतम उपकरण रखे हैं। कल के पर्यटन मंत्री जगदीश टाइटलर ने अपने पैतृक घर की छत पर अतिरिक्त निर्माण कर पूरी मंजिल बनवा ली है। तर्क यह कि सुरक्षा के वास्ते ऐसा किया गया। हो भी सकता है। पर उनका पूरा घर प्रख्यात चित्रकार मकबूल फिदा हुसैन की पेंटिंग्स से सजा है। हर पेंटिंग में घोड़ों की संख्या पाँच से ज्यादा है और कहा जाता है कि हवाई अड्डों को सजाने का जो काम एक जमाने में हुसैन साहब ने किया था, ये पेंटिंग उसी दौर की हैं। सच पता नहीं कौन जानता है, पर इन पेंटिंग्स की कीमत के बारे में संभवत: टाइटलर भी नहीं जानते होंगे। यह आलम उनके पैतृक घर का है। अकबर रोड के सरकारी आवास की बात हम इरादतन छोड़ रहे हैं। पूर्व पर्यावरण मंत्री श्रीमती मेनका गांधी ने अपने घर की छत पर ही एक चिड़ियाघर बनवा रखा है, जिसमें भांति-भांति के पशु-पक्षी व जानवर हैं।

कभी देवीलाल, तो कभी राष्ट्रीय गुर्जर विकास मंच, तो कभी कांग्रेस की छतरी के नीचे खड़े होकर राजनीति करनेवाले धनवान गूजर नेता अवतार सिंह भड़ाना दिल्ली के एक पाँच सितारा होटल में सिर्फ मेल-मुलाकात के लिए स्थायी तौर पर एक कमरा लिए हैं। कभी उन्हें सिक्कों से, तो कभी नोटों से तौला जाता है। कहा तो जाता है कि भड़ाना लाखों की कमाई करनेवाली अपनी अनंगपुर की खदानों को बचाने के लिए ही राजनीति का सुरक्षा कवच ओढ़े हैं।

मध्य प्रदेश के वन राज्यमंत्री अधन सिंह ठाकुर को अपने परिवार की एक शादी में ज्यादा धूमधड़ाका करना भारी पड़ गया, क्योंकि मंत्री बनने के बाद अधन सिंह के रंग-ढंग बदल गए। उन्होंने समाज की परंपराएँ अलग रख दीं तो समाज ने उन्हें बहिष्कृत कर दिया। गोंडवाना समाज की महासभा ने पाँच साल पहले निर्णय दिया था कि समाज की शादी-ब्याह में न तो बैंड बजेगा, न लाउडस्पीकर, पर मंत्रीजी ने परंपराएँ नहीं मानीं। मंत्रीजी कह रहे हैं—'मेरे पास पैसा है तो मैं क्यों न बैंड बजवाऊँ?'

और कुछ-कुछ ऐसा ही तर्क दूसरे राजनेता भी देते हैं। कल के युवक कांग्रेस

अध्यक्ष तारिक अनवर ने निजामुद्दीन में एक तीन मंजिला कोठी खरीदी है, उनका तर्क है कि उन्होंने वसंत कुंज के अपने फ्लैट को बेचकर यह कोठी खरीदी है। सूचनार्थ यह कि इस कोठी की साज-सज्जा पर लाखों खर्च हुआ है और पूरी कोठी में लकड़ी का काम है।

पर सवाल वही हैं जहाँ से हम चले थे। आपस में उलझे इन सवालों के तार साफ तौर पर हमारी सामाजिकता से जुड़े हैं और यही सामाजिकता जन और जन नेता के बीच एक जबरदस्त सीमा-रेखा खींच रही है। अनुत्तरित सवालों के बियाबान में किससे हम उत्तर की चाह रखें, कोई तो बताए?

(धर्मयुग, 16 अगस्त, 1992)

❑

जब गुलाम अली की खनकती आवाज में भारीपन उतरा

उस खनकती आवाज में जरूरत से ज्यादा भारीपन उतर आया था। एक क्षण तो लगा कि यह आवाज गुलाम अली की है ही नहीं। क्षोभ और हताशा में डूबे इस शिखर गजल गायक ने रविवार को सेंटूर जुहू में 'सफायर इंटरटेनमेंट क्लब' द्वारा आयोजित गजल संध्या के वक्त तोड़फोड़-मारपिटाई और अंततः कार्यक्रम न होने पर अपना गहरा दुःख व्यक्त किया।

"यह कैसा लोकतंत्र है? शनिवार को राजधानी दिल्ली में पूर्व राष्ट्रपति शंकरदयाल शर्मा एक भव्य समारोह में मुझे सम्मानित करते हैं। उन फूलों की गंध अब तक मेरे आस-पास है। दूसरे दिन औद्योगिक राजधानी मुंबई में कुछ शिवसैनिक मेरे साजिंदों और संयोजकों के साथ दुर्व्यवहार करते हैं। विरोध का यह तरीका मेरी समझ में नहीं आता।" गुलाम अली ने कहा।

कुछ क्षण के सन्नाटे के बाद गजल गायिकी के मिथ बने इस गायक ने एकदम तड़पकर कहा—"हम तो सुर की दुनिया के लोग हैं। हमें राजनीति नहीं आती। हम कलाकार हैं और मैं मानता हूँ कि कलाकार किसी भी देश का हो, वहाँ कोई विभेदक-रेखा नहीं होनी चाहिए। हम लोग ही हैं, जो संस्कृति के वाहक हैं और देशों को जोड़ने का काम करते हैं। फिर मेरे साथ ऐसा बर्ताव क्यों?" हादसे का जिक्र करते हुए उन्होंने कहा—"यह तो खुदा का शुक्र और होटल प्रबंधन की चतुरता का नतीजा था कि मैं अपने कमरे में सुरक्षित रहा, वरना जो व्यवहार संयोजकों के साथ हुआ, वह सबकुछ मेरे साथ भी हो सकता था।" कुछ सवालों के जवाब गुलाम अली इरादतन टाल गए। पिछले दिनों होली से एक दिन पहले इसी महानगर में गुलाम अली और अताउल्ला

खान का कार्यक्रम आयोजित किया गया था, तब किसी प्रकार का कहीं कोई विरोध शिवसेना ने नहीं किया था। आज जब यह तर्क दिया जा रहा है कि पाकिस्तानी गायक को नहीं गाने दिया जाएगा, तब इस प्रतिबंध को क्यों नहीं माना गया। उस कार्यक्रम का सीधा प्रसारण भी किया गया था। गुलाम अली इस मुद्दे पर चुप रहे। हाँ, उन्होंने यह जरूर कहा—''जहाँ तक कलाकारों को खाँचों में बाँटने की बात है तो भारत के दिग्गज अभिनेता दिलीप कुमार को पाकिस्तान सरकार 'निशान-ए-इम्तियाज' सम्मान देती है, क्या पाकिस्तान में उस कद का कोई अभिनेता नहीं है? ऐसा तो नहीं है। कलाकार सिर्फ कलाकार होता है, उसे बेवजह की राजनीति से जोड़ना फिजूल है।''

अंत में उन्होंने कहा ''जहाँ तलक भी सहरा दिखाई देता है, मेरी तरह ही अकेला दिखाई देता है।'' अपने मन और दिल्ली में एक अनाम-सा दर्द लिए स्वरों के इस जादूगर ने दोपहर को मुंबई से विदा ले ली।

(कुबेर टाइम्स, 28 अप्रैल, 1998)

❑

इन भावुक रिश्तों में ये सियासत कैसे?

शिवसेना के मुखपत्र 'दोपहर का सामना' ने 28 अप्रैल के अंक में अपने संपादकीय में लिखा है—"शिवसेना की स्पष्ट नीति है कि जब तक पाकिस्तान हिंदुस्तान के प्रति अपना रवैया सुधारता नहीं है, तब तक पाकिस्तानियों को हम बर्दाश्त नहीं करेंगे। गुलाम अली कितने भी बड़े और प्रतिभाशाली गजल गायक हों, सच यह है कि वे पाकिस्तानी हैं।" अखबार आगे लिखता है "गुलाम अली या उनके चाहनेवाले हमें कला-प्रेम सिखलाएँ और पाकिस्तान हमारे खिलाफ नफरत का जहर फैलाए, ये दोनों बातें एक साथ नहीं हो सकतीं। वह जमाना गया जब नफरत का जवाब प्रेम से दिया जाता था।"

नफरत और प्रेम की शाश्वत बहस का सहारा लेकर 'दोपहर का सामना' जाहिर है अपना पक्ष मजबूती से रखना चाहता है, पर ऐसे तथ्य और तर्क उस क्षण बेमानी हो जाते हैं जब हम राष्ट्र, राष्ट्रप्रेम और राष्ट्रवाद की बहस के बीच गुलाम अली की मीठी आवाज को ढाल बना देते हैं वह भी बेवजह। तर्क दिया जा सकता है और 'दोपहर का सामना' ने लिखा भी है कि "क्या हिंदुस्तान के सारे गजल गायक मर गए? गजल से इतनी ही मुहब्बत है तो जगजीत सिंह, पंकज उधास को बुला लेते?" यह हो सकता था पर आवाज हवा, पानी और सुर को आप देशों में कैसे बाँटेंगे?

कुछ साल पहले पाकिस्तान के मशहूर शायर कतील शिफाई मुंबई आए थे और उन्होंने एक निजी बैठक में मुझसे कहा था, "क्या सियासत मीठी नदी को अलग कर सकती है? क्या पानी का रंग पाकिस्तान और भारत में अलग-अलग होता है? नृत्य और सुर के बुनियादी ढाँचे को क्या आप बदल सकते हैं?" कतील शिफाई के ये तर्क अकाट्य थे, हैं और रहेंगे। जहाँ तक जगजीत सिंह और पंकज उधास की बात है तो यह धुआँता सच है कि जगजीत सिंह, पंकज उधास, राजकुमार रिजवी, मधु रानी, तलत अजीज, राजेंद्र-नीना मेहता जैसे तमाम गजल गायकों के होंठों पर फैज अहमद फैज, अहमद फराज, परवीन शाकिर, कतील शिफाई, फहमीदा रियाज, सारा शगुफ्ता, अहमद नदीम कासमी जैसे पाकिस्तानी शायरों के शेर रोज-दर-रोज थिरकते हैं। क्या अब यह भी आदेश दिया जाएगा कि कोई भी भारतीय गजल गायक पाकिस्तानी शायर को नहीं

गाएगा? क्या मेहंदी हसन, गुलाम अली, फरीदा खानम, इकबाल बानो, परवेज मेहंदी, मुन्नी बेगम, नूरजहाँ, मलिका पुखराज और आबिदा परवीन जैसी पाकिस्तान की सितारा गजल गायिकाएँ भारतीय शायरों को नहीं गातीं? नूरजहाँ का विश्व प्रसिद्ध गीत, 'जहाँ वो हों वहीं ऐ चाँद, ले जा चाँदनी अपनी' भारतीय शायर शेरी भोपाली का लिखा हुआ है। पाकिस्तान की सूफी गायिका आबिदा परवीन ने जितना मीरा, कबीर और अमीर खुसरो को गाया है, उतना शायद ही किसी भारतीय गजल गायक ने गाया हो। यही नहीं, भारतीय गजल गायिकी के शिखर पुरुष जगजीत सिंह की सर्वाधिक लोकप्रिय गजल 'कल चौदहवीं का चाँद था' और 'मैं तुझे गुनगुनाना चाहता हूँ' इब्ने इंशा और कतील शिफाई की लिखी हुई हैं और उन दोनों का मुल्क पाकिस्तान है। यही नहीं, आशा भोंसले ने अपनी एलबम 'मिराज ए गजल' में गुलाम अली के साथ सागर सिद्धिकी, नासिर काजिमी, अहमद नदीम कासमी को गाया है। ये सभी पाकिस्तान के दिग्गज शायर हैं।

साक्ष्यों की इस रोशनी में और क्या मिलेगा? सियासी दाँवपेंच राग-रागिनियाँ और सरगम को अलग नहीं कर सकते—यह सेना के वरिष्ठतम नायक भी जानते होंगे। और यह बयान भी सर्वविदित है जो स्वर-कोकिला लता मंगेशकर ने दिया था कि "पाकिस्तान में एक ऐसा गायक है, जिसके कंठ में भगवान् का निवास है और उसका नाम मेहंदी हसन है।" ये रिश्ते, ये स्वीकार्य और इस भावुकता के बीच में कहाँ, क्यों और कैसे सियासत आ जाती है? तथ्य यह भी है कि पाकिस्तान में कला, संस्कृति के उपासक अपने घरों की दीवारों पर मन्ना डे, लता और जगजीत की तसवीरें टाँगते हैं। वहाँ की उन दुकानों पर मोहम्मद रफी, लता और राजकुमार रिजवी की ताजा कैसेट मिल जाएँगी। भारत में यदि फैज और अहमद फराज लोकप्रिय हैं तो पाकिस्तान में गालिब, फिराक और मीर भी हर होंठ पर जमे बैठें हैं।

सच तो यह है कि माइकल जैक्सन को स्वीकार करने, उसके तकिए और शीशे को नीलाम करने और उसे सहर्ष खरीदनेवाली संस्कृति के पोषक दोहरे मानदंड अपना रहे हैं। वहाँ नीति-निर्धारण की कोई सीमा-रेखा नहीं है—जबकि होनी चाहिए। उन्हें अताउल्ला खान स्वीकार हैं, उन्हें 'जुनून' समूह के वे पाकिस्तानी गायक स्वीकार हैं जो 'संय्योनी' जैसे गाने गाकर तात्कालिक शोहरत बटोर लेते हैं। वहाँ उन्हें कला के नाम पर धंधा नजर नहीं आता। यह नजरिया मुट्ठी भर गायकों के साथ ही क्यों? गुलाम अली फिर मई में आएँगे। उनका उखड़ा मन और उजड़ा मंच क्या फिर सज पाएगा—यह हाल-फिलहाल नहीं कहा जा सकता, पर इतना तो जरूर कहा जा सकता है कि जन आकांक्षा को, जनता की पसंद को राजनीति के एक ही पैमाने से नहीं मापा जा सकता। शिवसेना को देर-सवेर एक ऐसी नीति बनानी होगी जो सबको एक ही सीमा-रेखा पर ला कर खड़ा करे वरना सवाल उठते रहेंगे और जवाब नदारद रहेंगे।

(कुबेर टाइम्स, 1 मई, 1998)

❑

…उठो मेरे उत्तर

नीले रंग का वह अंतर्देशीय बहुत दिनों तक दफ्तर में ही पड़ा रहा। छुट्टियों से लौटने के बाद जब दफ्तर आया तो बहुत सी चिट्ठियों में वह अंतर्देशीय भी था। पीछे पता था—

भानुप्रकाश भार्गव 'आशु कवि'
ग्राम : रन्नौद
परगना : कोलारस
जिला : शिवपुरी (मध्य प्रदेश)

अरसे बाद मामा की चिट्‌ठी मिली। चिट्‌ठी में लिखा था—'…बहुत दिनों से तुम ग्वालियर ही नहीं आए और जब ग्वालियर ही नहीं आए तो गाँव की बात कैसे कहूँ। यदि आज तुम गाँव आओ तो मुझे बहुत अच्छा लगेगा। आँखें अब साथ नहीं देती हैं, शाम को टेकरी तक टहलने भी नहीं जाता। बस, हवेली के उस बड़े बरामदे में चक्कर लगा लेता हूँ और गुनगुनाता रहता हूँ 'अंधा युग' की वे पंक्तियाँ—

इस सूने गलियारे में, पहरा दे-देकर
ऊब चुके हैं हम, टूट चुके हैं हम।'

चिट्‌ठी बंद कर दी, पर बंद कहाँ हो पाई अतीत की वे खिड़कियाँ, जिनमें टुकड़ा-टुकड़ा कैद थे मामा। अपने हवेलीनुमा उस घर पर गुमान-सा करने वाले मामा को सबकुछ विरासत में मिला था, कविता को छोड़कर। वे खुद को 'आशु कवि' मानते और उनकी कविताएँ राजमाता विजयाराजे सिंधिया के विवाह से चलकर माधवराव सिंधिया के विवाह तक आती हैं। वे बहुत शिद्‌दत से उन कविताओं को सुनाया करते और आत्ममुग्ध होकर बताते कि कैसे वे राजमहल पहुँचे, कैसे उनका सत्कार हुआ और यह कि उनकी किस कविता की किस पंक्ति पर राजमाता की भाव-मुद्रा क्या थी। उम्र के अंतिम छोर पर खड़े मामा आज भी उस व्यामोह से उबर पाए हैं कि नहीं, मैं नहीं

जानता। मैं यह भी नहीं जानता कि बड़े बरामदे के उन मोटे खंभों के पास उतरती धूप के वक्त मामा आज भी आँख बंद कर 'कनुप्रिया' को अपने भरे गले से गाते हैं कि नहीं, पर इतना याद है कि जब गरमियों की छुट्टी में हम लोग ग्वालियर से ग्राम-रन्नौद, परगना-कोलारस, जिला-शिवपुरी जाया करते थे तो मामा अक्सर गाया करते थे—

तुम मेरे हो कौन कनु
मैं तो आज तक नहीं जान पाई
बार-बार मुझसे मेरे मन ने आग्रह से,
विस्मय से, तन्मयता से पूछा है—
'यह कनु मेरा कौन है' बूझ तो।

और हम गुमसुम से मामा को देखते।

उस दिन भी ऐसा ही हुआ। पिता की पहली बरसी पर हम सब भाई गाँव पहुँचे थे। पिता की मौत गाँव में हुई थी और उन्हें चार लड़कों में से किसी का भी कंधा नहीं मिला था। गाँव से जब तक खबर शहर आई और बड़े भाई साहब, मझले भाई साहब, अन्नी गाँव पहुँचे तो चिता की अंतिम लकड़ी तक जल चुकी थी। अम्मा बेहोश हो गई थीं, इसलिए अंतिम संस्कार जल्दी कर दिया। बरसी में सब भाई गाँव पहुँचे। मैं मुंबई आ चुका था। डॉ. धर्मवीर भारती मेरे संपादक थे और मुंबई आने के बाद पहली बार मैं दस दिन की छुट्टी पर गया था।

इस दिन मामा अपने होंठों पर एक सवाल लिए घूमते रहे। वे बार-बार कहते "तुझसे बहुत जरूरी बातें करनी हैं।" और तीसरे दिन जब बात हुई तो मुझे वे ही पुराने, खंभों के पास झक्क सफेद धोती-बनियान में जकड़े माथे पर 'श्री' लगाए मामा मिले। वे खाना खाने वाले थे और पूछ रहे थे—"तू डॉक्टर भारती के संग काम करता है, अब उनकी उमर क्या होगी, क्या वे अब भी उतने ही सुंदर लगते हैं जितने जवानी में दिखते थे, उनके बाल अब भी घुँघराले हैं? उनके कितने मकान हैं? उनके पास कार तो होगी ही?"

मैं चुपचाप रहा। मामा बोलते रहे और फिर अचानक वे गा उठे—

बार-बार मुझसे मेरी सखियों ने
व्यंग्य से, कटाक्ष से, कुटिल संकेत से पूछा है—
'कनु तेरा कौन है री, बोलती क्यों नहीं?'
बार-बार मुझसे मेरे गुरुजनों ने
कठोरता से, अप्रसन्नता से, रोष से पूछा है—
'यह कान्ह आखिर तेरा है कौन?'

थाली आ चुकी थी। काँसे की थाली में रखी उड़द की दाल ठंडी हो चुकी थी पर मामा 'कनुप्रिया' से ऊपर नहीं आ रहे थे।

जितने दिन मैं गाँव रहा, मामा के जिज्ञासाभरे सवाल, जो सब भारतीजी से जुड़े थे, सुनता रहा और सोचता रहा कई-कई वर्षों से, रोज-रोज बिला नागा भारतीजी को याद करनेवाले मामा को भारतीजी कभी नहीं जान पाएँगे।

वे उस प्रेमनारायण को भी कहाँ जान पाएँगे जो सन् 74-75 में मेरे साथ छात्रावास में रहता था और किताबों से ऊपर का सपना उसने कभी नहीं पाला था। पर अचानक अपनी मौसी की लड़की से प्रेम कर बैठा और प्रेमनारायण गुप्ता से प्रेमनारायण 'प्रेम' हो गया। उन दिनों छात्रावास के हर लड़के के कमरे में वह जाता। अपने टूटते प्रेम को सपनीली आँखों में याद करता और बर्राया हुआ-सा बोलता—'चंदर को जानते हो? सुधा को जानते हो?'

लोग चौंक जाते और पूछते—'कौन चंदर, कौन सुधा'?

तब प्रेमनारायण 'प्रेम' भीगे मन से 'गुनाहों का देवता' निकालता और सुधा का कोई संवाद सुनाने लगता। कभी कहता—'सुधा बाँस की टहनी की तरह लहरा कर बोलती है' तो कभी कहता—'पुरवाई के अल्हड़ और विद्रोही झोंकों-सी सुधा', कभी महिलाओं की आवाज में कहता—'ऐसे स्वार्थी हैं कि बस, चाय पी ली, नान खटाई खा ली, रुला लिया, फिर अपने में मस्त साइकिल पर घूम रहे हैं'। संवाद के पहले और बाद में वह कहता सुधा, चंदर से कहती है पर मुझे लगता है पूनम, मुझसे कह रही है।

एक दिन तो प्रेमनारायण 'प्रेम' ने कमाल ही कर दिया, जब वह रुआँसा-सा गा रहा था—

'तुम कितनी सुंदर लगती हो
जब तुम हो जाती हो उदास।'

पहले तो उसने भारतीजी की इस कविता को अपना बना दिया था, फिर बाद में बोला—मेरी दूसरी कविता है। यह तो 'गुनाहों के देवता' वाले लेखक की है।

प्रेमनारायण 'प्रेम' का बाद के दिनों में क्या हुआ, पता नहीं, पर उन दिनों के ग्वालियर की एकमात्र साहित्य बेचनेवाली दुकान 'साहित्य सेवा' पर छात्रावास के बहुत लड़के देखे जाते थे। कॉमरेड काशीनाथ गुप्ता की इस दुकान की खासियत यह थी कि वहाँ हनुमानजी की एक बड़ी तसवीर टंगी रहती थी और काशीनाथजी की पत्नी को देवी आती थी। 'गुनाहों का देवता' हाथ में थामे मेरे कॉलेज के बहुत से चंदर, अपनी-अपनी सुधाओं के बारे में काशीनाथजी की पत्नी से पूछा करते थे।

पूछा तो बहुत कुछ जाता है और न जाने क्यों यह पूछताछ भारतीजी को लेकर कुछ ज्यादा ही होती है। किस्सों और घटनाओं का एक ऐसा अनवरत सिलसिला है, जो भारतीजी से चलकर उनके ही आस-पास थम जाता है। किस्से, जो आज किंवदंती की शक्ल ले चुके हैं। ये किस्से तब से जारी हैं जब से मैं पत्रकारिता के अक्षर-ज्ञान से नावाकिफ था, ये किस्से आज भी जारी हैं, जब मैं भारतीजी की 'धर्मयुग' में आखिरी

नियुक्तिवाला उपसंपादक रहा हूँ।

किस्सों में दर्ज है वह चेहरा जो बहुत आक्रामक, अरुचिकर और अनचाहा है। इस चेहरे को कभी आतंक-पुरुष कहा गया, तो कभी परपीड़क। कभी इस चेहरे को मानवीय सहानुभूति से दूर खड़ा व्यक्ति बताया गया, तो कभी उस आत्ममुग्ध तानाशाह से जोड़ा गया जो अपनी हर अदा पर बेवजह फिदा रहता है।

सुना गया रवींद्र कालिया 'धर्मयुग' में नौकरी करते वक्त इतने आक्रांत रहते थे कि टेबल से टकरा जाने पर भी 'सॉरी' बोलते थे। सुना गया कि रघुवीर सहाय जब भारतीजी से मिलने 'धर्मयुग' आए तो उन्हें इरादतन बाहर के सोफे पर इंतजार करवाया गया। सुना गया भारतीजी के घर रुकनेवाले अशोक वाजपेयी की बाद के दिनों में भारतीजी से इस कदर चल गई कि मामला 'छाया तक से नफरत' तक पहुँच गया और इसकी वजह अशोक वाजपेयी द्वारा कही कोई निजी टिप्पणी बताई गई, जबकि अशोक वाजपेयी अपने शुरुआती दिनों में 'धर्मयुग' के नियमित लेखक थे। सुना गया सुरेंद्र प्रताप सिंह और उदयन शर्मा, भारतीजी के आतंक से त्रस्त होकर एक दिन बुशर्ट उतारकर बनियान पहने देर तक अपनी सीटों पर बैठे रहे और जब बात विद्युत-गति से भारतीजी तक पहुँची तो सुरेंद्र प्रताप सिंह और उदयन शर्मा को बुलाया गया और उन्होंने 'एसी' बंद होने का कारण बताया—जबकि कहते हैं, एसी उस वक्त चालू था। सुना गया आलोक मेहरोत्रा को साल में एक बार 'नर्वस ब्रेक डाउन' का दौरा पड़ता था और 'धर्मयुग' छोड़ने के बाद वे इस रोग से मुक्त हैं। सुना गया कैलाश सेंगर अपनी दराज में बहुत दिनों तक (जब तक वह 'धर्मयुग' में था) वह निमंत्रण पत्र, जिसमें गणेशजी का स्टिकर था, रखे रहता था और भारतीजी के हर बुलावे पर वह दराज खोलता, मिट चुके गणेश के स्टिकर को प्रणाम करता और अंदर जाता। सुना गया युगांक धीर की बाँह पकड़कर भारतीजी उसे चौथे माले से तीसरे माले स्थित 'पर्सनल डिपार्टमेंट' तक ले गए थे, क्योंकि वह कुतर्कों पर उतर आया था। सुना गया ओम प्रकाश सिंह को एक दिन में 33 बार भारतीजी ने अपने केबिन में बुला लिया था और इनमें चार बार वे बुलाने की वजह भूल गए थे।

…और सुना गया भारतीजी को अपना आदर्श माननेवाली सुमन सरीन केबिन में जाती तो हँसती हुई थी, पर लौटते वक्त उसके आँसू झर रहे होते थे, उसे डाँट दर डाँट पड़ती रहती थी।

इतनी छवियों और छायाओं के बीच अकेले खड़े थे भारतीजी। चश्मे के पार से झाँकते, अपने अंदाज में बतियाते। जिस शख्स के आस-पास इतनी हवाएँ बहती हों, उसके सामने पड़ते ही क्या होता होगा, कल्पनातीत था।

पर, जब पहली बार मैं भारतीजी से मिला तो राजधानी दिल्ली पर ठंड का हमला जारी था। वह 31 दिसंबर, 85 की शाम थी। सुरिंदर सिंह और पद्मा सचदेव के 'मितवा

घर' में दरवाजे पर मैं आलोक तोमर के साथ था।

भारतीजी काले विंडचीटर में कमरे के एकदम कोने में बैठे थे, सामने थीं पुष्पाजी और आस-पास थे बिशन टंडन, कन्हैयालाल नंदन, जसदेव सिंह, अलबेल सिंह ग्रेवाल, चित्रा मुद्‌गल, अवधनारायण मुद्‌गल, सुनीता बुद्धिराजा, सुरेंद्र तिवारी और भी बहुत। सुरिंदर सिंह ने परिचय कराया और डॉक्टर भारती ने कहा—"कई लोगों से तुम्हारे बारे में सुना, क्या 'धर्मयुग' में नौकरी करोगे?"

ठंड के बावजूद मुझ में गरमी उतर आई थी। रात घर लौटा भारतीजी से मिलने की खुशी समेटे और दूसरे दिन सुबह फिर भारतीजी से मिलने की उत्तेजना को थामे।

धूप का टुकड़ा भारतीजी के पैरों के पास था और उनके पास ही बैठी थीं गुलाबी साड़ी में पुष्पाजी।

"हम 'धर्मयुग' में नई नियुक्ति वालों को सिर्फ एक हजार रुपया देते हैं, उसमें किराया और अन्य खर्च चलने मुश्किल हो जाते हैं। अभी अभिलाष अवस्थी और राजकुमार सिंह को रखा है। कैलाश सेंगर और सुमन सरीन को भी बहुत पैसा नहीं मिलता, पर वे स्थानीय कवि सम्मेलनों, गोष्ठियों से कुछ पा जाते हैं। फिर आप देख लीजिए और कल शाम फिक्की आडिटोरियम के कार्यक्रम में आएँ तो बता दें।" इसके बाद घर, परिवार, लेखन और दिल्ली प्रेस की कई बातें बहुत खुले-खुले तौर पर हुईं।

उस शाम फिक्की में मिला। मिलते ही भारतीजी ने पूछा—"क्या तय किया भैया।"

"मैं 'धर्मयुग' में नौकरी करना चाहूँगा—हर स्थिति में।" मैंने एक साँस में कहा।

"...और हम पूरी कोशिश करेंगे।" मेरे कंधों पर हाथ रखते हुए भारतीजी ने कहा। वह स्पर्श देर तक मेरे भीतर बजता रहा।

उसके बाद एक साल का फासला है। लिखित परीक्षा है, दिल्ली के तीन और मुंबई के दो इंटरव्यू हैं, भारतीजी से मुंबई अस्पताल में मिलना है, दिल्ली वापस लौट जाना है, विवाह का हो जाना और फिर विधिवत मुंबई 'धर्मयुग' में आ जाना है।

घंटी बजती, शशि आता। उसका आना, बंद दरवाजे के बाहर खड़े होकर संपादकीय विभाग को निहारना, कुछ क्षण का कौतुक जगाता था। उसकी उँगली आगे आती, फिर वह झुकता और धीरे से बोलता—"साहब ने आपको याद किया है।" कभी-कभी वह व्यक्ति को सीट पर न देखकर शौचालय तक चला जाता और वहाँ खबर दे देता—"साहब बहुत देर से याद कर रहे हैं।"

घंटी बजी। शशि आया।

मैं भारतीजी के सामने बैठा था। पहले दिन, सुबह-सुबह पौने दस के आस-पास। अजनबी शहर में अकेला।

"कैसे हो? कहाँ रुके हो? दिल्ली छोड़ना कैसा लगा? परिवार कहाँ है? बहू

को कहाँ छोड़कर आए?' जब मैं उठने लगा, भारतीजी बोले—"कौन-सा कॉलम देखना चाहोगे, सरलजी से बात कर लो। यह तुम्हें नया शहर जरूर लगेगा, पर अजनबी नहीं। जब कोई दिक्कत हो, अपना समझकर बता देना।" यह भारतीजी ही थे। वे ही भारतीजी, जिनके आस-पास किस्सों की धुंध ही धुंध रहती थी। मैं शायद धुंध के पार खड़ा था। उसके बाद वही आत्मीयता में भीगा संबोधन—"कैसे हो भैया, कभी घर आओ। तुम तो सिर्फ एक बार ही घर आए हो अक्षरा के जन्मदिन का बुलावा देने। अब कभी आओ।"

और अक्षरा का जन्मदिन हो या 'हिंदी पत्रकार संघ' का कोई कार्यक्रम, भारतीजी आए हैं—अपनी बीमारी के चलते भी।

शायद यही वजह है कि दूरदराज गाँव में बैठे मेरे ससुर, जो एक बार भारतीजी से मिले थे, जब भी मुझसे मिलते तो पूछते—'क्या भारतीजी अब भी सिगार पीते हैं।' या भोपाल के वे प्रगतिशील मित्र जो 'धर्मयुग' में छपने की गुप्त मंशा के बावजूद पूछते—'क्या फूल के साथ छायावादी गीत अब तक 'धर्मयुग' में छपते हैं।' या वे लोग जो खुद को भारतीजी का कट्टर विरोधी कहकर प्रचार करते रहे, पूछते हैं—'अब तो बहुत अकेले हो गए होंगे भारतीजी। यह एकांत उनका अपना बनाया हुआ है।'

मैं सब चुपचाप सुनता हूँ और लगातार मेरे भीतर बजती है खंभों पर टिके मामा की आवाज—

उठो मेरे उत्तर,
और पट बंद कर दो
और कह दो इस समुद्र से
कि इसकी उत्ताल लहरें द्वार से
टकराकर लौट जाएँ
और कह दो दिशाओं से
कि वे हमारे कसाव में आज घुल जाएँ।

(डॉ. भारती के जन्मदिन पर, 'सबरंग', 25 दिसंबर, 1994)

❑

राज बब्बर के बहाने

पिछले एक साल से मुंबई की हवाओं में यह सवाल घुला है—क्या अभिनेता, सांसद राज बब्बर राजनीति से संन्यास ले रहे हैं? क्या समाजवादी पार्टी से उनका मोहभंग हो गया है? क्या पार्टी के मुखिया मुलायम सिंह यादव की लगातार उपेक्षा से राज बब्बर आहत हैं? क्या पार्टी के केंद्रीय चरित्र अमर सिंह, राज बब्बर को किनारे लगाने के लिए प्राण-पण से जुटे हैं और यह भी कि महाराष्ट्र में समाजवादी पार्टी के तेजी से गिरते सूचकांक के पीछे खल भूमिका कौन निभा रहा है?

कहा जा रहा है कि फिल्मकार राजकुमार कोहली के जन्मदिन पर आयोजित एक पार्टी में राज बब्बर ने राजनीति से संन्यास लेने की बात कही। एक सांध्य दैनिक और एक ट्रेड पत्रिका ने यह खबर छापी। यह भी छपा कि यह सांसद आज अपनी पार्टी में घुटन महसूस कर रहा है और यह भी कि शायद अपनी उपेक्षा से आहत राज बब्बर ने मुलायम सिंह यादव पर दबाव बनाए रखने के लिए यह नाटक किया हो। यदि उनका सचमुच में समाजवादी पार्टी से मोहभंग हो गया है, तो वे खुलकर संन्यास की बात क्यों नहीं करते? इसके आगे और इसके पीछे कहीं और कोई खबर नहीं छपी। राज बब्बर इस पूरे प्रसंग पर चुप हैं। उनके घर पर घंटियाँ बजती रहती हैं, कोई फोन नहीं उठाता और उनका मोबाइल बंद है—यह सब भी छपा।

राज बब्बर बिलकुल चुप नहीं हैं। चुप रह जाना उनकी फितरत भी नहीं है। इस स्तंभ-लेखक से उन्होंने कहा—"मैंने उस पार्टी में यह कहा था कि आज भी दर्शक मुझे अभिनेता के तौर पर पसंद करते हैं। लिहाजा, मैं अपना 'क्वालिटी टाइम' अभिनय में ही बिताना चाहता हूँ। जहाँ तक राजनीति का मामला है, तो मैं खुद को अपने संसदीय क्षेत्र आगरा तक ही सीमित रखना चाहता हूँ।"

चाहत और नफरत का यह संधि-स्थल किसको क्या अर्थ दे गया, हमें नहीं मालूम। हम तो सिर्फ यह जानते हैं कि महाराष्ट्र में समाजवादी पार्टी के उत्थान और मुंबई नगरपालिका व विधानसभा में उसकी सक्रिय हिस्सेदारी, उस दौर के निशान हैं, जब राज बब्बर महाराष्ट्र इकाई के संयोजक हुआ करते थे। इतिहास को याद रखने वाले यह भी जानते होंगे कि घुटुअल चलती इस पार्टी को 'आंदोलन' बनाने का पूरा श्रेय राज बब्बर को जाता है। जिन दिनों अबू आसिम आजमी 'टाडा' के आंतक से मुक्त नहीं हो पाए थे और नवाब मालिक कांग्रेस के बियाबान में खुद को असुरक्षित पा रहे थे, तब इनके राजनीतिक पुनर्वास का जरूरी काम राज बब्बर ने किया था। आज दोनों समाजवादी पार्टी के ध्रुव हैं। पर, यहाँ हमें समाजवादी पार्टी के आंतरिक संसार की कोई चर्चा ही नहीं करनी है—क्योंकि यह न तो हमारी नीयत है, न जरूरत।

हमारे सवाल राज बब्बर के बहाने उठते हैं। ये सवाल पूछते हैं कि आखिर एक अभिनेता को एक राजनीतिक पार्टी पहले क्यों स्वीकारती है और फिर क्यों उसे हाशिए पर फेंकना चाहती है। भीड़ खींचने के लिए अभिनेता जरूरी हो जाता है, उसके संवाद जनता को लुभाते हैं, पार्टी का भला करते हैं—पर बाद में अभिनेता को सिर्फ कुंठा के क्या मिलता है? स्व. हेमवतीनंदन बहुगुणा को इलाहाबाद के चुनाव में बुरी तरह हरानेवाले अमिताभ बच्चन का बाद के दिनों में कांग्रेसी-राजनीति में क्या हश्र हुआ, किसी से नहीं छुपा। 'रू-ब-रू' के एक कार्यक्रम में अमिताभ ने राजीव शुक्ल से कहा था—"मुझे राजनीति आती ही नहीं है," यही नहीं, बड़बोले शत्रुघ्न सिन्हा जब लोकसभा चुनाव नहीं जीत पाए तो बहुत हीलहुज्जत के बाद उन्हें राज्यसभा में भेजा गया। मंत्री पद तो न जाने कितनी बार उनको छूकर निकल गया है। उनका दु:ख अब फूटने लगा है। पिछले मंत्रिमंडल विस्तार के वक्त जब किसी ने कहा कि "दो सिन्हा कैसे एक मंत्रिमंडल में रह सकते हैं?" तो तड़पकर शत्रुघ्न बोले, "जैसे दो सिंधी रह सकते हैं," इस मनस्थिति का अंदाज आप लगा सकते हैं?

अंदाजा आप राजेश खन्ना के दु:ख का भी नहीं लगा सकते। पार्टी आदेश के तहत उन्होंने क्या नहीं किया? रूठकर मने और फिर मन कर रूठे राजेश खन्ना को "तैयार रहिए, कल आपको राज्यसभा का भला करना है" का संदेश सोनिया-दरबार से ही आया था। एक जमाने का यह सुपर-स्टार तैयार ही बैठा रहा, पर वापस फोन नहीं आया। उसे आना भी नहीं था। यही नहीं, राजेश खन्ना तब ज्यादा विचलित हो उठे, जब कांग्रेस प्रवक्ता अनिल शास्त्री ने टीवी पर यह बयान दे डाला, "राज्यसभा में हर कोई एडजस्ट थोड़े ही हो सकता है?"

एडजस्ट फिर कौन होगा? विनोद खन्ना जिस उत्साह से राजनीति में उतरे, उनकी पार्टी सत्ता में आई-पर उनको क्या मंत्री की कुरसी मिल पाई? तेलुगु देशम में जयाप्रदा जैसी अभिनेत्री को किसी ने पूछा?' रामायण' में सीता के जरिए घर-घर

पहुँची दीपिका चिखलिया और रावण बने अरविंद त्रिवेदी की तात्कालिक लोकप्रियता को भाजपा ने हर लिया, बाद के दिनों में उनकी सुध लेने कोई नहीं आया। शिवाजी गणेशन ने कितनी बार, कितनी पार्टियाँ बदलीं, यह शायद ही उन्हें याद हो? उन्हें कुछ नहीं मिल पाया? एक बार श्रीकृष्ण बने नीतीश भारद्वाज की परदे की छवि का उपयोग भाजपा ने कर लिया। दोबारा न जनता ने उन्हें चाहा, न पार्टी ने।

एमजी रामचंद्रन से चलकर वाया एनटी रामाराव हम यदि जयललिता पर आएँ तो पाएँगे कि छवि को भुनाने का तर्क सबका अपना-अपना है। राज बब्बर तो एक प्रतीक हैं, जो 'महाभारत' के प्रारंभ में 'राजा भरत' की भूमिका में कहते हैं—"मैं खानदानशाही के खिलाफ लड़ रहा हूँ?" पर किस खानदान के खिलाफ, यह कोई नहीं जानता।

(संझा जनसत्ता, 25 सितंबर, 2000)

❑

मरे नहीं, जिंदा हैं दान सिंह

लंदन से इंदौर आए इस फोन के एक छोर पर फिल्मकार जगमोहन मूंदड़ा थे और दूसरे छोर पर फिल्म वितरक आरडी जैन। मूंदड़ा ने बहुत उत्साह में डूबकर, जैन को बताया कि फिल्म लगभग तैयार है, पर मैं आपको उसका संगीत पहले सुनाना चाहता हूँ। राजस्थानी लोकसंगीत का जो रूप मैं चाहता था, वह हू-ब-हू इसमें उतर आया है।

जैन का सवाल था—"संगीतकार कौन है?"

मूंदड़ा का जवाब था—"दान सिंह।"

फोन की दूसरी तरफ सन्नाटा था और सन्नाटे में डूबी जैन की आवाज—"दान सिंह कौन? वह 'माइ लव' वाले या कोई नया छोकरा।"

मूंदड़ा ने कहा—"हाँ, वही 'माइ लव' वाला दान सिंह।"

अब जैन के चौंकने की बारी थी।

"क्या आप पागल हो चुके हैं? दान सिंह को मरे 22 साल हो चुके हैं। उसकी तो 1978 में मुंबई में मौत हो गई थी। वरना अब तक वह चुप बैठता क्या?"

"वह चुप ही बैठा था, पर मुंबई में नहीं जयपुर में। वह मरा नहीं है। वह जिंदा है और चाहो तो उसे जयपुर में फोन कर लो। मेरी फिल्म 'बवंडर' का संगीत उसी ने दिया है, क्योंकि इस फिल्म का संगीत वही दे सकता था।" मूंदड़ा ने कहा।

जैन को तब तक यकीन नहीं हुआ, जब तक उन्होंने जयपुर के एक गुपचुप मुहल्ले में चुपचाप रहने वाले दान सिंह की फोन पर खनकती आवाज नहीं सुन ली। वे यह कहना भी नहीं भूले कि 'मैंने तो सुना था कि आप स्वर्ग सिधार गए।' और दान सिंह यह बताना भी नहीं भूले कि 'आप अकेले नहीं हैं, जिन तक ऐसी खबर पहुँची हो। मेरे अपने जयपुर में भी ऐसे लोग हैं। पर मैं दुरुस्त हूँ।'

दरअसल, दान सिंह का किस्सा तेजी से घूमती किसी फिल्मी रील के एक झटके

के साथ टूट जाने की मानिंद है। यह वही दान सिंह हैं, जिनके संगीतबद्ध किए 'माइ लव' फिल्म के गाने आज तक लोगों के होंठों पर थिरकते हैं। यह वही दान सिंह है, जिसने जब मुकेश से 'जिक्र होता है, जब कयामत का, तेरे जलवों की बात होती है। तू जो चाहे तो दिन निकलता है, तू जो चाहे तो रात होती है।' गीत गवाया तब लक्ष्मीकांत ने मेंडोलिन, प्यारेलाल ने वायलिन, हरिप्रसाद चौरसिया ने बाँसुरी, पंडित शिवकुमार शर्मा ने संतूर और मनोहारी ने सेक्सोफोन बजाया था। ये सब संगीतकार बाद के दिनों में शिखर तक पहुँच गए। पर खेमचंद प्रकाश जैसे दिग्गज संगीतकार का यह गंडाबंध शागिर्द वक्त की धूल भरी आँधी में कहीं खो गया।

लेकिन हिंदी की खोजी पत्रकारिता ने जब-तब जो कमाल किए हैं, उनमें 'मृत' दान सिंह को 'जीवित' प्रस्तुत करने का नेक और जरूरी काम भी शामिल है। यह काम किया खोजी पत्रकार—ईशमधु तलवार ने।

तलवार कहते हैं ''एक पिकनिक में हम कुछ लोग गए थे। जब पिकनिक अपने पूरे जोश में थी, तो मैंने अपना प्रिय गीत—'वो तेरे प्यार का गम, इक बहाना था सनम। अपनी किस्मत ही कुछ ऐसी थी, कि दिल टूट गया' गाया। गीत खत्म होने के बाद पर्यटन विभाग के एक अधिकारी मेरे पास आए और बोले—'आपको मालूम है इस गीत का संगीतकार कौन है? वह अपने जयपुर का दान सिंह है, जो आज भी पुरानी बस्ती में रहता है।' इस रहस्य को सुनकर मैं चौंक गया। मैंने भी सुना था दान सिंह की मुंबई में मृत्यु हो गई। दूसरे दिन मैं पुरानी बस्ती पहुँच गया। वहाँ पता चला कि वे लोग मानसरोवर में कहीं रहने चले गए हैं। मैं मानसरोवर पहुँच गया। वहाँ से पता चला कि कुछ महीने पहले दान सिंह का परिवार पारीक कॉलेज रोड पर कहीं रहने चला गया है। मैं पारीक कॉलेज रोड पहुँचा। अंततः लाल प्याऊ इलाके में मैंने उन्हें अपनी डॉक्टर पत्नी के साथ, गुमनाम-सी जिंदगी जीते पा लिया। मैंने उनसे बात की, चित्र लिए और जयपुर से तब प्रकाशित होने वाले 'नवभारत टाइम्स' के प्रथम पृष्ठ पर खबर प्रकाशित की 'फिर बिखरेंगी दान सिंह की धुनें, नए जलवों की बात होगी।' यह खबर 'नवभारत टाइम्स' के 29 जनवरी, 1995 के अंक में प्रकाशित हुई। तब मैं वहाँ मुख्य संवाददाता था। खबर के छपते ही यह बात फैल गई कि दान सिंह मरे नहीं, जिंदा हैं।''

और जब तलवार के साथ मैं संगीत की दुनिया के इस दुर्वासा से मिला, तो बड़े-बड़े कमरों वाले अपने घर में वे इत्मीनान से अतीत की किताब पलट रहे थे। ''खबर के बाद जब लोगों को पता चला कि मैं जिंदा हूँ तो मेरे पास कई ऑफर आए, जिनमें भजन से लेकर पॉप एलबम तक शामिल थे। मुझे कुछ फिल्मों के भी ऑफर आए। जगमोहन मूंदड़ा की 'बवंडर' जो राजस्थान के चर्चित भँवरी देवी बलात्कार कांड पर आधारित है, का संगीत देने का मौका मुझे मिला। दीप्ति नवल, नंदिता दास और रघुवीर यादव की भूमिका वाली इस फिल्म के गीत हरिराम आचार्य ने लिखे हैं। इस फिल्म में मैंने प्रसिद्ध

माँड रचना 'पधारो म्हारे देस' को सुख-दुःख दोनों भावों में सँजोया है। यह फिल्म टोरंटो फिल्म समारोह, जो सितंबर में होगा, में रिलीज होगी। इसके साथ ही तीन दशक बाद फिल्मों में मेरी वापसी होगी।'' दान सिंह के उम्र से थके चेहरे पर चमक उभर आई।

''लेकिन 'माइ लव' के बाद अचानक आप मुंबई क्यों छोड़ आए थे?'' मेरा सवाल था।

''मेरी भावुकता पर किसी ने कसकर हमला किया था। मेरे साथ छल हुआ था।'' एक डूबी आवाज कमरे में तैर रही थी और रिकार्ड प्लेयर पर बज रहा था— *'केसरिया बालम आओ नी, पधारो म्हारे देस।'*

(संझा जनसत्ता, 4 सितंबर, 2000)

❑

फिर-फिर याद आओगे 'काका'

"मैं कितना भी याद आऊँ, पर मेरी मौत पर रोना मत। मैं अपने परिचितों, परिजनों को अपने जाने के बाद हँसता हुआ देखना चाहता हूँ, इसकी वजह है कि मैं पुनर्जन्म में यकीन रखता हूँ और पुनर्जन्म में मैं फिर हास्य कवि बनना चाहता हूँ," कहनेवाले काका हाथरसी जब उमर के नवे दशक को समाप्त कर रहे थे, तभी खामोश हो गए। संयोग यह भी कि वे अकसर अपने जन्मदिवस पर अपनी मृत्यु की बात किया करते थे। मौत आई भी तो 28 सितंबर, 1994 को पौने तीन के करीब। 1906 के इसी दिन एक गरीब वैश्य परिवार में उनका जन्म हुआ था।

काका हाथरसी हिंदी कविता के मंचीय अवतार के प्रथम पुरुष थे। जिस दौर में मंचीय कविता अपनी शुष्कता के मोड़ पर खड़ी हो गई थी, जब कवि-सम्मेलनों की सफलता सुरीले कंठ वाले गीतकारों और वीररस की कविता को आक्रामकता के साथ पढ़ने वालों पर आश्रित हो गई थी, तब काका हाथरसी अवतरित हुए थे—हास्य को बोलचाल की भाषा में लेकर। कुंडली जैसी प्राचीन विधा को उन्होंने मंच से लोकप्रिय किया, जिसका बाद के दिनों में एक संशोधित रूप 'चार लाइना' के तौर पर उभरा। मंचीय कविता की उस शुष्कता को काका ने हास्य में घोलकर एक गतिरोधक को तो तोड़ा ही, साथ ही यह भी जोड़ा 'मैं कविता का भला नहीं कर रहा, बस जनता तक कविता पहुँचाने का काम कर रहा हूँ'। काका की इस सपाटबयानी से उन आलोचकों के मुँह बंद हो गए, जो काका की कविता से परहेज करते थे। कविता के शास्त्रीय रूप को उन्होंने कभी नहीं छेड़ा और न ही किसी 'वाद' के खूंटे के पास खुद को बँधा पाया। उन्हें यह खुशफहमी भी नहीं थी कि मंच से

तालियाँ बटोरने वाली उनकी कविता हिंदी साहित्य का कुछ भला कर रही है।

वे मंच से पढ़ते थे—

वर दे, वीणावादिनी वर दे,
इंदिराजी की कुरसी पर
काकी को धर दे,
वर दे, वीणावादिनी वर दे।

और पूरा माहौल काकामय हो जाता था। फिर वे दोहा पढ़ते थे—

चंडी चुरहट कांड की, चाट गई सब खीर।
फड़क रहे गांडीव में, अर्जुन सिंह के तीर॥

शायद यही वजह थी कि कविता के पुराने मुहावरे को हास्य में लपेट कर काका ने मंच को समृद्ध किया। उखड़ते हुए कवि-सम्मेलन को जमाना और घर जाती जनता को ठंड में सिकुड़ते हुए, रात देर तक सुनने के लिए बैठाए रखना काका की फितरत थी। मंच पर उनकी उपस्थिति कवि-सम्मेलन की सफलता की गारंटी थी। एक दौर था जब वे मंच के सबसे महँगे कवि थे, बाद में यह जगह उनके शिष्यों ने ली ली। काका तब भी प्रसन्न रहते थे और कहते थे—''हास्य का खजाना खाली न रह पाए।''

''मुझे अपने विरोधियों से कोई शिकायत नहीं है, जो भी शिकायत है विरोधियों को मुझसे है।'' कहने वाले काका हाथरसी को जब मंच पर या मंच के बाद 'हिंदी कविता का हत्यारा,' 'मसखरा,' 'कविता का भाट' या 'कविता का दलाल' कहा जाता तो उनके चेहरे पर आशीर्वचन जैसा भाव रहता। एक बार उन्होंने कहा था—''मुझे रात को कोसने वाले जब सुबह व्यापार-मेले या पशु मेले के कवि-सम्मेलन में बुलवाने की सिफारिश करते हैं, तो मुझ उन पर दया आती है।'' कारण साफ था—कवि-सम्मेलनों की नेपथ्य-लीला में काका की आवाज का असर था। न जाने कितने कवियों को काका ने मंच भी दिलवाया और बाद के दिनों में उन्हें खुद के खिलाफ खड़ा भी पाया।

संगीत काका हाथरसी की कमजोरी था। हास्य का यह शिखर-पुरुष अपना अकेलापन संगीत से ही मिटाता था। बाँसुरी उनका प्रिय वाद्य थी। संगीत की 150 से ज्यादा पुस्तकें बताती हैं कि संगीत उनकी मज्जा में बसता था। 'फिल्म संगीत', म्यूजिक मिरर' जैसी पत्रिकाओं का संपादन कर चुके काका ने 'वसंत' नाम से 'संगीत विशारद' जैसी किताब लिखी, जो आज संगीत की महत्त्वपूर्ण पुस्तक मानी जाती है।

''जीवन में नियमितता को मैं खासा महत्त्व देता हूँ,'' काका कहते थे। उनकी दिनचर्या खासी नियमित थी। शुद्ध शाकाहारी काका, कवि-सम्मेलन शुरू होने के पूर्व के 'आयोजन' से खासे दूर रहते थे। ग्वालियर के एक कवि-सम्मेलन के अधबीच से काका उठकर चले गए थे। होली पर आयोजित इस कवि-सम्मेलन का आयोजन शहर के पहले भूमिगत शौचालय के ऊपर किया गया था। गोलाकार इस शौचालय के आस-

पास पेड़-पौधे थे और कहीं से यह शौचालय दिखता ही नहीं था। जब एक स्थानीय कवि ने यह रहस्य खोला, तो खाना खाकर आए काका संयोजक पर बिगड़ गए और रूठकर होटल चले गए। उन्हें मनाने के सारे प्रयास विफल रहे। यों काका अकसर रूठते नहीं थे और रूठ जाने पर मनते नहीं थे। जब उन्हें 'पद्मश्री' मिली और एक अखबार ने छापा 'काका को पद्मश्री, अब तो हंसिये' तब काका खुद हँसे और संपादक को उन्होंने धन्यवाद दिया।

आज काका नहीं हैं। उनका अंतिम संस्कार उनकी वसीयत के मुताबिक 'मेरा शव ऊँटगाड़ी में जाए और मेरे अंतिम संस्कार पर लोग हँसे, कविताएँ पढ़ें' कर दिया गया है। कुछ दिनों बाद अस्थियाँ भी प्रवाहित कर दी जाएँगी, मंच भी काका की गैरहाजिरी में जारी रहेंगे, पर हर ठहाके से काका का अहसास होगा। इस अहसास को कैसे भुला पाएँगे हम लोग?

(धर्मयुग, अक्तूबर 1995)

❑

गुमनामी के अँधेरे

खबर बहुत छोटी थी। अखबार के भीतर के पन्ने पर विज्ञापनों के बीच दबी उस खबर ने मुझे अंदर तक हिला दिया। एक राष्ट्रीय दैनिक के पंजाब संस्करण में छपी उस खबर का मुंबई की तेज दौड़ती जिंदगी से सीधे-सीधे कोई लेना-देना नहीं था, पर वह खबर मुंबई से, उसके चरित्र से, उसकी बेरुखी से और उसके दोगलेपन से पूरी तरह जुड़ी थी।

खबर थी—'सुदर्शन फाकिर इस दुनिया से रुखसत हो गए। अफसोस कि पंजाब को एक अलग पहचान देनेवाले इस शायर को न मुंबई ने और न ही पंजाब ने पहचाना।'

सच तो यह है कि कालजयी गजलों के शायर सुदर्शन फाकि़र को उनके अपनों को पहचानने में भी देर लगी। यह संयोग ही है कि जब उनकी आँख बंद हुई तब वे उसी पंजाब की जमीन पर थे, जहाँ पैदा हुए थे। इस बीच वे पैंतीस साल अदृश्य हो गए, जो उन्होंने मुंबई में टुकड़ा-टुकड़ा खर्च किए। खुद को सबसे अलग, सबसे दूर, बड़ी हिफाजत से रखते हुए।

पर मुंबई की फितरत ही कुछ ऐसी है कि इसकी चमक में बहुत कुछ फीका पड़ जाता है। शायद यही वजह रही कि उस शाम सूरज अपनी गति से डूबा। अरब सागर में लहरें बेरोकटोक पछाड़ खाती रहीं। जलती-बुझती रोशनी के बीच मादक देह थिरकती रहीं। लोकल ट्रेन में जगह पाने की जद्दोजेहद में लगा आदमी आपस में ही उलझता रहा। देर रात तक कैमरे चमकते रहे और सुबह होने तक महफिलें उजड़-उजड़कर बसती रहीं।

जरा सोचिए कि जो बेगम अख्तर सिर्फ पाकिस्तानी शायरों को ही गाती थीं,

उन्होंने जब सुदर्शन फाकिर की गजलें सुनीं तो वे इतनी भावुक हो गईं कि खुद फाकिर साहब से मिलने पहुँच गईं और उन्होंने उनकी गजलों को अपनी आवाज दी। उनकी गाई गजल 'इश्क में गैरते जज्बात ने रोने न दिया' ने ऐसा समाँ बाँधा कि सरहद की दूरियाँ ही मिट गईं। इसके साथ ही सुदर्शन फाकिर ऐसे पहले भारतीय शायर बन गए, जिन्हें बेगम अख्तर ने बड़ी शिद्दत से गाया।

यही नहीं, जब गुलाम अली ने भरी महफिल में तान छेड़ी 'कैसे लिखोगे मोहब्बत की किताब, तुम तो करने लगे पल-पल का हिसाब' तो भारत और पाकिस्तान में यह सवाल पूछा जाने लगा कि यह फाकिर आखिर कौन है? किस देश का बाशिंदा है? इसका मजहब क्या है? इसका ठिकाना क्या है?

यह विडंबना ही है कि शानदार याददाश्त रखनेवाले सुदर्शन फाकिर कभी भी अपने घर का पता याद नहीं रख पाए। उनके करीबी लोग जानते हैं कि जिससे वे एक बार मिल लेते थे, वह यदि बीस साल बाद भी उनसे मिलता तो वे उसे उसके पहले नाम से ही पुकारते थे।

सन् 1937 में फिरोजपुर के गुरुहरसहाय कस्बे के रत्ताखेड़ा गाँव में डॉक्टर बिहारीलाल कामरा के घर जनमे सुदर्शन कामरा बाद के सालों में 'फाकिर' हो गए। 1970 तक आकाशवाणी जालंधर से संबद्ध रहने के बाद वे मुंबई आ गए। उनकी शायरी का आलम यह था कि एक रात जब फिरोज खान ने अपनी गाड़ी में बज रही एक गजल सुनी तो वे इतने बेचैन हो गए कि उन्हें तब ही चैन मिला जब वे सुदर्शन फाकिर से मिल नहीं लिये।

कहा जाता है 'आदमी, आदमी को क्या देगा, जो भी देगा खुदा देगा' गजल फिरोज शान ने उस रात सैकड़ों बार सुनी। दूसरे दिन जब सुदर्शन फाकिर से उनकी मुलाकात हुई तो उन्होंने अपनी फिल्म 'यलगार' के गीत लिखने का उनसे आग्रह किया।

यह उनकी कलम का ही जादू था कि इस फिल्म का गीत 'आखिर तुम्हें आना है जरा देर लगेगी' इतना लोकप्रिय हुआ कि फिरोज खान ने फरदीन खान की पहली फिल्म 'प्रेमअगन' के संवाद का जिम्मा भी उन्हें सौंप दिया। यह अलग बात है कि न फिल्म अपना असर दिखा पाई, न संवाद।

'मेरी दिक्कत यह है कि मैं किसी के पास काम माँगने नहीं जा सकता', कहनेवाले सुदर्शन फाकिर मुंबई में सालोसाल सांताक्रुज के 'राज गेस्ट हाउस' में रहे। करीबी मित्रों ने भी उन्हें कभी ठहाका लगाते, जोर से बातें करते या महफिल सजाते नहीं देखा। चुप रहना, देर तक गुमशुम बैठे रहना और बहुत धीमे से बोलना उनकी पहचान थी।

लेकिन शब्दों के इस जादूगर ने बहुतों को पहचान दी। फिर चाहे 'वो कागज की कश्ती, वो बारिश का पानी' गाकर जगजीत सिंह सितारा गजल गायक बने हों या 'जिंदगी मेरे घर आना' गाकर भूपिंदर ने फिल्मफेयर अवार्ड जीत हो या अपनी आवाज से सभागार में सन्नाटा उतारनेवाले घनश्याम बावानी हों। सुदर्शन फाकिर हर पल नेपथ्य में रहे।

पर दूसरों को जीत दिलानेवाले सुदर्शन फाकिर अंत में मौत से हार गए। मौत के कुछ दिन पहले उन्होंने लिखा—

'लाश मासूम की हो या कि कातिल की,
जनाब हमने तो अफसोस किया।'

दु:ख यह कि पैंतीस साल तक मुंबई की हवा में साँस लेनेवाले इस शायर का अंत मुंबई की कोई बड़ी खबर नहीं बन पाया।

(एकता चक्र, मार्च 2008)

❑

समर्पण हुआ, फिर क्या हुआ?

ताल और पहाड़ियों के शहर भोपाल की गोल इमारत। विधानसभा में मध्य प्रदेश के मुंख्यमंत्री मोतीलाल वोरा ने अपने माननीय विधायकों को यह सूचना दी, ''चंबल घाटी अब पूरी तरह डाकुओं से मुक्त हो गई है।'' यह साल था 1986 और विडंबना यह कि जब मुख्यमंत्री विधानसभा में यह बोल रहे थे, उसी के आस-पास चंबल अपने संस्कारों को लिए बाकायदा डाकुओं की फसल उगाने में शिद्दत से जुटी थी।

सौ से भी ज्यादा हत्या करने वाले दस्यु-सम्राट् (और अब समर्पित) माधो सिंह की बंदूक से निकली गोली ने मुरैना जिले के सिंहोनिया थाने के अंतर्गत आने वाले एक परिवार के कामताप्रसाद को हमेशा के लिए सुला दिया था। जमीन को लेकर शुरू हुआ विवाद कामता की हत्या पर भी नहीं थमा था। पुलिस ने अपने बहीखातेनुमा रजिस्टरों में बहुत हील-हुज्जत के बाद यह मामला दायर कर लिया था और औपचारिक जाँच-पड़ताल भी की। यानी पुलिस की खाकी वर्दियाँ पूर्व दस्यु-सम्राट् के ठिकाने पर गए बगैर यह खबर लाई थीं—'नहीं मिले।' कामता की मौत से ज्यादा त्रासद पक्ष यह है कि 1972 के समर्पण का नायक आज फिर बंदूक को अपना अंतिम सच क्यों मान रहा है? जाहिर है, माधो सिंह के खिलाफ लिखी रिपोर्ट का कहीं कुछ नहीं होना है और यदि ज्यादा हुआ तो फिर कोई कामता कुछ क्षण तड़पकर अकाल मौत मरेगा।

और इन्हीं दिनों जब मुख्यमंत्री अपनी परंपरागत शैली में बयान दे रहे थे, तब रघुराज सिंह प्रतिहिंसा की आग में जलता बीहड़ों में दनादन गोलियाँ बरसा रहा था। मुरैना जिले के छडेह गाँव का एक 34 साला गूजर, जिसके पाँच भाइयों को पुलिस ने झूठे मुकदमों में फँसा रखा है और एक भाई को एक थानेदार की गोली ने मौत दे दी थी, पागलों की तरह न्याय माँग रहा था और उसके हाथ बार-बार बंदूक की तरफ और पाँव बीहड़ के घुमावदार रास्तों की ओर भटक रहे थे। बहुत संभव है, हमारी सुस्त न्याय-प्रक्रिया से आहत वह युवा इन पंक्तियों के लिखे जाने तक बीहड़ों का बाशिंदा हो गया हो और फिर उस सनातन लड़ाई को अपने तरीके से लड़ रहा हो···आगे चलें। 1987 की

फरवरी के अंतिम सप्ताह में मुरैना जिले की सबलगढ़ तहसील का रहने वाला रामभरोसी अपने गाँव झुंडपुरा में अपनी पत्नी और तीन पड़ोसियों को गोली मारकर बीहड़ों में उतर गया, रामभरोसी का नाम–अब पुलिस की बादामी और स्लेटी रंग की फाइलों में चढ़ा है।

ये साक्ष्य बहुत शालीनता के साथ प्रदेश की कमान सँभाले एक मुख्यमंत्री के उस बयान को चुनौती देते हैं, जो विधानसभा में दिया गया। बहुत अच्छा होता यदि मुख्यमंत्रीजी थोड़े साक्ष्य देख लेते। मोटे तौर पर 1986 में ही, चंबल घाटी में सक्रिय डाकू दलों ने लगभग 360 लोगों की जान ली है। अपराधों की संख्या 1,500 के करीब है जिनमें लूट, पकड़ और छोटे–बड़े अपराध शामिल हैं। आँकड़ों की इस स्थूल काया के अनुसार आज पुलिस रेकॉर्ड में 400 से ज्यादा डाकुओं के नाम बाकायदा दर्ज हैं और इन पर 500 से लेकर, 5000 तक के इनाम हैं। मुख्यमंत्रीजी की सरकार ने ही डाकुओं के सफाए के लिए अधिकारियों की एक लंबी फौज तैनात कर रखी है, जिनमें एक पुलिस महानिरीक्षक से लेकर तीन उपअधीक्षक तक तैनात हैं। उनकी गाड़ियाँ जब–तब बीहड़ों की नब्ज टटोलती रहती हैं या फिर ग्वालियर की सड़कों पर अपनी शामें बिताया करती हैं। सरकार के इस बयान के भले ही राजनीतिक अर्थ हों, पर यह जरूर है कि चंबल के बीहड़ों में हिंसा के शिलालेख इस सदी के अंत तक भी मिलते रहें तो आश्चर्य नहीं, समर्पण की राजनीति करने वाले आज भले ही सत्ता के ऊँचे सिंहासन पर जा बैठे हों या सामाजिक प्रतिष्ठा का बहुत बड़ा हिस्सा उन्होंने पा लिया हो, पर क्या उन्हें यह पता नहीं कि ऊँचे–नीचे बीहड़ों, भरकों में आज फिर धड़धड़ाती पदचापें हैं, हिंसक और कातर आँखों के कई–कई जोड़े हैं, बंदूक और जीवन के वहशी रिश्ते हैं, राजनेताओं की घृणित चालें हैं। पैसे की खातिर बिकते मूल्य और आहों, आँसुओं, पश्चातापों का एक लंबा सिलसिला है—न खत्म होने के लिए।

आज चंबल के बीहड़ों में रघुराज सिंह, पालीराम कुम्हार, लालहंस, मीरा, गनेशी, मुन्ना गडरिया और रामभरोसी अपने–अपने गिरोहों और बदलों की खातिर जीवन–मौत की लुकाछिपी खेल रहे हैं। इन गिरोहों के पास हत्या के विधान के अलावा वह समूचा तंत्र मौजूद है, जो इनके पूर्ववर्ती दस्यु सम्राटों ने अपनाया था। बहुत संभव है कि हथियारों की नई खेप इन उभरते डाकू–सरदारों के पास न हो, पर यह तय है कि पुलिस और सत्ता तक जाने वाली पगडंडियों के अते–पते इन्हें बखूबी मालूम होंगे। चंबल घाटी में समर्पण आज एक उद्योग की शक्ल ले बैठा है।

बीहड़ों के धूल भरे रास्तों से डाकुओं को समाज के साफ–सुथरे आँगन तक लाने की प्रक्रिया ही मूलत: आत्मसर्पण की केंद्रीय धारा थी। अतीत कथा को देखें तो हम पाएँगे कि 1960 का आत्मसमर्पण इसी मानसिकता और डाकुओं के दिल में बची हुई आदमीयत का प्रतीक था।

डाकू मान सिंह की मौत के बाद उसके इकलौते पुत्र तहसीलदार सिंह उर्फ दद्दा ने अपने दल की डोर सँभाली थी। चार हत्याओं के संगीन जुर्म में तहसीलदार सिंह को फाँसी की सजा सुनाई गई और उच्चतम न्यायालय ने भी उसकी अपील रद्द कर दी थी। अंतिम आस टिकी थी उस आवेदन पर, जो तत्कालीन राष्ट्रपति राजेंद्र प्रसाद के दरबार में दाखिल था। 'क्षमायाचना' पर इस डाकू-दल के साथ-साथ सरदार मान सिंह के वंश का भी भविष्य टिका था। तहसीलदार के प्राण बचाने के लिए बहुत प्रयास जारी थे और उधर तत्कालीन पुलिस महानिरीक्षक रुस्तमजी हर हाल में इस दल को खत्म करना चाहते थे। आज के पुजारी तब के लुक्का यानी डाकू लोकमन दीक्षित ने इस दल को सँभाल रखा था।

जिंदगी-मौत की इस अंतिम लड़ाई में अचानक स्थितियाँ बदलीं और राष्ट्रपति के ए.डी.सी. यदुनाथ सिंह, जिनके बचपन का बहुत बड़ा हिस्सा मान सिंह के बचपन के साथ बीता था, सक्रिय हुए और जंगल-दर-जंगल भटककर उन्होंने इस डाकू-दल से संपर्क किया और दल को आत्मसमर्पण के लिए प्रेरित किया। पुलिस मानती थी कि घाटी में लुक्का के बाद शांति की संभावना प्रबल है, क्योंकि दस्युसुंदरी पुतली बाई, लाखन सिंह जैसे दमदार गिरोह अपनी पहचान खो बैठे थे, उनका सफाया हो चुका था। यदुनाथ सिंह की शर्त लोकमन दीक्षित सहित सभी डाकुओं को मान्य थी। इससे कई फायदे उन्हें नजर आए और प्रत्यक्ष फायदा यह था कि फाँसी के रस्से से उनके सरदार की गरदन साबुत बच रही थी। यदुनाथ सिंह ने क्षमायाचना की स्वीकृति के लिए राष्ट्रपति से अनुरोध किया और सफलता पाई।

इधर गिरोह के 22 लोगों ने बगैर शोरशराबे, तामझाम, अभिनंदन समारोहों, राजनेताओं और सत्ताशाहों की अनुपस्थिति में भिंड में विनोबा भावे के समक्ष अपने हथियार डाल दिए। विनोबा भूदान के सिलसिले में चंबल घाटी आए हुए थे। यदुनाथ सिंह ने तहसीलदार के प्राण बचाए और यों समर्पण पूरा हुआ। आज उम्र के अंतिम मोड़ पर पहुँचे लोकमन दीक्षित जिंदगी की शाम भिंड की एक भली बस्ती में गुजार रहे हैं।

1960 के समर्पण के बाद इस विचार को लगातार पकाया जाता रहा कि समर्पण के मार्फत बदले की आग में जलते डाकुओं को बेहतर इनसान बनाने के लिए तैयार किया जा सकता है और 1972 का समर्पण इसकी मिसाल भी था। इस समर्पण की सारी योजना बहुत क्रमबद्ध तरीके से तैयार की गई थी। इसमें प्रदेश के एक पूर्व गृह मंत्री, तत्कालीन मुख्यमंत्री प्रकाशचंद्र सेठी की सक्रिय भूमिका थी और इसका नायक था डाकू सरदार माधो सिंह।

माधो सिंह, समर्पण के विचार को लिए जयप्रकाश नारायण से लकड़ी के एक व्यापारी का रूप रखकर, अपने चेहरे को एक चादर से ढककर पहले मुंबई, फिर पटना में उनके निवास पर मिला। जब यह रहस्य उजागर हुआ कि लकड़ी का वह व्यापारी

माधो सिंह है, तब सर्वोदयी कार्यकर्ताओं की लंबी फौज सक्रिय हुई। उन्होंने समर्पण की पूरी तयशुदा चौखट बनाई। सर्वोदयी कार्यकर्ता जंगलों में जा कर पेड़ों पर डाकू-दलों के लिए संदेश छोड़ते थे। इस तरह दोनों के बीच संवाद कायम था। जब बीच की सारी बातें तय हो गईं, तब समर्पण की रस्म पूरी हुई। यह समर्पण एक इतिहास रच गया। पर, जिस सात्विक भावभूमि पर यह हुआ था, वह सात्विकता खंडित हुई और तमाम विकृतियों ने जन्म लिया। इस समर्पण में सर्वाधिक सक्रिय सुब्बाराब भी अंत में बहुत निराश हो गए थे।

समर्पण के लिए माधो सिंह ने अपने स्तर पर भागदौड़ की और छोटे-बडे दस्यु-दलों को एकत्रित किया। 11 अप्रैल, 1972 को मुरैना जिले की जौरा तहसील के पगारा बाँध के सरकारी विश्रामगृह में माधो सिंह, मोहर सिंह और नाथू सिंह ने जयप्रकाशजी से प्रत्यक्ष मुलाकत कर अपने संदेह सामने रखे। फिर 13 अप्रैल को जयप्रकाश ने बागियों को 'गांधी परिवार' में शामिल करने की घोषणा की और उन्होंने यह भी कहा, "इस परिवार की लाज रखने की जिम्मेदारी आपकी है।" और फिर 14 व 16 अप्रैल को पगारा बाँध के मैदान में आत्मसमर्पण का सार्वजनिक समारोह हुआ, जिसमें छोटे-बड़े 654 बागियों ने अपने हथियार डाल दिए थे, फिर कभी न उठाने के लिए। यह समर्पण-समारोह सचमुच समाज के हाशिए पर पड़े उस आदमी को मान्यता दिलाने का उत्सव था, जिसके संस्कार बीहड़ों और खंदकों के नहीं थे। इस समर्पण में माधो सिंह, मोहर सिंह, नाथू सिंह, सरू सिंह से लेकर प्रीतम सिंह तक थे, वह प्रीतम सिंह जो उस वक्त नाबालिग जरूर था, पर चार हत्याओं का आरोप उसके माथे पर था। इन सभी पर लंबे-चौड़े इनाम रखे हुए थे।

और समर्पण की इस प्रक्रिया की जितनी प्रशंसा हुई, उससे कहीं ज्यादा आलोचना। डाकू को आदमी बनाने के विचार और उसके पीछे की यात्रा को नजरअंदाज कर इस सारे मामले को राजनीतिक और प्रचार का तामझाम बताया गया और यह बात हवा में घोली गई कि यह तो डाकुओं को 'हीरो' बनाने की प्रक्रिया है, जिस पर आहत जयप्रकाशजी ने कहा था, "हमने डाकुओं को 'हीरो' नहीं आदमी बनाया है।" सभी समर्पित बागियों को गुना जिले के मुंगावली गाँव में बनी एक खुली जेल में रखा गया। अपने तौर-तरीके वाली यह एक अलग किस्म की जेल थी, जिसमें समर्पित बागियों को वे सारी सुविधाएँ दी गई थीं, जिनकी कल्पना तक इन लोगों ने नहीं की होगी। जंगलों से शहरों तक आए इन सरदारों को देखने जनता जुट जाती थी। दिन भर स्वच्छंद विचरते डाकू रात होते ही जेल में आ जाते। 3 लाख मासिक बजटवाली इस जेल की खासियत थी—इसमें लगने वाली विशेष अदालत। इस अदालत ने डकैती, लूटमार, हत्या और बलात्कार के मामले विद्युत-गति से निपटाए और मोटे तौर पर मानें तो 260 डाकुओं को तो प्रमाणों के अभाव में मुक्ति दे दी। तथ्य यह थे कि इन डाकुओं पर 900 हत्याएँ, 800 डाके और

लगभग 1,800 अपहरण, मार-काट के आरोप थे। पर, हिंसा की राजनीति करने वाले डाकू-दलों ने समर्पण के साथ ही अपने शुभचिंतकों, मध्यस्थों और कुछ उभरते डाकुओं को अपने से अलग कर दिया था ताकि वक्त-जरूरत काम आएँ और इन्हीं बिखरे लोगों ने उन लोगों के मुँह दबाए जो भूले-भटके अदालत न आ जाएँ और बयान देकर, तथ्य देकर झड़े-झड़ाए में बेवजह कूड़ा न फेंक दें। और संदेहों का लाभ देकर ज्यादातार डाकुओं को छोड़ दिया गया। न्याय-प्रक्रिया में बसे छेद ने पहले ही उन्हें मुक्त कराने की राह चुन दी थी।

बस, समर्पण इसी मुकाम पर गलत रूप ले बैठा। विकृतियाँ यहीं पैदा हो गईं और यहीं स्वार्थों की जानलेवा राजनीति ने अपने रंग दिखा दिए। समर्पित बागियों को पुरस्कार स्वरूप सरकार ने 5 से 25 बीघा जमीन और 5 से 75 हजार तक की मदद दी थी, वे बेचारे बस जाएँ, यह कहकर। उनके बेटे-बेटियों, परिजनों को अतिरिक्त सुविधाएँ अलग।

उसके बाद समर्पण लगातार होते रहे। छोटे-बड़े, रौनक भरे, फीके, सब तरह के। पर सबसे आकर्षक और स्तब्ध कर देने वाला समर्पण था मलखान सिंह मिर्धा का, जो जून 1982 को परेड ग्राउंड, भिंड में हुआ। इस समर्पण के अपने विशिष्ट अर्थ थे।

1972 के बाद 1979 में बटेश्वर में एक छोटा-सा समर्पण हुआ। इसी साल धौलपुर के राजशाही तालाब के किनारे मुन्नीबाई के पूरे गिरोह ने समर्पण किया। मुन्नी समर्पण करने वाली पहली महिला डकैत थी, जो अब रिहा हो चुकी है। इस इलाके में खास उत्पात मचाने वाले चार्ली राजा ने आइ. जी. जोशी के सामने अपने हथियार डाले तो भिंड पुलिस के सामने रामबाबू डकैत ने अपनी प्रेमिका कमला के साथ बिना समारोह और चमक-दमक के समर्पण किया। उदय सिंह गडरिया भी इसी में आ लगा।

ऊँचे-पूरे, छरहरे बदन और घुमावदार मूँछोंवाले डाकू-सरदार मलखान सिंह मिर्धा के समर्पण ने समर्पण की राजनीति के भीतर कैद स्वार्थों को उजागर किया था। मलखान को जितना ज्यादा प्रचार मिला, उतना प्रचार किसी भी समर्पित बागी को अब तक नहीं मिला और इसी कुंठा में फूलन सहित कई लोग सरकार को कोसते हैं।

भिंड के परेड ग्राउंड में बने मंच पर मलखान सिंह ने बहुत चमक-दमक भरे समारोह में अपने साथियों सहित मध्य प्रदेश के तत्कालीन मुख्यमंत्री अर्जुन सिंह के समक्ष हथियार डाल दिए थे। देशी-विदेशी पत्रकारों, छायाकारों और दूरदर्शनवालों ने इस दृश्य को अपने कैमरों में कैद किया था। पुलिस के बड़े अधिकारियों की तरह वर्दियों में लैस यह डाकू-दल अब तक के समर्पणों का हीरो बना, क्योंकि उसके पीछे प्रचारतंत्र, सरकार और राजनीति के बड़े-बड़े असरदार लोग जुटे थे। समर्पण की पूर्व वेला जश्न की रात थी। मलखान गहरे पुलिस पहरे और पत्रकारों की टोली के साथ अपने गाँव विलाव गया था। रात भर कीर्तनों के दौर चले, जाम खनके और फिर उस

मंदिर पर जश्न मना, जहाँ कभी उसने डाकू बनने की कसम खाई थी। मंदिर के जश्न के बाद उस गहराती रात में गाँव के आसमान में गोलियों की जबरदस्त बौछार हुई। पर, इस बौछार में आतंक की बू नहीं थी। बंदूकें खाली करने का प्रण था और विलाव के बाद गैंग भिंड आया, दूसरे दिन समर्पण की रस्म होनी थी।

मलखान के समर्पण में सर्वाधिक सक्रिय राजेंद्र चतुर्वेदी थे, जो ग्वालियर से भिंड पुलिस अधीक्षक बनाकर लाए गए थे और तब के 'सुपर स्टार' थे। आज वे इसी समर्पण के बूते पर तमाम विवादों में उलझे हैं। चतुर्वेदी, अर्जुन सिंह तक सारी खबर ले जाते थे और उनका साथ दे रहे थे भिंड के एक विधायक, पत्रकार कल्याण मुखर्जी, प्रशांत पंजियार, वृजराज सिंह, लोकदल के तत्कालीन प्रदेशाध्यक्ष रमाशंकर सिंह और मलखान के एक रिश्तेदार वीरेंद्र सिंह। और इन सबके प्रयासों, अर्जुन सिंह की उदारता के चलते मलखान सिंह ने अंततः समर्पण कर दिया। यह बात बाद में उभरी और आज तक इसे दबाया जा रहा है, पर यह तय था कि समर्पण को इस मुकाम तक लाते-लाते बागियों से कुछ शर्तें तय हुई थीं। ये शर्तें क्या थीं, यह सरकार जाने। पर, इस बात से इनकार करने का मन नही होता।

इस समर्पण के बाद इस बात पर सारी चेतना केंद्रित की गई कि किसी तरह फूलन देवी से भी हथियार डलवाए जाएँ। इस मुहिम में उत्तर प्रदेश और मध्य प्रदेश पुलिस की परंपरागत लड़ाई आड़े आई और फूलन को यह आशंका थी कि कहीं उत्तर प्रदेश पुलिस समर्पण के बहाने बुलाकर, 'मुठभेड़' बताकर उसे मार न दे। उसकी आशंका का कारण जायज भी हो सकता है, क्योंकि 3 मार्च, 1982 को उत्तर प्रदेश के ही नामी-गिरामी डाकू छविराम उर्फ नेताजी के अंत से उभरी कहानियाँ भी जगजाहिर हुई थीं। छविराम का फरवरी' 82 के दूसरे सप्ताह में कांग्रेस के विधायक सतीश आजमानी के प्रयास से आत्मसमर्पण का अधूरा नाटक किया गया था। इसके बाद वह बहुत विश्वास के साथ जनसभाओं, पंचायतों और कवि-सम्मेलनों में हिस्सा लेने लगा था और हरनागरपुर में बहुत स्वच्छंद रूप से घूमता था। पर, समाजवादी और भारतीय कम्युनिस्ट पार्टी के विचारों से सहमत छविराम को 3 मार्च को बहुत नाटकीय स्थितियों में मार दिया गया।

फूलन देवी अपराध की दुनिया में उस वक्त तेजी से उभरी थी जब उसने 24 फरवरी, 1981 को बेहमई (उ.प्र.) में लाल सिंह सहित 20 व्यक्तियों को मौत की नींद सुला दिया था। प्रतिहिंसा की आग में झुलसी फूलन को समर्पण तक लाने का काम भी राजेंद्र चतुर्वेदी ने किया और 12 फरवरी, 1983 को जीवाजीराव सिंधिया ईंटर कॉलेज, भिंड की छत पर बने मंच पर अर्जुन सिंह के समक्ष उसने अपने 23 साथियों सहित समर्पण कर दिया था। इस समर्पण में उसके साथ घंसा बाबा उर्फ घनश्याम सिंह व उसका प्रेमी मान सिंह भी था। समर्पण से पहले ही सभा में हंगामा हो गया था, क्योंकि

समर्पण-मंच से ही एक युवा नेता भूपत सिंह यह कहते हुए कि यह डाकुओं का नहीं, सरकार का समर्पण है प्रकट हुआ था, जिसे तुरंत पकड़ लिया गया। फूलन के समर्पण को ज्यादा प्रचार न मिल सका, पर यह बात प्रचारित हुई कि समर्पण के लिए उसने पैसों की माँग की थी। अपुष्ट समाचार यहाँ तक कहते हैं कि उसे पैसे सरकारी स्तर पर दिए भी गए। कहा जाता है कि बीच के लोगों ने, जिसमें एक पुलिस अधिकारी भी है, विदेशी दूरदर्शन से इंटरव्यू करवाने के बहाने अलग से पैसे बनाए।

इसके बाद रमेश सिकरवार का भी समर्पण हुआ बेरौनक, बेआवाज। यों रमेश सिकरवार ने अपराधों के स्तर पर कमी नहीं की थी। एक यात्री बस से 28 लोगों का अपहरण कर और एक बैंक कर्मचारी के आधे धड़ को जंगल में फेंककर उसने सनसनी फैला दी थी। पर, इस समर्पण से सनसनी न फैलनी थी, न फैली।

और इस तरह समर्पणों का कारोबार जारी रहा और इससे पैदा हुई विकृतियाँ उभरकर सामने आने लगीं। खुलेआम ये आरोप लगाए जाने लगे कि डाकुओं को 'हीरो' बनाया गया और इसके लिए समर्पण का स्वांग रचा गया।

ग्वालियर की सेंट्रल जेल इन बहुत सारे सवालों का जवाब खुद-ब-खुद दे सकती है। समर्पित बागी मलखान सिंह और फूलन देवी को समर्पण के बाद यहीं रखा गया। उन दिनों जेल अधिकारियों के चेहरों पर आंतक की एक चुप्पी चिपकी थी, जब ये डाकू-दल इस जेल में आए। जेल के नियमों की बात छोड़ दीजिए, सारे कानून इन बागियों के हाथों में थे और सामान्य कैदी एक अनजाने आतंक में डूबे थे। मलखान की बैरक सारी सुविधाएँ चाहती थी, जो उसे मिलीं। देशी-विदेशी फोटोग्राफरों ने जेल की बैरक के खुले दरवाजों पर मुसकराते मलखान की दर्जनों तसवीरें लीं। खाने में बेहतर वस्तुओं के अलावा इनसे मिलने वालों पर कहीं कोई पाबंदी नहीं थी। फूलन का तो यह आलम था कि उसने यह माँग उठाई कि वह पुरुष कैदियों के साथ क्यों नहीं रह सकती। उसकी दलील थी कि वह अपने गिरोह के साथियों के साथ उसी तौर-तरीके से रहेगी, जिस तरीके से वे लोग जंगल में रहते थे। एक तरह से यह जंगल-राज की शुरुआत थी। जेल अधिकारी हैरत में थे। वे 'जेल मैनुअल' की दुहाई दे रहे थे, जिसके तहत यह संभव नहीं था, पर बड़े स्तर पर कार्यवाही हुई। फोन खटके और बेचारे 'जेल मैनुअल' को धता बताकर वही हुआ, जो फूलन देवी चाहती थी। जेल में समर्पित बागियों की समानांतर सरकार चलती थी। जेल अधिकारी बौने थे और 2 मार्च, 1983 की रात अचानक जेल का सिक्योरिटी एलार्म चीख उठा। जब अधिकारी सचेत हुए तो पाया गया कि फूलन पर 'अधिकार' के सवाल को लेकर डाकू मुन्ना और मान सिंह में घमासान मचा है। बमुश्किल उन पर काबू पाया गया।

फूलन से जेल में मिलकर बाहर निकले एक विदेशी पत्रिका के पत्रकार ने अपने साथियों से कहा, ''लगता है सारा राजपाट इन्हीं के हवाले है।'' वह पत्रकार जब फूलन

से मिला तब वह कृत्रिम आभूषणों से लदी थी। गले में हार, बाहों में बाजूबंद सज रहा था। कमरे में हीटर, फर्श और सारी शान-शौकत उस बैरक में मौजूद थी। खाने में यहाँ तक कि शुद्ध देसी घी, 600 ग्राम आटा, 460 ग्राम मांस और स्पेशल खाना जब-तब अलग। 'मुझे अपने अपराध याद नहीं हैं' कहनेवाली फूलन जब अपने आतंक के सर्वश्रेष्ठ दिनों में थी, तब उत्तर प्रदेश सरकार ने 'ऑपरेशन फूलन' के नाम पर कई महीनों तक 80 हजार रुपए प्रतिदिन खर्च किए थे।

लेकिन समर्पणों की राजनीति का जो करुण अंत हुआ, वह किसी से छिपा नहीं। 1972 के सबसे जानदार समर्पण के बाद मुंगावली जेल और विशेष अदालत से बाइज्जत रिहा बागियों का क्या हुआ? क्या उन्हें समाजिक मान्यता मिली? ये भी जरूरी सवाल हैं। और इस समर्पण के नायक माधो सिंह की वर्तमान स्थिति के बारे में हमने लेख की शुरुआत में ही लिखा है।

समर्पित बागी जब वापस जीवन-चक्र में आए तो जख्म खाए लोग उनका इंतजार कर रहे थे। जिन परिवारों ने अपनी उम्र का बहुत बड़ा हिस्सा आंसुओं में ही काटा, आज वे इन बागियों को सुख-चैन से जीने नहीं देना चाहते थे। टकराव यहीं से हुआ। डाकू काशीराम के सिर को उसके किसी दुश्मन ने काटकर आगरा-मुंबई राजमार्ग पर डाल दिया। डाकू शिवराज सिंह को जिंदा जलना पड़ा। सरु सिंह समर्पण के बाद की जिंदगी स्वीकार न कर पाया तो फिर बीहड़ों की तरफ भागा। समर्पण के वक्त नाबालिग रहा प्रीतम फरार तो हो गया, पर फिर उसे मुंबई में पुलिस ने धर दबोचा। मूरत सिंह ने कैंसर की पीड़ा को भोगा। वदन सिंह ग्वालियर में और लुक्का भिंड के एक मुहल्ले में नामालूम जिंदगीजी रहे हैं। एक समर्पित बागी के नेतृत्व में चोरी की कारों और स्कूटरों का धंधा चल रहा था, जो पिछले साल पकड़ा गया। एक डाकू-सरदार आज ग्वालियर में पुराने किरायेदारों से मकान खाली कराकर मकान मालिक से मोटी रकम वसूल रहा है। फूलन के साथ समर्पण करनेवाले घनश्याम उर्फ घंसा बाबा ने ग्वालियर जेल से नाटकीय तौर पर मुक्ति पाकर फिर अपनी प्रेमिका मुन्नी के साथ मिलकर नया गैंग बना लिया, पर बाद में एक मुठभेड़ में वह मारा गया और कहते हैं कि मुन्नी को समर्पण के बहाने बुला कर पुलिस ने मार डाला। इस तरह बिखरा सबका जीवनसूत्र। और जो कुछ डाकू बचे हैं वे बहुत हारे, थके, टूटे अपने ही मुहल्ले में नामालूम-सा जीवन जीने को अभिशप्त हैं।

और हमारी समाज-व्यवस्था और सरकारी कोशिशें यहीं कहीं गड़बड़ा गईं। खूँखार आँखों और बेरहम दिलवाले डाकुओं को प्रचार का ताज पहनाकर हमने ही उन्हें 'नायक' बना दिया। समर्पण के लिए हेलिकॉप्टर देने और सरकारी जीपों की नंबर प्लेट ढककर काम करनेवाली मध्य प्रदेश सरकार के संवदेनशील मुख्यमंत्री के पास क्या फुरसत थी कि जाने, क्या हुआ उस भगवानदास शर्मा के परिवार का, जिसको उसी के

दफ्तर के एक पटवारी ने दिन-दहाड़े कुरसी पर ही मार डाला था और खुद तीन और हत्याएँ करके फरार हो गया। बाद में बंदूक फेंककर समर्पण कर वह आज इत्मीनन से जी रहा है? भगवानदास शर्मा का 17 साल का सबसे बड़ा लड़का ग्वालियर की एक लाइब्रेरी में पुरानी किताबों के साथ अपने खिलौने वाले दिनों की याद करता है। क्या हुआ उस बैंक एकाउंटेंट भवसार की विधवा का, जो उस अभागी बस का यात्री था, जिसका एक डाकू-दल ने अपहरण किया था और भवसार का आधा धड़ जंगल में मिला था, आधा धड़ मालूम नहीं कहाँ था? डाकू-दल ने तो समर्पण कर अपना पाप धो लिया, पर भवसार की पत्नी अपनी जिंदगी आँसुओं से उम्र भर धोती रहेगी। गाँव की उन जवान लड़कियों के दर्द पोंछने कौन-सा शुभचिंतक पहुँचा, जिनके कौमार्य को कई डाकू-दलों ने डसा और उनके पिताओं, भाइयों को पूरी रात चौपाल पर बैठकर अगिहाने की ठंडी होती आग को देखना पड़ा?

इन सवालों के हल शायद कहीं नहीं मिलें। कैमरों की चमक, फिल्मों में अभिनय की छूट देने और आश्वासनों की बरसात कर देनेवाली सरकारों ने डाकुओं को सिर तो चढ़ा लिया पर इस हिंसा को आगे रोकने का कोई कारगर तरीका नहीं निकाला। जाहिर है, इस तरह के वातावरण में कोई हल नहीं निकल सकता। भारत के स्वतंत्र नागरिक अपनी ही सरहदों में कब तक झुलसते रहेंगे और कब तक चंबल के बीहड़ नए डाकू-दलों से आबाद होते रहेंगे? इस सवाल का जवाब किसके पास है?

(धर्मयुग, 3 मई, 1987)

❑

किस मोड़ से शुरू करें?

वे दोनों साथ-साथ आए थे, मोटरसाइकिल खड़ी करके जब वे उस ढाबे की आरे बढ़े, तो हँस रहे थे, पेड़ के नीचे उन्होंने खाट सरकाई, चाय बनाने का आदेश दिया और अपनी बातचीत में मशगूल हो गए, जो लड़का मोटरसाइकिल चलाकर शहर से दूर बने इस ढाबे तक आया था, वह पिछले दस दिनों से लगातार अकेला इस ढाबे पर आ रहा था, वह आता था, आस-पास देखता था और कुछ देर बाद वापस लौट जाता था।

उन दोनों को चाय पीते हुए सबने देखा, फिर अचानक न जाने क्या हुआ कि मोटरसाइकिल चलाकर आया लड़का एकदम हिंसक हो उठा। देखते-देखते ढाबे पर भीड़ जमा हो गई। भीड़ के बीचोबीच एक निर्जीव देह पड़ी थी। हत्या करनेवाला लड़का जोर-जोर से चीख रहा था—"मैं सात साल से तेरी मौत का इंतजार कर रहा था। कानून से तो तू बच गया, पर मेरी गोली से कैसे बचेगा। जब मैंने देखा कि तू सात साल से आराम से रह रहा है और मेरी भाभी तिल-तिलकर मर रही है। वह न जी पा रही है, न मर पा रही है। तब मुझे लगा क्यों न मैं ही तेरे को सबक सिखा दूँ। बलात्कार के बाद तू तो समाजसेवक बन गया, मेरे परिवार पर क्या बीती, यह तू नहीं जान पाया।"

लगभग पागलों की तरह वह युवक तब तक चिल्लाता रहा, जब तक पुलिस उसे बाँध कर नहीं ले गई।

सब अवाक् थे और अपने भीतर से उठ रहे इस सवाल से बचना चाहते थे। यह हादसा कुछ मिनटों में नहीं हुआ, इसका घाव कई-कई साल पुराना था। गूँगे कानून ने जब उस अपराधी को सजा नहीं दी तो भाभी के अपमानबोध से आहत देवर ने कानून को ही हाथ में ले लिया।

लेकिन यह सिर्फ एक चेहरा है। आइए, दूसरे चेहरों को भी हम पहचान लें।

घटना कानपुर के बर्रा क्षेत्र की चार कॉलोनी की है। हाथ में पिस्तौल लहराते हुए चार नौजवान श्रीमती मिथिलेश के घर में घुसे और उसे बाहर खींचकर बगल के मकान में ले गए। मिथिलेश की मदद करने का साहस उस वक्त कोई नहीं जुटा पाया। श्रीमती

मिथिलेश को वे नौजवान पड़ोसी कृष्णकुमार मिश्र के घर ले गए, जहाँ उन्होंने उसे खिलौना बना दिया। इतना ही नहीं, उन्होंने उसकी आँखों और गुप्तांगों में मिर्च भर दी। उसके बाद उसी अवस्था में चीखती-चिल्लाती मिथिलेश को घर के बाहर सड़क पर धकेल दिया, जहाँ वह लगभग एक घंटे तक पड़ी रही। मुहल्ले की एक महिला ने अपनी साड़ी फाड़कर उसके शरीर पर डाली। माँ निर्वस्त्र पड़ी रही। उसके दो मासूम बच्चे रोते हुए उसके पास बैठे रहे। किस्सा यह कि यहाँ भी पुलिस की शह पर औरत निर्वस्त्र हुई, क्योंकि घटना के वक्त अभियुक्त के घर दो पुलिसकर्मी मौजूद थे, पर उन्होंने किसी को नहीं रोका? हुआ यहाँ तक कि जब मुहल्ले वालों ने एक आरोपी को पकड़कर पुलिस को सौंपा तो उसे भी पुलिस ने छोड़ दिया। सार्वजनिक अपमान के दंश को झेलती मिथिलेश उस मामूली घटना को याद करती रही जो इस बड़े हादसे की जड़ में थी, पर कुल जमा मिला यही कि छली औरत ही गई।

लेकिन हादसों की इस जमीन पर मिथिलेश ही अकेली नहीं खड़ी। भटेरी गाँव की भौंरी के साथ क्या हुआ?

भटेरी जयपुर जिले की बस्ती तहसील का एक गाँव है। इस गाँव में 240 घर हैं। मीणा, कोरी और गूजर यहाँ की सबमें बड़ी जातियाँ हैं। 45 साल की भौंरी कुम्हार जाति की है। उसके पति का नाम मोहन है और उनके चार संतानें हैं। 22 सितंबर को शाम पाँच बजे पाँच व्यक्तियों ने भौंरी को घेर लिया। इन पाँच में दो ने उसके साथ बलात्कार किया और तीन ने उन दो की मदद की। यही नहीं, मोहन यानी भौंरी के पति को लाठियों से मारा गया। इस कांड की गवाही देने पूरे गाँव से कोई नहीं आया। एक पक्ष कहता मिला—'बलात्कार हुआ, बलात्कारी बंदी बनाए जाने चाहिए' और दूसरा पक्ष कहता है—'बलात्कार हुआ ही नहीं। भौंरी घटनास्थल पर ही नहीं थी।'

सवाल-जवाब की द्वंद्वभरी सड़क पर भौंरी अकेली खड़ी थी, सबकुछ खोकर, यह दंशित परिवार रिश्तों से इतर कुछ नहीं जानता। जब-जब उससे घटना पूछी जाती, तब-तब उसकी आँखें बहने लगतीं और वह कहती—"मैं उस दिन मर क्यों नहीं गई? अब जी भी नहीं पा रही हूँ?"

पर हमारे समाज और हमारी सामाजिकता में मिथिलेश और भौंरी अभिशप्त नायिका की तरह न चाहते हुए भी उपस्थित रहती हैं, मथुरा, माया त्यागी, उषा धीमान आज चौराहे पर खड़े उन सवालों की मानिंद हो गई हैं, जिनके जवाब हमें नहीं मिल पा रहे। 1980 में माया त्यागी कांड ने संसद् को हिला दिया था। विपक्ष के बड़े नेताओं ने गिरफ्तारी दी थी पर हुआ क्या? उन पुलिसकर्मियों को क्या कोई सजा मिली? आज लगभग डेढ़ दशक बाद भी माया त्यागी कहती हैं—कुछ चेहरे मुझे दिन के उजाले में भी डरा जाते हैं। उसके भीतर का डर क्या हम निकाल पाए? शायद नहीं।

और उषा धीमान। नवागाँव (सहारनपुर) की उषा धीमान को अदालत से लौटते

वक्त निर्वस्त्र किया गया। सरेआम उसके कपड़े फाड़े गए और भीड़ जड़वत खड़ी रही। कहीं से प्रतिवाद की कोई आवाज ही नहीं उठी।

उठा तो यह शोर कि ये हादसे क्यों होते हैं अपनी पूरी भयावहता के साथ।

सिसवा गाँव में क्या हुआ था? पुलिस द्वारा किए गए सामूहिक बलात्कार का यह सबसे बड़ा कांड था, जिसमें 26 औरतों के साथ बलात्कार हुआ। अपराधी छिपे रहते यदि प्रधानमंत्री कार्यालय न जागता। जाँच में लूट और बलात्कार की पुष्टि हुई। लेकिन इस कांड की तह में चुनावी राजनीति का चेहरा दिखा। सिसवा ग्राम पंचायत के चुनाव में हीरा उपाध्याय, भगवानदत्त पांडे से हार गए। इसकी सजा देने के लिए गाँव को घेर लिया गया और ब्राह्मण हो या हरिजन, किसी महिला को नहीं छोड़ गया। नवनिर्वाचित ग्राम प्रधान पांडे की अधेड़ उम्र की पत्नी दीपा को मारा-पीटा, फिर उसके साथ बलात्कार किया गया।

सावित्री व कृष्ण कांति ननद-भाभी हैं। कृष्ण कांति के पाँच दिन पहले ही बच्चा हुआ था। इसीलिए वह सावित्री के पास आई थी। दोनों के साथ बलात्कार किया गया। कांड के बाद दोनों घर से भागकर अपने पीहर पहुँचीं। पर वासमती बेचारी ऐसी थी, जिसे पीहर से भी खदेड़ दिया गया। वासमती के घर जब पुलिस व गुंडे घुसे तो उसके बलात्कार में बाधा डालने पर उन्होंने उसकी गोद के बच्चे को छीनकर सूखे पत्तों के ढेर पर लिटा दिया व माचिस से आग लगाने लगे। जब वासमती को लगा कि वे सच में बच्चे को आग लगा देंगे, तो उसने प्रतिरोध बंद कर दिया। उसके दूसरे बच्चे उसे निर्वस्त्र देखकर भाग गए। यही नहीं, कमलवती गौने से हो कर पति के गाँव आई थी कि उसके साथ बलात्कार हुआ। बाद में उसके पति ने उसे अपनाने से ही इनकार कर दिया।

यानी राजनीति का एक ऐसा चेहरा इस सामूहिक बलात्कार कांड में उभरा, जिसने साबित कर दिया कि वोट की राजनीति यदि पति करते हैं तो उसकी सजा उनकी पत्नियों को बलात्कार के तौर पर मिलेगी।

पर सोहेला अब्दुलाली को क्या मिला? न्याय की चाह में अपने मन को दबाते हुए उसने कानून का साथ चाहा, पर कानून ने उसे सिर्फ और सिर्फ अस्वीकारा। सोहेला टूटने लगी और इस मोड़ पर उसने कहा—"पूछताछ के दौरान मुझे अहसास होने लगा कि इस व्यवस्था में औरतों के लिए इंसाफ कहीं है ही नहीं। मुझसे पूछा गया कि हादसे के दिन मैं और रशीद उस पहाड़ी पर क्या कर रहे थे? फिर जब पूछा गया कि रशीद कैसे वह सब चुपचाप देखता रहा तो मैं चीख उठी—क्या वे इतना नहीं समझ सकते कि उसके विरोध से वे मुझे ज्यादा यातनाएँ देते।" रशीद के सामने सोहेला के साथ बलात्कार हुआ। बात दबाने की कोशिश की गई पर सोहेला नहीं मानी। वह आगे कहती है—"हादसा हुआ चार साल हो गए है, पर उस घटना के भूत ने मेरा आज तक पीछा नहीं छोड़ा।"

यह सच है। न जाने कितनी सोहेला अब्दुलाली हैं जो अतीत की उस अंधी गली में, जहाँ उनकी देह उपभोग का सामान बना दी गई थी—आज तक खड़ी हैं। यही नहीं, कुछ ऐसे भी हादसे हैं जहाँ हादसे की शिकार औरत यदि मर गई है तब भी उसे कुप्रचार का शिकार बनाया गया।

गजरौला का ही मामला ले लें। गजरौला के सेंट मेरीज स्कूल में हुई लूट और उसके बाद दो ननों के साथ हुआ दुष्कर्म, फिर हत्याकांड ने सबको यह सोचने पर मजबूर कर दिया कि बदनामी का काला साया निर्जीव देह का भी पीछा नहीं छोड़ता।

लुटेरे गजरौला में शायद पैसे लूटने आए थे, पर उन्होंने पैसा भी लूटा, इज्जत भी। ननों की चीख लोगों के कानों तक इसलिए नहीं पहुँची, क्योंकि वे शहर के कोने में रहती थीं। हंगामा हुआ। पर नतीजे के तौर पर क्या मिला? पोस्टमार्टम की रिपोर्ट आई और प्रचारित किया गया कि वे दुष्चरित्र थीं? मौत के बाद भी बदनामी के नीले निशान उभारे गए। होना तो यह चाहिए था कि मूल अपराधी सामने आता, पर हुआ यह कि एक मानसिकता सामने आई-औरत को लूटने, फिर बदनाम करने की मानसिकता।

शायद यही मानसिकता है जो विरारी जैसे कांड करवाती है, तो कभी साँडलिया जैसे हादसे। यही मानसिकता कभी विधायक विश्राम-गृह में नौकरी माँगने आई मालती को बेपरदा कर देती है, तो कभी मँझुआ कांड करवा देती है। क्या हम इस मानसिकता से ऊपर आ पाएँगे?

(धर्मयुग, 1 सितंबर, 1994)

❑

नहीं रही अब झूंकर की परंपरा

"'झूंकर को यदि आप देखेंगे तो यकीन नहीं कर पाएँगे कि 90 वर्ष की उम्र में भी वे इतने स्वस्थ और सक्रिय हैं। बगैर चश्मे के रोजाना अखबार पढ़ने वाले झूंकर हमारे पड़ोसी थे और उन्होंने वे दिन भोगे हैं जब शिमला पर पूरी तरह विदेशी रंग जमा हुआ था। तब लोग केवल खेती पर निर्भर थे। उनकी जमीनें थीं और आस-पास के गाँवों से अपने खेतों से उगाई हुई चीजों को लेकर वे शिमला मंडी आते थे। तब न तो बसें थीं, न रेल और यातायात के साधन। इस बदहाल मौसम में झूंकर अपनी खेती से उगाया आलू घोड़े या खुद की पीठ पर रखकर सुबह-सुबह अपने गाँव ओढ़ी कोटखाई, जो शिमला से 80 किलोमीटर दूर है, से चलते थे पैदल। उनकी पीठ पर 'खाल्टा' होता था। खाल्टा, जो बकरे की खाल से बना होता है और इसमें आलू भरे रहते थे। साथ में रहती थी दो दिन की रोटी, क्योंकि न तो रास्ते में होटल थे और न खाने का कोई साधन। सिड्डू, जिसे घी के साथ खाते हैं रखकर, झूंकर अपनी यात्रा तय करते थे। वे थियोग गाँव में रात बिताते थे और शिमला मंडी आकर आलू बेचते थे। जाते वक्त खाल्टा खाली रहता था और उसमें वे घर का जरूरी सामान चीनी, चाय, गुड़ और नमक आदि भर लेते थे। नमक जरूरत से ज्यादा खरीद लेते, कुछ घर के काम आता और बाकी बेचने के काम।" पुराने सिक्कों के शौकीन झूंकर आज बहुत शिद्दत से वह घटना हम सबको सुनाते हैं'।

और झूंकर की घटना सुनाने वाले वे तीन शिमलावासी, मुंबई की कफ परेड के 'वर्ल्ड ट्रेड सेंटर' के एक वातानुकूलि कमरे में बैठे अतीत के उन पन्नों को बार-बार टटोलते हैं और उन किस्सों को बहुत मन से बताते हैं, जो किस्से किसी भी शहर की विरासत होते हैं, जिन्हें अम्माँ, नानी से लेकर घर के बुजुर्ग जवान होती पीढ़ी को ढलती रात के सन्नाटे में रोज-रोज सुनाते हैं। सुभाष बलवाल (एडवोकेट व अध्यक्ष, हिमाचल मित्र मंडल), ज्ञानचंद चौहान (रीजनल मैनेजर, एच.पी.एम.सी.), श्रीमती तारा चौहान (सूचना एवं जन संपर्क अधिकारी, हिमाचल प्रदेश)अतीत के एक छोर को पकड़े हुए बताते हैं—

''शिमला के उदय को लेकर कई किस्से हैं और ये किस्से हमने भी बुजुर्गों से सुने हैं। शिमला पहले एक गाँव का नाम था, जिसे शिमली कहा जाता था। तब उस गाँव में 30-40 घर ही हुआ करते थे। वैसे आज भी आस-पास के गाँवों में ज्यादा से ज्यादा 24-30 घर ही हुआ करते हैं। विश्वास की तो यह पराकाष्ठा थी कि घरों में लोग ताले नहीं लगाते थे। आज भी ऐसा ही है। इसके साथ यह भी कि सिंबल (सेमल) का पेड़ भी इस गाँव में खूब पाया जाता था। वह सिंबल (सेमल) रुई का पेड़ था, जो बहुत ऊँचा था, इस कारण सिंबल भी इस शहर के नाम के साथ जुड़ा, पर एक और कहानी है जिसके अनुसार शिमला का नाम श्यामला से पड़ा, जो काली देवी का ही एक नाम है और इस देवी का मंदिर 19वीं शताब्दी में जाखू हिल पर पाया गया था''।

'यह अजब संयोग है कि शांति और उत्साह के शहर शिमला के उदय में 19वीं शताब्दी के गोरखाओं के युद्ध की भी पृष्ठभूमि छिपी है। उसके बाद ब्रिटिश शासकों की नजर में इस शांत, निश्चल शहर की तसवीर टंग-सी गई और कुछ वर्षों बाद ब्रिटिश सरकार के बड़े-बड़े अधिकारी जब अपने शहर की गर्मियों से ऊबकर शिमला जाते थे और वहाँ जगह-जगह टेंट लगाकर रहते थे। 1728 में लार्ड एम्हर्स्ट ने शिमला का दौरा किया और वे मेजर कैनेडी के साथ वहाँ रुके। एम्हर्स्ट शिमला पहुँचनेवाले पहले गवर्नर जनरल थे। जिस 'कैनडी हाउस' में वे रुके, वह शिमला का पहला पक्का मकान था, जहाँ आज कई सरकारी दफ्तर हैं। उसके बाद लार्ड ऑकलैंड, लॉर्ड डलहौजी ने गर्मियाँ बिताने के लिए शिमला को ही चुना। बाद में यह शहर मैदान से भागे, गरमी से आतंकित लोगों की आरामगाह बन गया। 1864 में लॉर्ड लारेंस ने वायसराय के तौर पर जब शिमला की यात्रा की तो उन्हें यह शहर बहुत पसंद आया और तब अचानक ही शिमला ब्रिटिश राज की गर्मियों की राजधानी बन गई। पर हमारे बुजुर्ग, किस्से-कहानियों में बताते हैं कि एक ब्रिटिश शासक, जो शिकार और ट्रेकिंग के लिए शिमला आया था, वह कुछ दिन रहकर वापस चला गया और जब 'समर केपिटल' की बात चली तो दिल्ली और कलकत्ता की अपेक्षा शिमला को पसंद किया गया और गर्मियों में सरकार वहाँ रहती थी। वायसरीगल लॉज, जहाँ ब्रिटिश सरकार रहती थी, स्वतंत्रता के बाद उसका नाम 'राष्ट्रपति भवन' कर दिया गया था। बाद में उसे राष्ट्र के नाम समर्पित कर दिया, जहाँ आज 'इंडियन इंस्टीट्यूट ऑफ एडवांस स्टडीज' है। लार्ड डफरिन के कार्यकाल में बने इस भवन की खूबसूरती देखने लायक है, जो स्थानीय पत्थरों से बनी है और बारीक पतली छत सलेट की बनी है। इस भवन में आज भी जितने भी, वायसराय थे, उनकी तसवीरें लगी हैं और लाट साहब व उनकी पत्नी का कैमरा जैसे का तैसा रखा है।

''और तब शिमला ब्रिटिश शासकों की कारगुजारियों और उनके आचार-विचार को प्रतिपल भोगता था। माल रोड जहाँ आज शहर का मुख्य बाजार है, तरह-तरह के

रेस्तराँ हैं और वहीं गेटी थियेटर है, जो देश का सबसे पुराना थियेटर माना जाता है, जहाँ कभी ओपेरा वगैरह होते थे, उसी के नजदीक रिट्ज और रीगल सिनेमा भी थे। जब इन सिनेमाघरों के शो छूटते थे, तब कोई भी भारतीय किसी भी हाल में उस तरफ से निकल तक नहीं पाता था और यदि भूले-भटके निकल आया तो उसे धक्के मारकर गलियों में भगा दिया जाता। जब सरकार निकलती थी, तब भारतीय प्रजा के जाने पर सख्त पाबंदी थी। पूरी सड़क और आस-पास का इलाका सजग रहता था और तरह-तरह की सुगंधों से महकता रहता था। पर आज के माल रोड पर चहल-पहल है, वहाँ जिंदगी की रौनक है और शिमला का दिल धड़कता है। रिहायशी मकानों, सभागारों और जलसों के लिए वहाँ स्थान हैं।''

एक और स्थान है इसी माल रोड पर जिसे 'स्कैंडल पॉइंट' कहते हैं। जिससे एक रोचक किस्सा जुड़ा है। कहा जाता है कि महाराजा पटियाला ने इसी स्थान पर वायसराय की बेटी के साथ शरारत की थी, जिससे नाखुश वायसराय ने उनका शिमला आना प्रतिबंधित कर दिया और इस अपमान-बोध से जलते राजा ने यह चेतावनी दी कि यदि मुझे शिमला नहीं जाने दिया तो मैं ऐसी जगह बसाऊँगा, जिसे देख लोग शिमला को भूल जाएँगे और राजा ने तब चैल को बसाया। उस स्थान को, जहाँ यह हादसा हुआ, आज 'स्कैंडल पाइंट' कहते हैं।

दो साल पहले जले 'डेविकोज हॉल' में पीतल के एक पत्तर पर लिखा था 'इंडियंस एंड डॉग नाट एलाउड' (भारतीयों और कुत्तों का आना मना है) बाद के दिनों में वह पत्तर लगा रहा और उसमें से 'भारतीयों' शब्द निकाल दिया गया था।

ज्ञानचंद चौहान बताते हैं—''जब हम छोटे थे तब उसके नजदीक से निकला करते और पत्तर को कौतुकभरी निगाहों से देखते थे। माल रोड पर एक रिक्शा चला करता था, जिसे चार आदमी एक साथ खींचते थे और एक सवारी उस पर बैठती थी। खीचंनेवाले चारों लोग दौड़ते थे। आज भी यही प्रथा बदस्तूर जारी है। वे दिन जरूर चले गए, पर उस माल रोड पर आज वही रिक्शा चल सकता है।''

माल रोड के ऊपर एक रिज है। रिज के पास मैदान और मैदान के नीचे पानी का टैंक है, जो सारे शिमला को पानी की सप्लाई करता है और दूर एक बड़ा मंदिर है पहाड़ की चोटी पर, जिसे जाखू का मंदिर कहते हैं। 2,445 मीटर की ऊँचाई वाली जाखू-हिल पर बसे हनुमान मंदिर तक पहुँचने से पहले बहुत से बंदर आपको घेर लेंगे और तब तक पीछा नहीं छोड़ेंगे, जब तक आप उन्हें कुछ दे ही नहीं देंगे। इस मंदिर से जुड़ी कथा यह है कि जब हनुमान संजीवनी बूटी के लिए पहाड़ लेकर जा रहे थे, तब उन्होंने यहाँ कुछ क्षण विश्राम किया था।

और, कुछ रुककर हम आज के शिमला की तसवीर टटोलते हैं, जो अतीत से बेखबर, अपने से बेखबर, केवल अपनी खूबसूरती में मग्न है। ब्रिटिश शासकों के जाने

के बावजूद इसका वह चरित्र आज तक नहीं बदला, न बदल सकेगा—दूसरों को लुभानेवाला चरित्र। आज भी मैदान से ऊबकर लोग शिमला की बाँहों में समा जाने के लिए उतावले रहते हैं।

ज्ञानचंद और सुभाष बलवाल बताते हैं, ''हमने बुजुर्गों से सुना था कि अंग्रेजों को घोड़े पालने और घुड़दौड़ का शौक था। एनानडील में एक बहुत बड़ा मैदान था, जहाँ अंग्रेजों के वक्त घुड़दौड़ होती थी, आज वहाँ हैलिपेड बन गया है। इसी के पास जिमखना क्लब था, जो आज उजाड़ है और वहाँ कुछ रिहायशी मकान बन गए हैं। हमारे चाचा (ज्ञानचंद के चाचा, केहर सिंह) ने भी घोड़े रखे थे। बहुत से लोग अंग्रेजों के दरबार में जाते थे, क्योंकि उन्होंने उन्हें खुश करने के लिए 'सर' व 'नाइटहुड' जैसी उपाधियाँ दे रखी थीं। कुछ लोगों ने अंग्रेजों की कार्यशैली ही अपना ली थी और वे उसी रंग में रंग गए थे। अंग्रेजों से कुछ लोगों ने अपने हित साधे। सोलन (पुराने शिमला से 30 कि.मी.) के पास एक चश्मा था, जिसका पानी बीयर बनाने के काम आता था। अंग्रेज डायर ने इसका नाम 'मेकिन ब्रेवरीज' रख दिया, जहाँ आज भी 'गोल्डन ईगल' नाम की मशहूर बीयर बनती है। डायर मेकिन ने यह ब्रेवरीज जाते वक्त एन.एन. मोहन को दे दी, जो आज 'मोहन मीकिन' के नाम से है। लेकिन आम लोग अंग्रेजी साम्राज्य से दूर थे और सहज जीवन जी रहे थे। झंकूर प्रकृति के लोग इन्हीं में थे, जो खेती के सहारे जीवन जी रहे थे।

उसके बाद शिमला का रूप बदला। एक अमेरिकन मिशनरी सैमुअल स्ट्रोक्स जो फिलाडेल्फिया का निवासी था, लोगों को ईसाई बनाने भारत आया। कोली, राजपूत और ब्राह्मण जाति के लोगों से जब उसने अपनी बात कही तो वे बोले, ''जो आप बोलते हैं वह ठीक है, पर हमारे धर्म में भी कोई खोट नहीं है।'' उसके बाद सैमुअल ने कई विद्वानों से गीता के बारे में जानकारी ली और गीता से वह इतना प्रभावित हुआ कि सैमुअल से सत्यानंद स्ट्रोक्स बन गया। उसकी फिलोडेल्फिया में सेबों की खेती थी, वहाँ से वह सेब के कुछ बूटे (पौधे) लाया और उसने कोटगढ़ में वे पौधे लगाए, पर उस वक्त लोगों ने उसे पागल कहा। उनका कहना था, ''यदि सेब उग भी गए तो हम इन्हें बेचेंगे कहाँ,'' सैमुअल उस वक्त एकदम नये प्रकार के बूटे लाया था।

बाद में तो हिंदुस्तान में सेबों की क्रांति हो गई और आज आलग यह है कि हिमाचल प्रदेश में 80 प्रतिशत व्यवसाय सेबों पर टिका है और उसे 'एपिल स्टेट' कहा जाता है। उसके बाद की यात्रा शिमला के रोज-रोज विकास की यात्रा है। समुद्र की सतह से 2,293 मीटर ऊपर बसे इस शहर में चीड़, ओक और देवदार के पेड़ों की लंबी-लंबी कतारें हैं, हरी भरी घाटियों के कई-कई रंग हैं और एक ऐसा निर्जन सन्नाटा है, जिसमें आदमी खुद को खो गया पाता है। 12 किलोमीटर की दूरी में फैले रिज को देखने पर शिमला एक कटोरे के आकाश-सा नजर आता है और घने बादलों की ओट से

गिरती चाँदनी, देवदार की नुकीली पत्तियों से छनकर बहुत धीरे-धीरे नीचे उतरती है, जो समवेत में एक नया संसार रचती है। सूर्यास्त और चाँदनी रात इस शहर की सभ्यता है।

1966 के बाद शिमला हिमाचल प्रदेश की राजधानी बना। शहर ने करवट ली। सेबों के खेतों पर नेपाली नौकर आ गए अपनी मुँहमाँगी मेहनत माँगने। बच्चे पब्लिक स्कूलों में जाने लगे, झूंकर की परंपरा खत्म होने लगी, पर शहर में फैले इतिहास-बोध ने इसे अपने अतीत से अलग नहीं होने दिया। बहुत सी इमारतें, जिसमें बार्नेस कोर्ट, कैनेडी हाउस, वायसरीगल लॉज, गोरडन केसल आदि आज सरकारी संरक्षण में आ गईं, राजा-महाराजाओं के महल, ब्रिटिश शासकों की इमारतें नए रूप में उभरीं। महाराजा पटियाला का पैलेस होटल चैल में 'चैल पैलेस' होटल बन गया और वहाँ के सर्वेंट क्वार्टर टूरिस्ट कॉटेज में बदले, जुब्बल के राजा का महल भी पर्यटकों के लिए उपयोगी बना।

1970 के बाद ओबेराय ग्रुप का होटल 'ओबेराय क्लार्क' बना, सड़कों और ट्रेनों के जाल फैले।

और इतिहास की सुरंग से उतरकर वर्तमान की खुली खिड़की तक शिमला बहुत शानशौकत के साथ चला आया। आज वहाँ नारे, शोर, हड़ताल, जुलूस, वादे और आश्वासनों के चलते भी विश्वास की एक ऐसी निश्चल धारा है, जो इसे सबसे अलग रखती है, इसकी प्रकृति की तरह।

(धर्मयुग, 17 मई, 1978)

❑

उत्सवी संस्कृति के तीन रंग

अम्माँ देर तक गुमसुम बैठी रहीं। वे बीच में एक बार थकी-थकी उठीं, बालकनी तक आईं और सूने मैदान को देखती रहीं। मैदान के पार की सड़क अपनी रफ्तार पकड़ रही थी। अम्माँ फिर अंदर आ गईं और धीरे से बोलीं—

"तूने फोन पर सब बोल दिया, सबकुछ लिखवा दिया, तो इसका मतलब दीवाली हो गई?" अम्माँ का सवाल इतना तीखा था कि उसके घाव से मैं लथपथ हो गया। वे कमरे के इकलौते पंखे में कुछ खोजती रहीं। फिर अचानक जैसे उन्हें कुछ याद आया— "वह इत्र की काड़ी, साबुत सुपाड़ी, लक्ष्मी-गणेश का पन्ना, एक पंचमुखी दीया, मिट्टी के 29 दीए, कलावा, हल्दी-चावल और खील-बताशे यह तो तूने बोला ही नहीं। बंदनवार के लिए फूल और आम के पत्ते, पूजा के लिए पान और हो सके तो केले के दो पत्ते-इतना सबकुछ आ जाएगा?"

अब की मैं अम्माँ की आँखों में उतर रहा था, अतीत की बांह थामे। वे क्या जानें, राजधानी दिल्ली के इन सरकारी मकानों में शाम सात बजे तक ही दीवाली उतरेगी। सुबह से लोग अपने कामों में उलझे रहेंगे। फोन पर दीवाली की मुबारकवाद देते रहेंगे, शुभकामनाओं के कार्ड तो सप्ताह भर पहले ही आ-जा चुके हैं। बाजार की मिठाइयों से भरे पैकेट और उपहारों का समारोह हो चुका है। इतना औपचारिक हो गया है हमारा यह उत्सव कि अम्माँ इसे समझ ही नहीं पाएँगी।

मैं किसे समझाऊँ कि अम्माँ दिल्ली की भाषा में जिसे 'इंस्टेंट दीवाली' कहते हैं, आत्मीयता से भरा हमारा वह उत्साह अब कहीं नहीं है, जिसकी आहट दस दिन पहले से हमें जगा देती थी। घर-परिवार जाग उठता था, कपड़ों से लेकर मन तक सब उसमें उतरने लगते थे। आज महानगरों में टूटते उत्साह ने इस त्योहार को कल तक किराए पर मकान दिलाने का धंधा करनेवालों की चौखट तक पहुँचा दिया है। उन्हें फोन करो, वे अपना रजिस्टर उठाते हैं, आपका पता नोट करते हैं और पूछते हैं—"आप दीवाली पर कितना पैसा खर्च करना चाहते हैं।" आपकी बताई राशि को सुनने के बाद फिर आधे-

एक घंटे के बाद आपके पास फोन आएगा और उस राशि को किस तरह बाँटा गया है, यह सब बता दिया जाएगा। कितने पैसे बिजली की झालरों पर खर्च होंगे, कितने मिठाई पर, कितने दीए आएँगे और कितने पैसे की पटाखे-फुलझड़ी—यह सब आप फोन पर सुन लेंगे। शाम होते-होते प्लास्टिक की थैली थामे एक नौजवान आपके घर आ जाएगा और दीवाली सजाकर चला जाएगा। पूजा के सामान के तौर पर माला, नारियल, मिठाई से ज्यादा कुछ नहीं होगा। उससे इत्र की काड़ी, केले के पत्ते की उम्मीद कैसे की जाए?

अम्माँ को यह कौन बताए, उन्हें यह कैसे समझा सकते हैं कि दीवाली अब लक्ष्मी-गणेश के कागज को दीवार पर चिपकाने और उनके दाएँ-बाएँ 'लाभ-शुभ' लिखने का नहीं, बस फोन पर बधाई देने तक का त्योहार रह गया है।

यह नहीं, थोड़ा और आगे चलें तो हमारे घरों में सत्यनारायण की कथा के साथ मनाई जानेवाली वर्षगाँठ आज डिस्को-घरों में 'हेप्पी बर्थ डे' में कैद हो गई है। जलती-बुझती रोशनी के बीच थिरकते युवा जोड़े, किसी उत्तेजक गाने के बीच रुकता 'हेप्पी बर्थ डे' का स्वर, उछलती शैंपेन और टुकड़ा-टुकड़ा केक में तब्दील हो गया है। यही नहीं, डिस्को-घर का प्रबंधन 'बर्थ डे' पार्टी के लिए किसी बड़े नाम की उपस्थित का भी प्रबंध करा देता है, यदि आप चाहें तो।

और इन पारंपरिक उत्सवों से दूर भी एक उत्सव होता है। उस ढलान से हर एक सेकेंड में गाड़ियाँ आ-जा रही हैं। बाहर की हरी घास पर सिर्फ सन्नाटा है और ढलान के नीचे कड़क सफेद ड्रेस में कई पगड़ीधारी चौकन्ने से खड़े हैं। वे हर आती-जाती गाड़ी को झुककर देखते हैं, सलाम करते हैं, फिर और-और झुक जाते हैं।

सेंट से महकती और मुसकानों से सराबोर उस महफिल में चमकदार फानूसों के आस-पास हँसी, ठहाके और कानाफूसी का मौसम है। लालकालीन के बीचोबीच गुलाब के फूलों से सजा एक विशाल घेरा है, जिसके अंतिम छोर पर कुछ पीले फूल जड़े हैं। एक सिंहासननुमा कुरसी और उस कुरसी के आस-पास खादी के कुरते-पाजामों का ऐसा जमघट है कि कोई भी चेहरा साफ-साफ दिखाई नहीं दे रहा। सफेद पट्टी के पार खाली गिलासों को करीने से सजाया जा रहा है और बोतलों को बार-बार कपड़े से साफ किया जा रहा है। पास में ही खाली प्लेटों और अलाव से दिखनेवाले विद्युत हीटरों पर खाना सजा है। मौसम में महक है और लोगों के चेहरों पर उत्साह की कुछ-कुछ रेखाएँ!

तभी दरवाजे पर आहट हुई। 'जिंदाबाद' के नारों के साथ जुड़े हाथों और मालाओं से लदे एक धोती-कुरताधारी ने अपनी उपस्थिति दर्ज की। काफी देर तक हाथों का मिलना, मुसकानों का उलझना, ठहर-ठहर कर 'जिंदाबाद' का उभरना और धक्कों के

बीच यह उत्सव शुरू हो गया।

यह राजधानी दिल्ली के एक पाँच सितारा होटल की शाम है जो अभी शुरू होना चाहती है। बाहर मौसम में कुछ गीलापन है और इधर अपनी चुनावी सफलता से गद्‌गद आजादजी लोगों के भीतर अपनत्व, उत्साह और शिष्टाचार का गीलापन उतार देना चाहते हैं। वे चाहते हैं कि यह उत्सव उनकी जीत का प्रस्थान बिंदु बने, लिहाजा छोटे-बड़े सबसे वे इस आत्मीयता से मिल रहे हैं कि लोग दंग हैं। कुछ ही देर में उनके चेहरे पर पसीना उभर आया और उसके साथ ही उभरे कई जोड़े रूमाल। वे थके-थके नजर आने लगे। नेपथ्य में शहनाई की धुन बज रही थी और चाँदी की ट्रे में रखा शीतल-पेय हर दूसरे आदमी के आस-पास आ-जा रहा था।

यह भी उत्सव था। राजधानी-संस्कृति का उत्सव। अपने निजी उल्लास का एक सार्वजनिक पर्व। ठहाकों और खुशी के उस मौसम में बेहद सधे कदमों से धीरे-धीरे बीच की कुरसी तक आए आजादजी ने फिर एक बार अपने हाथ हवा में उठाए, फिर-फिर लोगों का अभिवादन किया और कहा—"खुशी के इस मौके पर आप सब मेरे साथ हैं, इससे बड़ा उत्सव मेरे लिए कोई और नहीं हो सकता। मेरी जीत, आपकी जीत है। मेरे घर के दरवाजे हमेशा आपके लिए खुले हैं। आज का दिन मेरे लिए दीवाली-सा दिन है। मैं मानता हूँ कि आप जब-जब अपने निजी संसार में उतरते हैं, आपकी अपनी उपलब्धियाँ सबसे जुड़कर ऊपर आती हैं, त्योहार वहीं बन जाता है। मैं जिस झुग्गी-झोंपड़ी बस्ती से चुन कर आया, एक बत्ती कनेक्शन की जिस लड़ाई को मैंने लड़ा, हम जीते और जिस दिन उन अँधेरे-बंद कमरों में रोशनी बिखरी, उस दिन उस इलाके में एक उत्सव मना। रोशनी में नहाए उस उत्सव का एक-एक पल मेरी आँखों में कैद है। यहाँ बैठे नारायण भाई, गनेशी और भास्कर राव पाटिल सब वहाँ मौजूद थे और हमारी लड़ाई में शामिल थे। सबने मिलकर उस खुशी को बाँटा।"

"यह, और ऐसी ही एक खुशी उस दिन भी हम सबके बीच उतरी, जब हर पाँच घरों के बीच एक नल की टोंटी उभर आई थी।" अब की बोलते-बोलते आजादजी हाँफने लगे। उन्होंने अपने फेफड़ों में हवा भरी और आगे बोले—"पानी की ठंडी धार जब घरों के बरतनों को लबालब कर गई, तब उस शाम हम सबने समुदाय-भवन के मैदान में देर तक खुशी मनाई।"

"आज हम फिर एक उत्सव की चौखट पर हैं। वोट की ताकत जब पेटी से उभरी तो मैं चुना गया। मेरी जीत आपकी जीत है। यह मेरी जीत की खुशी का उत्सव है आप सबके लिए, यहाँ खाना-पीना है। मेरी खुशी में आइए, उतर जाइए।"

तालियों के उस मौसम में कुछ देर के लिए सब थिरकने से लगे। शहनाई की

आवाज तेज से तेजतर हो गई और दरवाजे पर कुछ अनार अपनी रोशनी बिखेरने लगे।

रोशनी यहाँ भी थी, पर जगर-मगर नहीं। धीमे-धीमे जल रहा था दीया, बुझ-बुझकर जल उठती थीं लालटेन। दूर एक समूह था बारीक मोमबत्तियों का। तीन लाख की आबादी वाले इस ग्रामीण मानसिकता वाले कस्बे में दस दिन पहले से चहल-पहल है। सब जगह जगार है। घरों का सामान दालानों में और दालान की चारपाई, मसहरी, खटिया सड़क के किनारे खड़ी कर दी गईं हें। पुताई का दौर जारी है। घरों, दुकानों को नए सिरे से सजाया जा रहा है। सड़क किनारे के घर चमकने लगे हैं। जगह-जगह सामान बिखरा है और घर के ही लोग बाल्टियों में कलई को घोलकर पुताई में जुटे हैं। कुछ जगह पेशेवर पुतइए लगे हैं। स्कूल में छुट्टियाँ हैं, सो बच्चे, बूढ़े सभी घर को सँवारने में जुटे हैं। कच्चे घरों को लाल मिट्टी या पोतनी मिट्टी से सजाया जा रहा है और उस पर ऐपन से माँडने काढ़े जा रहे हैं। 'दीवाली आ रही है' का उत्साह हर कहीं दिख रहा है।

कौन उस दिन किसके घर जाएगा, किसके घर क्या पकवान बनेगा—यह मुहल्ले की चर्चा का हिस्सा है। महीने भर पहले से कपड़े की दुकानों पर भीड़ है। कपड़े खरीदे जा रहे हैं, दर्जियों की दुकानों पर कतारें हैं। सब दीवाली से पहले कपड़े चाहते हैं। खाँसते किसन चाचा हों या 'फोशनेबल टेलर' अब्दुल—सब गले में इंची टेप लटकाए उलझे हैं। उनके घरों में तुरपन और साड़ियों की फॉल लगाने का काम जारी है यानी पुरुष दुकानों पर और महिलाएँ घरों में उलझी हैं। 'आई-आई रे दीवाली आई रे' गुनगुनातीं।

घरों के किवाड़ रंगों से और कुरसी-टेबल रेगमाल से रगड़कर वार्निश से चमकाए जा रहे हैं। कागज पर काम बाँट दिया गया है कि कौन दीवाली के दिन पूजा-घर को लीपने के लिए गोबर, बंदनवार के लिए आम के पत्ते, कपूर, कलावा, हवन-सामग्री लाएगा। कौन आंतिशबाजी खरीदने पिताजी के साथ-साथ झोला लटकाए जाएगा। कौन फल लाएगा और कौन सिंदूर से घर की दीवारों पर 'लाभ-शुभ' लिखेगा।

और दीवाली की सुबह से उत्साह जैसे फूटने को है। अम्माँ सुबह चार बजे से घर को लीपने के बाद पूजा-पाठ में उलझ गई हैं। पूजा के बरतनों को नींबू-नमक से चमकाया जा रहा है। फिर वे रसोई में उतर जाती हैं। कढ़ाई पर बैठी-बैठी अम्माँ जब थकने लगती हैं, तभी पूजा का वक्त हो जाता है। घर, पूजा-घर में सिमट जाता है। माटी के दीयों से न केवल अपना, पड़ोसियों का घर भी सजाया जा रहा है। घर का सारा सोना-चाँदी और नगदी पूजा में रखा है। बेल-पत्र से उसे पवित्र किया जा रहा है। 'ओम जय जगदीश हरे' और 'जय लक्ष्मी मैया' की आरती के साथ लक्ष्मी-पूजा समाप्त हो

रही है। खील-बताशे बाँटे जा रहे हैं। नए-नए कपड़े पहने घर के लोग ढकी थालियों में प्रसाद लिए एक घर से दूसरे घर जा रहे हैं।

आसमान रोशनी से भरा है। लोग शहर की सजावट देखने सपरिवार बाजार जा रहे हैं। पूजा हो चुकी है। खाना खाया जा चुका है। शहर देखने के बाद कुछ लोग ताश के पत्तों से उलझ जाएँगे तो कुछ घरों के किवाड़ खोलकर कि रात को लक्ष्मी मैया आएँगी, रोशनी बंद न करके झपक लेंगे। सुबह घरों के बाहर आतिशबाजी के फटे कागज, केले के पत्ते, बुझे दीये, मोमबत्ती के टुकड़े मिलेंगे।

दीवाली की रात बीत चुकी है, पर घर की चौखट पर सात दिनों तक दीया रख जाएगा और दीवाली से जुड़े किस्सों का दौर तो कई दिनों तक जारी रहेगा। उत्सव का उत्साह घरों की दीवारों, मुंडेरों और छतों से पता नहीं क्यों नहीं जा पाता।

(धर्मयुग, 16 अक्तूबर, 1994)

❑

संवेदनाओं का गिरता सूचकांक

यह 24 जून का एक राष्ट्रीय दैनिक था। भीतर के पेज पर एक कोने में छपा था—''हिंदी की प्रगतिशील काव्यधारा के प्रमुख स्तंभ केदारनाथ अग्रवाल का शुक्रवार सुबह यहाँ केन नदी के तट पर अंतिम संस्कार कर दिया गया। वे 90 वर्ष के थे।'

तीन लाइनों की इस खबर ने बहुत शालीनता से यह दुःखद सूचना दी कि हिंदी और उसके शिखर पुरुष अब सिर्फ हाशिए की चीज रह गए हैं। 22 जून को हिंदी कविता के इस 'केदार' ने आँखें मूंद ली थीं, पर आकाशीय चैनलों के इस बाजार में बांदा की यह खबर देश के दूसरे कोनों तक 23 जून तक भी अज्ञात कारणों से नहीं पहुँची थी। जब यह खबर छपी तब शोक व्यक्त करनेवाली संस्थाओं की सूची ज्यादा बड़ी थी—' कविता में प्रकृति का नेपथ्य' उपस्थित करने वाले कवि के बारे में कुछ भी नहीं था। यह भी नहीं कि कवि का आत्मसंघर्ष क्या था और यह भी नहीं कि कैसे यह आत्मसंघर्ष, वाचाल पुरुषों की आँखों को सालों तक दिखाई नहीं दिया। केदारनाथजी इस आत्मसंघर्ष को जीते रहे और उन्होंने लिखा—

जब-जब देखा लोहा देखा, लोहा जैसा,
तपते देखा, गलते देखा, ढलते देखा,
मैंने उसको गोली जैसा चलते देखा!

दरअसल, यह हिंदी का दुर्भाग्य है कि हम अपने आदर्श पैदा ही नहीं कर पाए या कहें कि हमने अपने आदर्शों को तीर्थ में तो बैठा दिया पर उनकी पूजा—अर्चना करना भूल गए या फिर करना ही नहीं चाहते। कहीं से, कोई भी एक आहट नहीं होती है और हमारे शिखर तड़-तड़ ढह जाते हैं। मीडिया खामोश रहता है और हम होंठों पर चुप्पी और चेहरे पर बेचारापन लिए इधर-उधर भटकते हैं।

‘दूसरा सप्तक’ के प्रमुख कवि केदारनाथ अग्रवाल, जिन्हे ‘ऐंद्रिक अनुभूतियों का कवि’ कहा जाता था, बाबा नागार्जुन और त्रिलोचन की त्रयी के एक नायक थे। शमशेर बहादुर सिंह ने लिखा है—“केदार जिस खोज की तरफ बढ़ा है, वह है समाज का सत्य और प्रकृति का खुला बेझिझक बोलना” और विश्वनाथ त्रिपाठी लिखते हैं—“केदारनाथ की कविताओं में समुद्र की व्यथा भी वाणी पा जाती है।”

यह न तो पहली बार है और न ही इसकी कोई गारंटी है कि यह उपेक्षा आगे नहीं होगी। हिंदी आलोचना को मार्क्सवादी नजर देनेवाले डॉ. रामविलास शर्मा की मौत भी उपेक्षा की ऐसी ही तंग गालियों में हुई थी। यह भी कुछ ही महीने पहले की बात है। हम दूसरी भाषाओं की बात क्यों करें, हमारे अपने हिंदी अखबारों ने डॉ. रामविलास शर्मा को पहले पेज के हाशिए से ज्यादा जगह कहाँ दी थी।

लगता है, हमारी संवेदनाओं का सूचकांक तेजी से गिर रहा है और हम चाहकर भी रो नहीं पा रहे हैं। केदारनाथजी ने लिखा था—

न टूटो तुम
वरन् झुको यों
कि चूम लो मिट्टी
और फिर उठो।
कोई है कि देखे
मेरा मनुष्य पत्थर हो गया है।
बहार के दिनों में।

(संज्ञा जनसत्ता, 15 जुलाई, 2000)

❑

विद्या प्रभुदेसाई तुम कहाँ मरी हो?

माचिस की एक तीली ने सबकुछ नष्ट कर दिया था—सपने सच और षड्यंत्र। हतप्रभ चेहरों ने एक निरीह औरत को जलते देखा। संवेदनशून्य मन उन चीखों से भी नहीं दहल पाए, जो चीखें मौत की बांहों में लगातार जकड़ती जा रही उस औरत की थीं, जो जिंदा रहना चाहती थी, पर अंततः उसे मौत मिली।

यह औरत विद्या प्रभुदेसाई थी, जिसे दफ्तर जाना था। वह रिजर्व बैंक की वर्ल्ड ट्रेड सेंटर स्थित शाखा में टाइपिस्ट थी। वह अविवाहित थी और अपने अस्सी साल के वृद्ध पिता, जो चर्नी रोड में रहते थे, की पूरी तरह देखभाल करती थी। वह रोज मराठा मंदिर जंक्शन के पास उस बस स्टॉप से बस पकड़ती थी, जिस स्टॉप से 65 और 66 नंबर की बसें जाती थीं। 23 जून यानी शुक्रवार को सबकुछ ऐसा ही था। वह बस का इंतजार कर रही थी कि उसे अचानक मौत ने लपक लिया। यह मौत एक षड्यंत्र रचकर आई थी। घर छोड़ते वक्त विद्या प्रभुदेसाई कहाँ सोच पाई होगी कि उसको अपने स्तर पर चाहनेवाला राशिद उर्फ रसिक सोलंकी, जिससे वह अकसर अपने कपड़े सिलवाती थी—मौत लेकर कुछ ही मिनटों में उसके सामने आ जाएगा। उस स्टॉप पर रसिक मिट्टी के तेल की बोतल लेकर आया, उसने विद्या पर झटके से तेल फेंका। तेल से नहाई विद्या चीखते हुए भागी। रसिक भी भागा और उसने एक जलती हुई तीली विद्या पर फेंक दी। आग पाकर साड़ी धधक उठी।

…और उस भीड़ भरी सड़क पर पैंतालीस साल की विद्या प्रभुदेसाई, पचपन साल के रसिक सोलंकी द्वारा भेजी गई मौत से बच नहीं पाई। वह चीखती रही। उसकी चीखें, दीवारों से टकराकर उसी तक वापस लौटती रहीं। भीड़ उसके आपसपास थी। सब नसीहतें बाँट रहे थे। कोई कह रहा था—कंबल होता तो लपटों को रोका जा सकता था। कार रोककर, कुछ क्षण रुकी एक महिला उसे जमीन पर लेटने की सलाह देकर चली गई। कुछ लोग 'पानी लाओ, पानी लाओ', चिल्लाते रहे—पर खुद पानी नहीं लाए, एक चायवाला पानी ला रहा था, तो सिग्नल की बदतमीजी ने उसे रोक दिया। बाकी सब पल-पल मौत की बांहों में जाती विद्या प्रभुदेसाई को देख रहे थे। उन्हें कुछ नहीं करना

था—जबकि वे चाहते तो कर सकते थे।

यह चाहना सिर्फ उत्तम कदम में दिखी, जो ट्रैफिक हवलदार है और घटना के वक्त नायर अस्पताल के दरवाजे पर था। वह अस्पताल गया, पर डॉक्टरों ने उसकी बात नहीं सुनी। उसने घटना की जानकारी दी, पर उसे जानकारी दी गई कि न तो एंबुलेंस यहाँ उपलब्ध है, न स्ट्रेचर: कदम अपनी मोटरसाइकल से आग्रीपाड़ा पुलिस स्टेशन पहुँचे। इसके पहले कि आग्रीपाड़ा पुलिस पहुँचती, नागपाड़ा पुलिस स्टेशन चेत चुका था। पुलिस ने अपना फर्ज निभाया था। विद्या को नायर, फिर कस्तूरबा अस्पताल भेजा गया। पर मृत्यु उस पर कब्जा कर चुकी थी। वह 98 प्रतिशत जल चुकी थी। कुछ ही घंटों में उसका प्राणांत हो गया। इधर, रसिक सोलंकी ने 'टिक् 20' पी ली। उसे भी नायर अस्पताल लाया गया—वह खतरे से बाहर है।

खतरे में हैं तो वे रिश्ते, आत्मीयता, मानवीयता और वह पहल, जो विद्या प्रभुदेसाई को मौत की बांहों से बचा सकती थी। पर हम जिस संवेदनशून्य, भाव शून्य और खत्म होते रिश्तों के बीच नकली मुसकान चिपकाए जी रहे हैं, उनका अब कोई मतलब नहीं बचा। भीड़ देखती रही, पर वह विद्या को कुछ ही कदमों के फासले पर स्थित नायर अस्पताल तक नहीं पहुँचा सकी। वे ही चेहरे उस बस स्टॉप पर खड़े थे, जो चेहरे रोज उस औरत को बस से चढ़ते-उतरते देखते थे, पर वे बचाव की मुद्रा में नहीं आए। रसिक सोलंकी ने पहले मिट्टी का तेल फेंका, लोगों ने देखा—पर वे उसे नहीं पकड़ पाए। सब जानते थे कि मौत का यह पूर्वार्द्ध है, उसके बाद आग ही आग है। पर किसी ने रसिक को नहीं पकड़ा। विद्या चीखी 'मुझे बचाओ' मगर तब तक मौत का उत्तरार्द्ध उस तक आ चुका था। एक जलती तीली ने सब नष्ट कर दिया।

जिस मुल्क में विदेशी नस्ल के कुत्तों की सालगिरह पर अंग्रेजी अखबार में विज्ञापन छपते हैं, झबरे बालोंवाली मैडमें कुत्ते के इलाज के वास्ते दफ्तर नहीं जातीं और उनके शुभचिंतक कुत्ते के शीघ्र स्वस्थ होने की कामना वाले कार्ड भिजवाते नहीं थकते, उस मुल्क में एक विद्या प्रभुदेसाई नपुंसक भीड़ का खिलौना भर बनी रहती है। वह छोटे परदे पर आनेवाला एक करुण दृश्य भर बनकर रह जाती है। उसका त्रास छोटे परदे के बटन को बंद करने के बाद खत्म हो जाता है। पर यहाँ विद्या प्रभुदेसाई कहाँ मरी है? यहाँ तो हमारी संवेदनशीलता ने आत्मघात किया है।

पर सच इतना भर तो नहीं है। जयबाला आशर को भी ऐसी ही भीड़ ने उपेक्षित किया था, वरना वह अपना पैर नहीं खोती। अमृता देशपांडे और रिंकू पाटील का करुण अंत आज भी लोग कहाँ भूले हैं। आरती प्रधान को आज फूलों के गुलदस्ते मिल रहे हैं, लेकिन भीड़ की उपेक्षा तो उसे भी सहनी पड़ी। यह अलग बात है कि उसने भीड़ को ही उपेक्षित कर, हमलावरों को ध्वस्त कर दिया।

मुझे याद है दो दशक पुरानी वह घटना, जब फिल्म 'अर्द्धसत्य' रिलीज हुई थी।

मैं दिल्ली और ग्वालियर के बीच अपनी हथेली पर सपनों को थामे इधर-उधर भटक रहा था। मेरे उस छोटे शहर में 'अर्द्धसत्य' के उस दृश्य पर खासी बहस होती थी, जिसमें ओम पुरी पुलिसवर्दी पहनकर घर से निकलता है और दरवाजे के बाहर पड़ोसी की अर्थी सज रही है। वह एक क्षण रुकता है। पूछता है—यह कब हुआ और फिर पूरी सहजता से दफ्तर चला जाता है। मेरे शहर की बहस थी, कि पड़ोसी मर जाए और पता भी न चले, यह कैसे संभव है? तब यह दृश्य किसी को नहीं भाया था। हमारी खत्म होती संवेदना की यह सूचना बीस साल पहले उस दृश्य में थी।

विद्या ने तो उसे सिर्फ शत-प्रतिशत सच में बदला है।

(संझा जनसत्ता, 26 जून, 2000)

❑

कलाबाई की चीखें और सोता अस्पताल

घर छोड़ते वक्त अमना यह नहीं जानता था कि घर वापस लौटने पर वह अपने साथ क्या लाएगा? अमना और कलाबाई को घर से विदा करते वक्त परिजनों ने उन्हें आशीषों से भर दिया था। उनकी वापसी का, एक सुखद सूचना का घर के सभी सदस्यों को बेसब्री से इंतजार था। कोई सोच भी नहीं सकता था कि निपट देहात से दूर शहर जा रहे अमना के साथ क्या हो जाएगा?

और उसके साथ जो कुछ हुआ, उसकी पत्नी के साथ जो सुलूक किया गया—वह अप्रत्याशित, अमानवीय और अविश्वसनीय है। वह घर लौट आया पर खाली हाथ। सुखपूर्वक घर से गया अमना—दुःख, हताशा, प्रायश्चित और उजड़ी दुनिया की एक ऐसी कहानी अपने साथ ले आया, जो उसे तो सालोंसाल परेशान करेगी ही, उसके घरवाले भी इस दुर्घटना से शायद ही उबर पाएँ।

अमना और कलाबाई मध्य प्रदेश की राजधानी भोपाल से कुछ ही किलोमीटर दूर बसे विदिशा के एक निपट देहात में अपनी जिंदगी जी रहे थे। कलाबाई गर्भवती थी। परिजनों ने तय किया कि उसका प्रसव भोपाल के सबसे बड़े अस्पताल में हो। पहली संतान का मामला था। उनका दुर्भाग्य इसी निर्णय के बाद से शुरू हो गया। तय तारीख पर कलाबाई को प्रसव-वेदना हुई। अमना उसे भोपाल ले आया। राजधानी के सबसे बड़े और मध्य प्रदेश के प्रतिष्ठित हमीदिया अस्पताल में उसने कलाबाई को भर्ती करा दिया।

दूसरे दिन कलाबाई की प्रसव-वेदना तेज हुई। रात गहरा रही थी और कलाबाई वेदना से तड़प रही थी। उसका पति वार्ड में तैनात नर्स और आया को बुलाने गया। वे अपनी जगह पर नहीं थीं। उसने ढूँढ़ा। वे नहीं मिलीं। फिर पता चला कि वे आराम फरमा रही हैं। अमना वहाँ पहुँचा। इधर कलाबाई प्रसव की असह्य वेदना से छटपटा रही थी, उधर उसका पति नर्स और आया को जगाने की असफल कोशिश करता रहा। पूरा वार्ड कलाबाई की चीखों से थर्रा उठा, पर न तो ड्यूटी पर तैनात नर्स, न आया और न ही कोई डॉक्टर उसके पास आया। लगा, जैसे पूरा अस्पताल लकवाग्रस्त हो गया है।

घबड़ाकर वार्ड के कुछ लोग महिला चिकित्सक को बुलाने दौड़े। उस बीच कलाबाई को प्रसव हो गया। मध्य प्रदेश की राजधानी के एक सबसे बड़े अस्पताल में बड़ी उम्मीद के साथ आए एक पति ने अपनी पत्नी का प्रसव खुद करवाया। प्रसव के बाद दर्द से छटपटाती कलाबाई और उसके नवजात शिशु ने कुछ ही देर बाद दम तोड़ दिया। यह सारा घटनाक्रम तेजी से घूम रहा था। पूरा वार्ड अवाक् और असहाय था, पर न नर्स जगी, न आया। न कोई डॉक्टर आया, न कोई और। अपनी उजड़ी दुनिया और नष्ट हो गए विश्वास को थामे अमना की कराहें पूरे अस्तपाल को हिला रही थीं—पर कोई जगे तब न!

कलाबाई की मृत देह के पास आक्रोश में छटपटाते मरीज जुट आए। उन्होंने प्रबंधन से जवाब माँगा। पर प्रबंधन झूठे तथ्य और मूर्खतापूर्ण तर्क देने लगा। वह हर स्तर पर नर्स, आया और डॉक्टर को बचाना चाहता था। डर के मारे मरीज एक-एक करके अस्पताल से जाने लगे। उनका कहना था कि इस तरह की मौत नहीं चाहिए। क्या यह सीधे-सीधे हत्या का मामला नहीं बनता? अमना का परिवार उजाड़ने का हक अस्पताल के कर्मचारियों को किसने और कब दिया?

दरअसल, यह हमारी पत्थर हो रही संवेदना की प्राथमिक सूचना रिपोर्ट है। यह कर्त्तव्यों के प्रति घटती आस्था, हृदयहीन संवेदना, लज्जाजनक व्यवहार और सरकारी अस्पतालों के अमानवीय वातावरण का वह कुरूप चेहरा है, जिसे मिटाने की इच्छाशक्ति कहीं से नहीं दिखती। एक माँ खुद के और अपने नवजात शिशु के जीवन की भीख माँगती रही, पर कहीं कोई आहट नहीं हुई। एक पिता अपनी आँखों के सामने अपनी ब्याहता और नवजात शिशु को मृत्यु के मुँह में जाते देखता रहा और उसकी कराहें अस्पताल के मोटे दरवाजे से टकराकर लौटती रहीं। समाज की यह संवेदनहीनता हमें कहाँ ले जा रही है?

क्या आया से लेकर डॉक्टर तक और अस्पताल के मुखिया से लेकर राज्य सरकार के स्वास्थ्य मंत्री तक इसी समाज का हिस्सा नहीं हैं? फिर अस्पताल की जर्जर व्यवस्था में सुधार की पहल क्यों नहीं हुई?

नर्स, आया और डॉक्टर को सरकारी-तंत्र में लापरवाही बरतने के संगीन आरोप में गिरफ्तार क्यों नहीं किया गया?

दुर्भाग्य यह भी कि हत्या हो या बलात्कार, जख्मी पुरुष हो या प्रसव से तड़पती औरत—हमारी संवेदना के तार झंकृत ही नहीं होते। इस खत्म होती संवेदना का किस्सा मुंबई में हो या देहरादून में, उसके केंद्र में विद्या प्रभुदेसाई हो या कला बाई—उनकी नियति एक-सी है। क्या हम पाषाण-युग में जी रहे हैं?

(संझा जनसत्ता, 11 सितंबर, 2000)

❑

किस्सा एक प्रतापी तोते का

पिछले दिनों एक प्रतापी तोते ने राजधानी दिल्ली के पुलिस प्रशासन के हाथों के ही तोते उड़ा दिए। जब देश आजादी की आधी सदी का जश्न मना रहा था, कश्मीर में हुए विस्फोट की प्रेत छायाएँ सब तरफ डोल रही थीं और दिल्ली के पुलिस आयुक्त कानून-व्यवस्था को चुस्त करने, स्वाधीनता दिवस सकुशल मनने की खुशी में जुटे थे कि एक तोते ने सबकुछ अस्त-व्यस्त कर दिया।

दक्षिण-पश्चिम दिल्ली की सरोजिनी नगर पुलिस उस वक्त खासी परेशानी में फँस गई, जब उसे पता चला कि उनके क्षेत्र में रहनेवाली एक दमदार केंद्रीय मंत्री का प्रिय तोता चोरी हो गया है। मामला केंद्रीय मंत्री का था और वह कोई सामान्य मंत्री नहीं थीं। राजसी खानदान में पली, बढ़ी और राजनीति में दक्ष हुई उस मंत्री महोदया के प्रिय तोते की चोरी पर, पुलिस को सक्रिय होना ही था। पुलिस ने आनन-फानन में तोते की चोरी का मुकदमा दर्ज कर सिर्फ 24 घंटों में अभियुक्त को पकड़कर, तोता बरामद कर लिया। मंत्री महोदया की तोते में अटकी जान वापस लौटी। उनका व्यवहार सहज हो गया और कुछ घंटों के लिए असहज हो गई पुलिस ने अपनी दक्षता साबित कर, लोकतंत्र के पहरेदार को सुख की नींद सोने दिया।

केंद्रीय लघु उद्योग राज्यमंत्री वसुंधरा राजे सिंधिया के अचानक गायब हो गए तोते की सूचना, सरोजिनी नगर पुलिस विभाग पाते ही सन्निपात-सी स्थिति में आ गया। कारण तोता बेशकीमती था। वह आदमी की आवाज में बोलता था। वह इतना ज्ञानी था कि दरवाजे पर कार की आहट पाते ही, दरबान को आदेशित करता था। उसके बगैर मंत्री महोदया का दिन अच्छी तरह नहीं कटता था। वह उनकी जिंदगी का जरूरी हिस्सा था। यही नहीं, मेहमान को पानी पिलाने से लेकर, न जाने क्या-क्या विशेषताएँ उस तोते

में थीं। बाजार में उसकी प्रजाति दुर्लभ थी और उसकी कीमत मोटे तौर पर दो लाख रुपए से ज्यादा थी। पर, यह तोता सूरीनाम सरकार ने मंत्री महोदया को उस वक्त भेंट किया था, जब वे विदेश राज्यमंत्री थीं और सरकारी स्तर पर सूरीनाम की सद्भाव यात्रा पर गई थीं। पुलिस ने सब तरफ अपना जाल बिछा दिया। पुलिस के आला अफसर मंत्रालय के फोनों से परेशान हो उठे थे, जो हर क्षण, हर पल आ रहे थे और तोते का हाल-हवाल पूछ रहे थे। पुलिस ने बताया कि उसे एक चिड़िया बेचनेवाले ने सूचना दी थी कि एक व्यक्ति ऐसा विदेशी तोता बेचना चाहता है, जो आदमी की भाषा बोलता है। इस सूचना पर पुलिस के नकली ग्राहक ने, सौदा तय करके अभियुक्त संजीव को गिरफ्तार कर लिया। उससे पुलिस ने अद्भुत प्रतिभावाला यह तोता बरामद कर लिया। पुलिसिया प्रयोग के बाद संजीव ने बताया कि उसे तो यह तोता किसी ने सिर्फ बेचने के लिए दिया था, इसके एवज में उसे कुछ कमीशन मिलना था। यानी मूल अभियुक्त मंत्री महोदया की कोठी में ही कहीं छिपा था या उसका लंबा हाथ कोठी तक पहुँचा था। पुलिस ने मूल अभियुक्त की तलाशी का महत्त्वपूर्ण काम बंद नहीं किया है।

लेकिन इस विचित्र किंतु सत्य जैसे किस्से से शुरू हुई बहस यह है कि आखिर हमारे राजनेता, जनप्रतिनिधि जन के प्रति कितने प्रतिबद्ध हैं? वसुंधरा राजे, ग्वालियर राजघराने से संबद्ध हैं। उनकी माँ विजयाराजे सिंधिया भाजपा की वरिष्ठ उपाध्यक्ष रही हैं। उनके भाई श्रीमंत माधवराव सिंधिया, लोकसभा में कांग्रेस के उपनेता हैं। वे भरतपुर राजघराने की पुत्रवधू हैं और राजस्थान से सांसद हैं। उनका बचपन, उनकी शिक्षा-दीक्षा और उनका विवाह—सब राजसी माहौल में हुआ। बड़े-बड़े राजमहलों, रत्नजड़ित सिंहासनों और इत्र से महकते दरबारों में उनका जीवन धीरे-धीरे खर्च हुआ है। लोकतंत्र की गद्दी पर राजतंत्र की ताजपोशी करवानेवाली वे अकेली महारानी नहीं हैं। लोकतंत्र कितना भी बेहाल हो, महारानी की पलकें तो समय पर ही खुलेंगी। आखिर जन के प्रति इतनी सजगता क्यों? तारीफों के आदी कानों और लालकालीन से बाहर न जा सकनेवाले पाँवों की कुछ तो मर्यादा होगी। इस मर्यादा के भीतर तोते का सुरक्षित और साबुत रहना जरूरी है और रहेगा।

रही बात कानून और प्रशासन की, तो वह तो सदियों से इस तरह की घटनाओं को करने, सहने और पनपा देने को अभिशप्त है। मुझे याद है 19 साल पहले की वह घटना जो मध्य प्रदेश के शहर छतरपुर में घटी थी। तब एक कुत्ते की मौत ने प्रशासन और पत्रकारों के बीच नंगी तलवारों को चमका दिया था। एक कुत्ते की, एक ट्रक से टकराकर मौत हो गई थी। पुलिस कई घंटे उस ट्रक की तलाश में घूमती रही। अंततः वह ट्रक नहीं मिला। इस समाचार को, विभिन्न अखबारों ने इस टिप्पणी के साथ प्रकाशित किया कि एक कुत्ते को कुचलनेवाले ट्रक की तलाश में पुलिस इतनी चुस्ती दिखाती है, जबकि डकैतियोंवाले इस जिले में हत्या या डकैती की वारदात होने पर कई

घंटे बाद भी पुलिस के दर्शन नहीं होते। इस टिप्पणी से जिला कलेक्टर इस कदर बौखला गए थे कि उन्होंने एक पत्रकार वार्ता में कहा—''मैं चाहूँ तो समाचार पत्रों पर एक लाख का दावा कर सकता हूँ'' कलेक्टर दावा तो नहीं कर पाए पर 'कुत्ते' की मौत पर उनके नेतृत्व में हुई सक्रियता पर कई दिनों तक दबे-दबे रहे।

सवाल यह है कि दुनिया के सबसे बड़े लोकतंत्रवाले भारत-वर्ष में जब एक शहीद सैनिक की माँ पेंशन पाने के लिए एक मुख्यमंत्री के दरबार में चकराकर गिर पड़ती है, पर उसकी सुनवाई का कागज आगे नहीं बढ़ता। जिस देश में सामूहिक बलात्कार से दंशित एक माँ-बेटी लगभग डेढ़ साल तक बोट क्लब पर धरना देती हैं, मगर उनकी आवाज गोल इमारत में चक्कर ही काटती रहती है—उस देश में तोते की चोरी और कुत्ते की मौत पर समूचे प्रशासन का भरतनाट्यम करना, एक ऐसा शोकगीत है जिस पर शोक भी व्यक्त नहीं किया जा सकता। क्या करें?

(संझा जनसत्ता, 23 अगस्त, 2000)

❑

एक थी कृष्णा, एक थी टीकमबाई

तीन घटनाएँ संक्षेप में, पहली घटना चार जुलाई को बदलापुर में घटी। बदलापुर के बालीवली क्षेत्र निवासी रामदास की मृत्यु प्राकृतिक कारणों से हुई, पर परिजनों को न जाने क्यों यह पक्का विश्वास हो गया कि रामदास की मृत्यु पड़ोस में रहने वाले कृष्णा द्वारा जादू-टोना करने से हुई है। उनका यह अंधविश्वास इतना प्रबल था कि उसकी काली आँधी में उन्हें कुछ नहीं दिखा—समाज, कानून, यातना और अंततः उपेक्षित जीवन। नतीजा—उन बारह लोगों ने धारदार हथियारों से कृष्णा को तब तक मारा, जब तक उसका प्राणांत न हो गया। बदलापुर पुलिस ने इस क्रूर हत्या के अपराध में आठ लोगों को गिरफ्तार कर लिया—इनमें तीन महिलाएँ भी हैं। चार अभियुक्त हाल-फिलहाल पुलिस के पंजे से बाहर हैं।

दूसरी घटना भी कुछ-कुछ इसी तर्ज पर घटी, पर वहाँ भी एक महिला टीकमबाई को अंधविश्वास में पगलाई भीड़ के हाथों मरना पड़ा। नागपुर के कलमना थाने की, विजय नगर झोंपड़पट्टी में पति श्यामलाल साहू के साथ रहने वाली टीकमबाई अपनी मौत नहीं मरी। उसकी हत्या जादू-टोना करने के भ्रम में की गई—सच को जाने बगैर। उसके पड़ोसी योगेश ठाकुर की ढाई वर्ष की पुत्री मनीषा की मृत्यु किसी बीमारी से हो गई। योगेश एक तांत्रिक के पास गया और उस तांत्रिक ने आगा-पीछा सोचे बगैर किसी अज्ञात कारण के योगेश से साफ-साफ कह दिया—"तेरी बेटी मनीषा को, तेरे बगल में रहनेवाली एक भूतनी खा गई।" तांत्रिक की इस जानकारी को योगेश ने अक्षर-अक्षर सच माना। वह घर आया। फिर वहाँ पंचायत बैठी। पंचायत ने टीकमबाई को अपने स्तर पर दोषी माना। फिर पंचायत के फैसले को मानते हुए भीड़ टीकमबाई के घर गई। उसे घर से बाहर निकाला। निर्वस्त्र किया। उस पर पत्थर बरसाए। उसे लात-घूसों से मारा और हर घर के दरवाजे तक ले जाया गया। यह यातना रात भर चली। उसके पति श्यामलाल का करुण रुदन और टीकमबाई का चीख-चीखकर कहना कि "मैं भूतनी नहीं, टीकमबाई हूँ, मेरा किसी जादू-टोना से कोई लेना-देना नहीं है"—किसी ने नहीं

सुना। आखिर वह उन्मादी भीड़ की बलि चढ़ गई। इस घिनौनी हत्या के अपराध में पुलिस ने 19 लोगों को गिरफ्तार किया। घटना का खलनायक वह तांत्रिक पूरे समय मौजूद था। पंचायत में भी, टीकमबाई पर भीड़ के हमले के वक्त भी, उसकी यातना के वक्त भी और उसकी मृत्यु पर भी। उसकी भूमिका बदले की, खुद को ऊँचा बताने की और एक स्त्री को बेवजह मौत के मुँह में पहुँचाने से ज्यादा कुछ नहीं थी। तांत्रिकों का यह तंत्र ऐसी ही घटनाओं से फल भी रहा है और फैलाया भी जा रहा है।

तीसरी घटना के केंद्र में भी एक औरत है और दुर्भाग्य से वह सामाजिक न्याय के इस मौसम में बाकायदा चुनी गई एक पंच है। पर, उसकी करुण कथा 19वीं सदी के महानायकों के बंद ज्ञान-चक्षुओं को शायद खोल सके।

मध्य प्रदेश के आदिवासी बहुल क्षेत्र बैतूल की बारेगाँव ग्राम पंचायत की पंच सुनीताबाई का वासुदेव नामक युवक ने पहले अपहरण किया, फिर बलात्कार। वासुदेव के चंगुल से दो दिन बाद सुनीताबाई उसे चकमा देकर किसी तरह ग्यारह किलोमीटर पैदल चलकर अपने गाँव पहुँची। उसने अपनी व्यथा-कथा पति और भाई को बताई। उसकी यातना यहीं से शुरू हुई। आदिवासी परंपराओं से बँधे उसके परिजनों ने शुद्धिकरण के वास्ते सुनीताबाई के हाथ पीछे बाँधे, उसके गले में जूते और चप्पलों की माला डाली, कमर में बैलों के गले में बँधनेवाली घंटियाँ पहनाईं और उसे मारते हुए गाँव भर में घुमाया। आदिवासी परंपरा तो और आगे जाती है, जिसमें बलात्कार की शिकार औरत की अंतिम शुद्धि के लिए उसे गले तक गर्म रेत में खड़ा करके जलाया जाता है। सुनीताबाई थोड़ी-सी भाग्यवान निकली कि वह 'रेतशुद्धि अभियान' से बच गई। प्रशासन ने आनन-फानन में अपहरण और बलात्कार करनेवाले युवक सहित सुनीताबाई के परिजनों और उसे दंड देनेवालों को गिरफ्तार कर लिया। गाँव में तनाव तो रहा, पर सुनीताबाई के पति को दु:ख है कि उसकी पत्नी की पूरी तरह 'शुद्धि' नहीं हो पाई। गाँव के बुजुर्ग कहते हैं कि कानून क्यों बीच में आया? यह तो हमारी परंपरा है। इस परंपरा के अंत में सुनीताबाई की कमर में एक बड़ा पत्थर बाँधना था और विशेष पूजा के तहत गाँव भर को भोजन कराना था। वे ऐसा नहीं कर पाए या उन्हें नहीं करने दिया—उनका दु:ख यही है।

और यही है 19वीं सदी की आधुनिकता का ढिंढोरा पीटते भारत का वह चेहरा, जो विकृत भी है और कुरूप भी। सुनीताबाई को उस मध्य प्रदेश में बेइज्जत किया गया, जिस प्रदेश का मुखिया 'ग्राम सरकार' या कहें 'सिटी चार्टर' का प्रचार करता नहीं थकता। जिस प्रदेश में ग्राम पंचायत को, राज्य सरकार की तरह अधिकार प्राप्त हैं। जिस प्रदेश में सरपंच और पंच अपने गाँव के मुख्यमंत्री और कैबिनेट मंत्री की भूमिका में हैं,

उस प्रदेश की चुनी गई एकमात्र महिला पंच की इज्जत का यह पंचनामा किस कानून की धज्जी उड़ाता है? क्या गिरफ्तार लोग लंबी सजा पा सकेंगे? शायद नहीं, इसलिए कि कानून के छेद उनको साबुत बचा लेंगे।

तब हमारी घोषणाओं का क्या होगा? अंधविश्वास ने आज एक टीकमबाई और एक कृष्णा को खत्म किया है, कल इसका पंजा फैल भी सकता है।

(संज्ञा जनसत्ता, 17 जुलाई, 2000)

❑

अँधेरे में चमकती है एक लड़की

यह सबकुछ हुआ मुंबई की छाती पर ही। इन घटनाओं में स्थान अलग-अलग थे। हत्याओं के तौर-तरीके अलग-अलग थे। सूत्रधारों के तरीके अलग थे। पर एक जैसा था सबका अंत—त्रासद और करुण। एक जैसी थी सबकी कहानी—थोड़ी इधर-उधर होकर। सबके केंद्र में एक निरीह औरत थी और था घुँघरुओं, अँधेरों और छलावे भरी रोशनी का मायालोक।

पहली घटना—ग्यारह जुलाई की। अखबार के एक कोने में बगैर शीर्षक के के एक खबर थी—'कांदिवली पुलिस को सह्याद्रि नगर में तीस से पैंतीस साल की उम्र की एक महिला की लाश एक बिल्डिंग के दूसरे माले के अहाते में पड़ी मिली। महिला के गले पर साढ़े पाँच इंच गहरा घाव था। पुलिस का कहना है कि महिला किसी बीयर-बार में डांसर थी।'

दूसरी घटना—नेरूल के एक बीयर-बार में काम करने वाली एक डांसर ने विक्रोली स्थित अपने घर में फंदा लगाकर आत्महत्या कर ली। मृत्यु के कुछ दिन पूर्व वह डांसर गहरे तनाव में थी। पुलिस सूत्रों के मुताबिक उसका बार में आनेवाले एक ग्राहक से आत्मीय संबंध था। वह ग्राहक उससे विवाह करने का वायदा पिछले एक साल से कर रहा था। उसने विवाह के वास्ते घर खरीदने, सामान आदि के बहाने लगभग डांसर से पौने दो लाख रुपए लिए थे। पिछले सप्ताह उस ग्राहक ने डांसर से विवाह करने से साफ मना कर दिया। पैसे देने की बात से भी वह ग्राहक पूरी तरह मुकर गया। पुलिस ने आत्महत्या के लिए उकसाने के अपराध में उस ग्राहक को गिरफ्तार किया है। उसने विवाह की बात से इनकार किया है और कहा है "मेरा बसा-बसाया परिवार है। मेरे दो बच्चे हैं—मैं डांसर से क्यों विवाह करूँगा?" पुलिस जाँच जारी है।

तीसरी घटना—मीरा रोड स्टेशन पर पुलिस ने एक लाश बरामद की। जींस-टॉप पहने मिली इस लाश की पुलिस ने पहचान कर ली है। यह लाश बीयर-बार में काम करनेवाली, बिहार की एक डांसर की है। अपने पति से उसका कुछ माह पूर्व तलाक हो

गया था। लड़की के पिता ने पहले तो कपड़ों को देखकर उसे पहचाना नहीं, बाद में वे पहचान गए। पुलिस के मुताबिक लड़की के पिता को यह नहीं मालूम था कि उनकी लड़की बीयर-बार में डांसर थी। वह घर से साड़ी पहनकर जाती थी, इसलिए उसे जींस-टॉप में देखकर वे चौंक गए। पुलिस का अनुमान है कि मीरा रोड आनेवाली अंतिम ट्रेन से उसे धक्का दिया गया है या हत्या के बाद उसकी लाश पटरियों पर डाल दी गई ताकि उसे दुर्घटना मान लिया जाए।

शायद ही कोई महीना ऐसा बीतता होगा, जिसमें बार-बालाओं की हत्या या उनके साथ सामूहिक बलात्कार की घटनाएँ सुनाई न देती हों। महानगर की यह महामाया है, जहाँ बार की डूबती-उभरती रोशनी में बहुत कुछ गुम हो जाता है—रिश्ते, सपने, प्यार और ईमान। सिक्के यहाँ का धर्म हैं और फरेब मजबूरी। यही फरेब लड़की के स्तर पर भी हो सकता है, प्रेमी बने ग्राहक के स्तर पर भी। इस धूप-छाँव के खेल की नियति मृत्यु भी है और धोखा भी। एक गाने पर पाँच सौ रुपए का हार पहनने के लिए लालायित लड़की आपसे बार में तो रात को संग चलने की बात भी कह सकती है, पर बाहर वह शायद ही आपको पहचाने। ऑटो में बैठकर वह हवा हो जाएगी। लड़की का सच है—झूठ। ग्राहक का सच है—धोखा खाना या धोखा देना। मनोचिकित्सक मानते हैं कि झूठ और धोखे की इसी आदत से ज्यादातर अपराध होते हैं और बार-बालाएँ पारिवारिक हालात के चलते इस धंधे में आती हैं।

एक मोटे आँकड़े के मुताबिक मुंबई के विभिन्न बारों में कार्यरत बार-बालाओं (डांसर और वेट्रेस) की संख्या तीस हजार से ऊपर है। इनमें एक बार- बाला कम-से-कम तीन और ज्यादा से ज्यादा सात परिजनों का पेट पालती है। एक डांसर सौ रुपए में से 65 रुपए पाती है। खूबसूरत और अच्छी डांसर एक दिन में ठीक-ठाक बार से पाँच से सात हजार तक कमा लेती है। इनकी इकलौती यूनियन के नेता आनंद शेट्टी कहते हैं—''जब नर्स और एयर होस्टेस को पूरी रात काम करने की इजाजत है, तो बार-डांसर पर एक बजे तक का प्रतिबंध क्यों?'' वे बार-डांसर को ज्यादा सुविधाएँ दिलवाने के पक्षधर हैं।

पर यह अँधेरा बार-डांसर और समाज को कहाँ ले जा रहा है? रात के अँधेरे में चमकती एक लड़की क्या-क्या खत्म कर रही है? कुछ साल पहले मार्वे रोड स्थित एक बार का किस्सा लोग कहाँ भूले हैं ,जहाँ नशे में धुत्त एक युवक नृत्यांगनाओं पर सोने की अंगूठी, हार और कंगन लुटा रहा था। वह झोला भरकर स्वर्ण-आभूषण लाया था। बार के एक वेटर ने पुलिस को सूचना दी। पुलिस ने उस युवक को पकड़ लिया। पुलिस जाँच में पता चला कि वह युवक कुछ दिन पहले दादर में एक स्वर्ण-आभूषणों

की दुकान में पड़ी डकैती का मूल अभियुक्त था। पुलिस ने नृत्यांगनाओं से भी स्वर्ण-आभूषण बरामद किए। इसी तर्ज पर गोरेगाँव के एक बार में एक डांसर पर खासा पैसा लुटाने वाले युवकों को जब पुलिस ने पकड़ा तो वे एक बैंक डकैती के सहअभियुक्त निकले।

अँधेरे से चलकर, अँधेरे पर खत्म होने वाली इस कहानी में रोशनी का जो भी पड़ाव है, वह सिर्फ भ्रमजाल है। मजबूरी हो या ऐयाशी, यह रास्ता जाता तो एक अंधे कुएँ में ही है।

(संझा जनसत्ता, 24 जुलाई, 2000)

❑

•••और कुछ चेहरे

'धर्मयुग' में नौ साल (1987 से 1996) के बीच प्रकाशित स्तंभ
'सुर्खियों के पीछे से चुने गए कुछ चर्चित चेहरे',
जो आज भी प्रासंगिक हैं।

जिरह के बाद का सफर

यह एक भावहीन चेहरा था जो तथ्यों, तर्कों और तनावों की जमीन पर खड़ा था—अविचलित! इसी चेहरे पर चिपकी थीं वे कई जोड़ा आँखें, जिनके सपनों को किन्हीं अदृश्य हाथों द्वारा क्षतिग्रस्त किए जाने की आशंका थी। अदालत थी, भीड़ थी, उत्साह था, हताशा थी, मोह था, अलगाव था और थी षड्यंत्र की वह गंध, जो दिख नहीं पा रही थी, सिर्फ महसूस हो रही थी।

यह चेहरा **राम जेठमलानी**, आपका चेहरा था। 5 मई की दोपहर आपका काला कोट उच्च-न्यायलय की दहलीज पर जिरह कर रहा था, आपके तर्क आपके सामने खड़े सरकारी वकील आर. लांबे नहीं काट पाए और आप सांसद पिता के अभिनेता पुत्र संजय दत को उस 'बैदा बैरक' से बाहर निकाल लाए, जो बैरक रोशनी तक को अपने भीतर उतरने की इजाजत नहीं देती। रुआँसे संजय दत्त जेल से बाहर आए और बमुश्किल बोल पाए—"मैं आभारी हूँ!"

यह सच का चेहरा है, जो हर बाजार में अपनी पूरी चमक के साथ हाजिर है। आभारों के न जाने कितने उत्सव, आँसुओं की न जाने कितनी कहानियाँ आपके हिस्से में दर्ज हैं। कहते हैं, आपके भीतर का वकील जब प्रकट होता है तो एक बार सच की भी रूह काँप जाती है। ये वे फतवे हैं जो आपके साथ किसी जरूरी उपकथा की मानिंद जुड़े हैं।

"मैं दिल्ली में रहूँ या बंगलौर में, मैं मुंबई को भूल नहीं सकता।" आपका कहना है और लोगों का मानना है कि आप कहीं भी रहें, आपके मुवक्किल आपको इसलिए

भी तलाश लेंगे, क्योंकि आपकी पैरवी का मतलब अपराधी के अपराधमुक्त हो जाने की तयशुदा गारंटी है। आप कहते हैं—"मैं देवता नहीं हूँ" पर उन्हें आप क्या कह सकते हैं, जो आपके बार में कुछ-कुछ ऐसा ही सोचते हैं।

लेकिन कानून के पार का संसार भी आपका अपना है। राजनीति के अभयारण्य में जब-तब आपकी उपस्थिति दर्ज हुई है, तब-तब चमत्कार पैदा हुआ है। यों 'जेठमलानी तो तस्करों और बड़े अपराधियों के वकील हैं' कहनेवालों पर आपने कभी टिप्पणी नहीं की, पर जनता का एक ऐसा भी वर्ग है, जो मानता है आप विवादास्पद और प्रतिष्ठित लोगों से जुड़े मामलों की ही पैरवी करते हैं ताकि खबरों में भी रहें और मोटी रकम भी पाते रहें। इस पक्ष के लोग नानावटी कांड को उभारते हैं। यह उभार आपकी चमकदार वकालत का प्रस्थान-बिंदु बना, ऐसा आप भी मानते हैं।

विवाद आपके संग-संग रहे, ऐसा मैं मानता हूँ। फिर ये विवाद राष्ट्रपति पद के लिए 'अंतरात्मा की आवाज' पर आपके प्रत्याशी बनने से जुड़ा हो या 2 दिसंबर' 89 को पूर्व प्रधानमंत्री 'चंद्रशेखर के साउथ एवेन्यू स्थित आवास पर धरने देने और आपके कुरते के फट जाने, फटे कुरते साहित जनता दल के दफ्तर जाने से जुड़ा हो। आप मानते हैं, 'राजनीति में बहुत कुछ जायज है।' शायद यह आपके सूक्ति-वाक्य का ही प्रताप है कि जिन सुनील दत्त के खिलाफ आप 1984 का लोकसभा चुनाव लड़े और हारे, उन्हीं के पुत्र के पक्ष में आपने बेहतर दलीलें देकर उन्हें रिश्तों के नए रोशनदान के पास खड़ा कर दिया।

जिंदगी के इस मोड़ तक आते-आते दुःख, यातना, प्रतिष्ठा, पैसा सबकुछ आपको मिला और मिला रिश्तों का ऐसा संस्कार, जो प्रायः भूमिगत रहता है, उजागर न होने के लिए।

❑

धुंध, धुआँ, धूप और बादल

चौराहे के बीच का सच था। अतीत की एक चमकदार लकीर को थामे वे नजरों के बीचोबीच थे। राजपथ के कंगूरों से कुछ ठंडी हवाएँ चलीं, जनपथ तक आते-आते उनमें गरमी आ गई। नीले आसमान के नीचे खड़ा वह चेहरा उम्र और अनुभवों से पक गया था। शर्मीलापन और काली दाढ़ी कल तक उस चेहरे की पहचान थी, आज शर्मीलापन एक थकी मुसकान में तब्दील हो गया और उम्र ने काली दाढ़ी पर सफेदा पोत दिया है।

मैं खुद में कभी-कभी झाँकता हूँ और अरसे बाद जब मैंने खुद को टटोला, जाँचा तो पाया कि मेरे भीतर आप खड़े हैं **प्रकाश सिंह बादल** अपनी धीर-गंभीर मुसकान बिखेरे। आप कह रहे हैं "अमृतसर में हुई अकाली दलों की बैठक और उनकी विजय की घोषणा पूरी तरह भ्रमपूर्ण है, इससे पंजाब में पुनः रक्तपात हो सकता है।"

आपके बयान ने खदबदाती अकाली राजनीति को पहचान के नए संकट में डाल दिया। यों अरसे से माना जा रहा था कि पंथिक संगठनों के संग रहने में बादल को तकलीफ हो रही है, उनका दम घुट रहा है। पर जब पिछले दिनों आपने सिख संतों के निर्णय और शिरोमणि गुरुद्वारा समिति की दखलंदाजी को चुनौती दी तो सब तरफ सन्नाटा उतर आया। स्वर्ण-मंदिर के नीले जल में कुछ कंपन बिखरा और हवाओं ने सुना 'बादल गरजने की मानसिकता में हैं।'

सच यहीं कहीं ठहरा है। गुरुचरण सिंह तोहड़ा के नेतृत्व में जब धर्म की अफीम खाए कुछ नेताओं ने अकाली दल के सभी धड़ों को एक करने का जतन किया, तो मैंने पाया, बादलजी आपकी मुट्ठियाँ तन गई हैं। आपके हिस्से का अकाली दल इस विलय

से दूर खड़ा मिला।

विलय हुआ और घोषणापत्र जारी हुआ, जिसमें 'लोकतांत्रिक तरीकों से पृथक सिख राज्य की स्थापना' का संकल्प लिया गया। इस उत्सव में आप न केवल गैरहाजिर रहे, बल्कि कह रहे थे—"यह तो खाड़कू संगठनों द्वारा पारित आनंदपुर साहिब प्रस्ताव का ही रूप है।" बात यहीं नहीं थमी। आपके दल ने साफ-साफ कहा—"हम अकाल तखत की सर्वोच्चता के पक्षधर नहीं हैं।"

पक्ष-विपक्ष की बात प्राय: आपके साथ उभरती-डूबती रही है। आपको लगता रहा है कि आज के पंजाब में नौजवानों के सबसे बड़े रहनुमा आप हैं। पर नौजवानों को ऐसा नहीं लगता। आपके बारे में यह कहावत प्रचालित है कि बादल के मित्र अकाली दल में कम और दूसरे दलों में ज्यादा हैं।

अतीत की किताब खोलें तो यह सच भी है। तत्कालीन मुख्यमंत्री गुरनाम सिंह जब सत्ता-रथ से लुढ़के, तब आपने जनसंघ के साथ मिलकर सिंहासन पा लिया था। फिर जब गुरुनानक विश्वविद्यालय के सवाल पर जनसंघ रूठने लगा और उसने अपना समर्थन खींच लिया, तब आपने कांग्रेस के एक धड़े को अपने साथ लेकर, अपनी लंगड़ाती सरकार के लिए प्राणवायु जुटा ली थी।

लेकिन यह अतीत है। कहा जा रहा है, आज के पंजाब की राजनीति में आप हाशिए पर फेंक दिये गए हैं। आपके जनाधार में सेंध लग गई है।

लोग इसे राजनीतिक बयान मानते हैं। मैं क्या करूँ, मुझमें झाँकता आपका चेहरा बार-बार मुझे आगाह कर रहा है—

कितना आसाँ है तसवीर बनाना औरों की,
खुद को पसे-आईना रखना कितना मुश्किल है।

❑

संन्यासी राजनीति

मेरी जिंदगी ऐसी है, जिसमें आखिरी व्यक्ति मुझे होना चाहिए था, जिस पर उँगली उठाई जा सके—मगर मुझे भी लपेट लिया गया और उस व्यक्ति के साथ, जो मेरे लिए पिता-समान हैं। सबसे अधिक कष्टदायी बात तो यह है कि जैसे किसी ने पिता और पुत्री के संबंधों पर ही ऐसे आरोप लगा दिए हों।'

मेरे आस-पास ऐसे न जाने कितने संवाद हैं **उमा भारती,** जो आपने चरित्र-हनन की घटिया राजनीति से क्षुब्ध, आहत और टूटे मन से कहे थे। भाजपा की समीकरणों पर टिकी भीतरी रणनीति में क्या कुछ हुआ, यह तो उजागर न हो सका, पर यह जरूर उभरा कि गोविंदाचार्य और आपको लेकर जो संदेह, शंकाएँ हवा में घोली गईं, वे कितनी दमदार थीं। तब आपने लगभग चीखते हुए कहा था—''यदि पवित्र संबंधों को भी कलंकित किया जा सकता है, तो फिर मन में यह बात निश्चय ही उठती है कि क्या यह राजनीति और संसार रहने लायक भी है? गोंविदाचार्य जैसे व्यक्ति पर कीचड़ उछालना, वह भी हमारे ही संगठन के लोगों द्वारा!''

पर उमाजी, मुझे लगता है कि राजनीति का वह मंच जो आपके आस-पास प्रपंच-तंत्र का हिस्सा बन गया था, कल की बात हो गई है। आज आलम अलग है। आज आप हैं। ठंडी हवाएँ हैं। संधियों के पत्र हैं। अमरकंटक की शांत घाटियाँ है। कल-कल करती नर्मदा है और उनके ऊपर खबरों की चौखट में खड़ी आप राजनीति से संन्यास की बात कह रही हैं। अखबार छाप रहे हैं कि आपने अमरकंटक में संन्यास

ले लिया और वे लोग फटी आँखों और हताशा में डूबी आवाज में पूछ रहे हैं—"क्या यह सच है?" जो लोग कभी निजी बैठकों तो कभी सार्वजनिक मंचों से 'सेक्सी संन्यासिन' का राग अलापते नहीं थकते हैं। चिंता यह भी है कि खबरों की राजकुमारी जब दृश्य-पटल से ही गायब हो जाएगी तो अफवाहों के बाजीगर कहाँ जाएँगे, क्या करेंगे?

लेकिन आप क्या करेंगी? संन्यास के बाद तो आप गाँव सिमटा के हेड कांस्टेबल को न तो चाँटा मार सकती हैं, न ही कांस्टेबल को चप्पलें-जिस कारण आप अपने ही संसदीय क्षेत्र में जन-आक्रोश का शिकार हो गई थीं। अब आपके रिश्तेदार आतंक की राजनीति भी कैसे कर पाएँगे और न ही आप टेलिफोन कनेक्शन से लेकर कोटा-परमिट की सिफारिश का जरूरी काम कर पाएँगी। आपके शब्द यदि उधार ले लूँ तो यह 'मेरी पार्टी में भी कुछ बुरे लोग हैं' की तर्ज पर यही बुरे लोग क्या आपको खामोश रहने देंगे? यह खामोशी इसलिए भी टूटेगी, क्योंकि लोगों ने न जाने कितनी बार आपके मुँह से संन्यास लेने की बात सुनी है।

अब आप खबरों के घेरे से भी कुछ दूर चली जाएँगी, क्योंकि अब न तो आपके बाल मुंडवाकर संसद् में आने की तसवीर अखबार छापेंगे, न छतरपुर से गढ़ीमलहरा की आपकी बस-यात्रा का आँखों देखा हाल!

पर, रिश्तों और राजनीति के इस धूपछाँही मौसम में मैं चुप-चुप सुन रहा हूँ—

हम तो निजाम अपने
होंठों को सी चुके हैं,
इस दिल का हाल दिलबर
आईना बोलता है।

❑

कैसा और किसका 'कल्याण?

दु:ख धीरे-धीरे चमकने लगा था। चमकते हुए इस दु:ख को जब मैंने करीब जाकर देखा तो पाया कि **कल्याण सिंह** आपका अक्स धीरे-धीरे उभर रहा है। यही अक्स मुझे सता रहा था, क्योंकि मेरी आँखों के सामने वह शाम घूम गई थी, जिस शाम आपका दु:ख चेहरे पर था।

यह वह शाम थी, जब पूरा उत्तर प्रदेश पहली भाजपा सरकार के पहले मुख्यमंत्री को देखना चाहता था। पर मंत्रणाओं और साजिशों का गणित अलग होता है। आपका नाम प्रदेश के 28वें मुख्यमंत्री के लिए चला, थमा, डूबा और बात आई-गई हो गई। फिर दूसरा नाम उभरा और लगा शिखर अब करीब है। तब आप बेतहाशा गुस्से में दमकते बाहर आ गए और अपने समर्थकों के बीच कुछ-कुछ रुआँसी आवाज में आपने कहा—"भाजपा क्या सिर्फ बनियों की पार्टी है?" आपकी आवाज इतनी तेज हो गई थी कि उसका असर दूर तक देखा गया। आप का दु:ख चमक रहा था और भीड़ का हिस्सा बना मैं वह सब अपने कलेजे में कहीं महसूस कर रहा था।

यह क्षण था जो बीत गया, क्योंकि अंतत: उसे बीतना ही था। आप सिंहासन पर आए, पर लोग रह-रह कर वह घटना अपने मनों से नहीं खुरच पाए हैं। ठीक उसी तरह जैसे शपथ लेने के बाद आपका पूरा मंत्रिमंडल कंधे पर 'राम नामी' पीली चादर डाले अयोध्या जा पहुँचा था और समवेत में एक नारा गूँजा था—"राम लला हम आए हैं, मंदिर यहीं बनाएँगे!" तब मुख्यमंत्रीजी आप अपनी पूरी फौज के संग राम जन्मभूमि

तक नहीं पहुँचे। पहले सरयू के ठंडे जल में आपने गोता लगाया, फिर आप मनीराम छावनी गए, फिर आप दिगंबर अखाड़ा पहुँचे, फिर आप हनुमान गढ़ी आए और उसके बाद राम जन्मभूमि। कहते हैं, आपकी इस अदा पर कोई भी फिदा नहीं हुआ।

माना यह भी जाता है कि आपका अब तक का कामकाज उन नारों के ठीक उलटा साबित हुआ, जो कवितानुमा-नारे आपने चुनाव की पूर्व संध्या पर बनवाए थे। उनमें एक था—

किसान को लाभकारी दाम
बेरोजगारों को काम
गरीब को आराम

भ्रष्टाचार पर विराम पर सच का चेहरा बहुत बेरौनक है। कहनेवाले जोर-शोर से और ताली बजा-बजाकर कह रहे हैं कि आपके दौर में भ्रष्टाचार की सेहत अच्छी हुई है। फाइलों का चलना आप पर नहीं, भ्रष्टाचार की अनदेखी छाया पर निर्भर करता है। नौकरशाही का आलम यह है कि चाहे मामला जिलाध्यक्ष का हो, पुलिस अधीक्षक का हो, निजी सहायक का हो या महानिदेशक का—आपका कद उस क्षण बौना ही नजर आता है।

आपने नारा दिया था—'गाँव उठेगा, देश उठेगा' पर आज के उत्तर प्रदेश में उठता हुआ गाँव कहीं से नहीं दिख रहा। लोग यहाँ तक कह रहे हैं कि आप उस अतरौली को भी भुला बैठे, जो अतरौली आपको विधानसभा में पहुँचाती रही है। आपके घर से आवाज आती है कि 'मंदिर बनवा दें नहीं तो भगवान् नाराज हो जाएँगे' और क्षेत्र से आवाज आती है—'लोधी जाति के हित में कुछ तो कीजिए बिरादर!' मैं सुन रहा हूँ—

मैं उसके रू-ब-रू
हरगिज न जाता,
पता होता
अगर वो आईना है।

❑

एक चुप्पी झील के भीतर

आसमान साफ था, पर एक टुकड़ा कोहरा आसमान के बीचोबीच पसरा था और उससे जुड़ी थीं आशंका, अरक्षा, असंतोष और अनिर्णय की बारीक रेखाएँ! कोहरे के पार कहीं बिजली के संकेत थे और **शरदचंद गोविंदराव पवार** यही संकेत महाराष्ट्र की राजनीति को कई दिनों तक, कई सालों से खदबदाते रहे हैं, ऐसा होता रहता है, क्योंकि मुझे लगता है ऐसा होना आपकी राजनीतिक सेहत के लिए साँस लेने की तरह जरूरी है। साल कैलेंडरों में बदलते रहे, पर आपके राजनीतिक संस्कार यथावत रहे और आप कहते रहे—''मैं आज कांग्रेस में किसी तरह की घुटन महसूस नहीं कर रहा हूँ, जिस दिन घुटन होगी, मैं चुप नहीं रह सकूँगा। घुटन को सहन करने की मेरी कभी आदत नहीं रही।''

यह सच भी है। कहा तो यहाँ तक जाता है कि घुटन में रहना संभव है कि आपको पसंद न हो, पर दूसरों को घुटन में रखना, उन्हें घुटनों के बल खड़ा देखना—आपकी कूटनीति के खतरनाक पन्ने हैं। इन पन्नों को जब-जब मैंने देखा है और पाया है कि 1978 का साल मेरे सामने है। वसंतदादा पाटील का मंत्रिमंडल मुंबई के समंदर में चमक रहा है, पर पलक झपकते ही आपने इसकी चमक पोंछ दी। आपके कई-कई जेबोंवाले कुरते में पूरा मंत्रिमंडल समा गया और अतीत ने कुटिलता से मुसकराते हुए देखा कि मुख्यमंत्री आप हैं पर तख्ती पर 'पुरोगामी लोकशाही दल' (पुलोद) लिखा हुआ है। तब भौचक्के दादा ने कहा था—''छुरा रखने में शरद पवार माहिर हैं। वह कब, किसे छुरा मार दें, पता ही नहीं चले।'' यह और ऐसे ही संवाद हवा में अकसर

घुलते रहते हैं और यह अहसास दिलाते रहते हैं कि आपका कम बोलना, ज्यादा और दूर की सोचना, एक क्षण में पूरी रणनीति खड़ी कर देना, सामने वाले को ध्वस्त कर देना—ऐसे गति अवरोधक हैं, जो आपकी राजनीतिक शैली को भीड़ से अलग खड़ा करते हैं और आप ऐसा चाहते भी हैं।

चाहत का ऐसा ही गणित फरवरी के दूसरे सप्ताह में मुंबई में दिखा, जब आपके मौजूदा और भूतपूर्व शुभचिंतकों में युद्ध का पूर्वाभ्यास हुआ। भूतपूर्व शुभचिंतक कद्दावर मुद्रा में थे और मौजूदा शुभचिंतक उनके कद से आहत थे। सिंहासन हिला, मुख्यमंत्री गिरा, लहरें उठीं, कंकड़ फिकें, जनता ने दरबार की उठापटक देखी और खबरों के शिखर पर खड़े आप सिर्फ चुप रहे। चुप्पी ऐसी कि राजनेता डर गए और एक बार तो मैं खुद भी। आपकी पाला बदलने की आतंक-मुद्रा सबको डराती है। इसके चलते कुछ लोग आपको महाराष्ट्र का भजनलाल कहते हैं तो कुछ राजनीति का सौदागर। लोग कहते हैं पर आप चुप रहते हैं और जब-तब बोलते हैं—''मेरा विश्वास है कि काम करने के लिए पद या उच्च-स्थान की आवश्यकता नहीं होती। मेरी निगाह गद्दी पर कतई नहीं है।'' पर लोग हैं कि आपकी निगाहों में सिंहासन का अक्स देख रहे हैं और मैं सुन रहा हूँ—

सियासत में दोनों ने
ऐसे निभाई,
वो शोला बना
वो हवा हो गया था।

❑

'मुलायम' राजनीति का कठोर सच

उस बीहड़ में सिर्फ गर्म हवाओं की आवाजाही जारी थी। मिट्टी खिसक रही थी और जगह-जगह उग आई जंगली घास हवाओं के असर से वाकिफ भी थी, सावधान भी। दूर कहीं सड़क सन्नाटे में डूबी थी। किनारे के पेड़ों से सायं-सायं की आवाजें आ रही थीं और लोग बीहड़ के आतंक से चुप थे।

चुप मैं भी था। मेरी चुप्पी का कारण राजनीतिक था, क्योंकि आपके जिस दरबार में मैं खड़ा था **मुलायम सिंह यादव**! मैंने देखा उस दरबार में कुरसी-मोह के शिकार तमाम चेहरे शामिल थे। ये वही चेहरे थे, जिन्हें मैंने हर दरबार को सजाते कई बार देखा। तपती धूप में झुलसे रिश्तों का गणित मैं जानता हूँ। मैंने जाना आज के उत्तर प्रद्रेश में यदि आपके पक्ष में कोई हवा है तो ये चेहरे आपके सामने, आपके आस-पास होंगे। मैंने सुना आप कह रहे थे—'जनाधार ही मेरी पूँजी है, यही मेरा हौंसला है।'

मैं मानता हूँ यही आपका पूँजीनिवेश भी होगा, पर दिक्कतें दूसरी हैं। आप कहते हैं—''हमारे सत्ता में आते ही गुंडा एक्ट खत्म हो जाएगा'' और लोग कहते हैं गुंडा एक्ट खत्म करना मुलायम सिंह की कठोर राजनीति का मजबूरी भरा किस्सा है। वजह साफ-साफ बताई जाती है कि वह अरुणा शंकर उर्फ अन्ना, जिसके खिलाफ हत्या के ही 40 मुकदमे चल रहे हैं, आपका प्रिय पात्र है। हवा में तो यह भी घुला है कि अन्ना की खातिर आप कुछ भी कर सकते हैं। वह आपके संग-संग रहता है। मंच पर भी, दरबार में भी, राजनीति की कानाफूसी में भी और हिंसा की अनदेखी राजनीति में भी। बात

अन्ना से आगे तक भी जाती है और मैं देखता हूँ उस कैलाश शंकर को, जो अन्ना की तरह ही आरोपों के घेरे में है, जिसे आपने महानगरपालिका का टिकट भी दिलवाया और जितवाया भी। यों नजर तो आगे तक जाती है और मेरे भीतर कमलेश पाठक का चेहरा भी दिखता है और रामसेवक यादव का भी और कानों पर अजित सिंह का संवाद भी बजता है—''मुलायम तो गुंडों से घिरे हैं।''

''घिरा कौन, कहाँ है यह मुझसे मत पूछिए''—आपने कहा था। ''भाजपा ने मेरे खिलाफ एक डाकू को खड़ा किया, तब कोई पार्टी कुछ नहीं बोली।''

पर चुप्पी बोलती है, मैं मानता हूँ। आपका अंग्रेजी-विरोध उन लोगों को भी अच्छा लगता है, जो लोग आपको मौकापरस्त कहते हैं। यों कहनेवाले तो कहते हैं कि आप एक दौर में देवीलाल के छाया-पुरुष थे, पर बाद में आपने पाला बदला और आप उन चंद्रशेखर के साथ चले गए, जिन्हें आप 'संत राजनीतिज्ञ' कहते थे। पर बाद में वहाँ भी आपकी प्रतिबद्धता बदली है। हाँ, राजा विश्वनाथप्रताप सिंह को लेकर आपका नजरिया एक-सा रहा। जब वे उत्तर प्रदेश के मुख्यमंत्री थे तब आप आंदोलनकारी थे। जब वे प्रधानमंत्री बने, तब भी आपने साफ-साफ कहा था—''विश्वनाथप्रताप सिंह की सामाजिक-न्याय की लड़ाई फर्जी है। वह एक धोखा है, छलावा है।''

आपके इस शाब्दिक-हमले को लोगों ने संजीदगी से लिया और न जाने क्यों मेरे कानों के आस-पास बजा—

मैदां की जीत-हार, मुकद्दर की बात है,
टूटी है किसके हाथ में, तलवार देखना।

❑

सिर्फ एक सवाल

यह तलवार थी, जिसकी मूठ आपके हाथ में थी। आपके होंठों पर मजबूरी में खर्च की जा रही मुसकान-सा भाव था और आपके सिर पर झक्क सफेद रूमाल बँधा था। उस लाल शामियाने के बीचोबीच बने मंच पर खड़े **अर्जुन सिंह** आप कह रहे थे, ''यदि किसी अन्याय को शांतिपूर्ण तरीके से हल करना संभव न हो तो तलवार उठाना ही श्रेयस्कर है।'' यह बयान नहीं उक्ति थी, जिसे आप अपनी धीर-गंभीर आवाज में लुधियाना की उस सभा में कह रहे थे, जिस सभा के हर चौथे खंभे से 'सत सिरी अकाल, अर्जुन सिंह महाराज!' का जयघोष हो रहा था। आप तब राजभवन में थे और कहते हैं उन दिनों चंडीगढ़ का यह राजभवन, भारतीय राजनीति का तड़िक चालक बना हुआ था।

आज आलम दूसरा है। पारे-सी थर्राती और रेत-सी गरमाई आपकी राजनीति, कहते हैं उस अभिशप्त महल जैसी हो गई है, जिसका राजकुमार होश गँवा बैठा है और राजकुमारी सिर्फ परी-कथाओं में अच्छी लगती है। 'मैं कांग्रेस का आज्ञाकारी सिपाही हूँ' और 'सैनिक मरता नहीं, वह सिर्फ ओझल होता है और मैं राजनीति से ओझल नहीं होने वाला।' जैसे मुहावरे आज हवा में हैं, पर सामने जो छवि उभर रही है, वह काला चश्मा, काला कोट, बड़ा हैट और गम बूट पहननेवाले उस खुफिया की है, जो रत्नजड़ित सिंहासन पर बैठे थके-थके राजा को गायब करने में जुटा है।

क्या करूँ कुँवर साहब, मेरे दुःख पहाड़-से दुःख हैं। मैं मानता हूँ आप जैसी

कूटनीतिक चालें भारतीय राजनीति का कोई भी सियासतदां नहीं खेल सकता। आप जैसी भाषा-शैली, पुस्तकीय ज्ञान, अध्यात्म की दुनिया के पेंच, कानून के उलझते तार और गाँव-कस्बे में बसे चवन्नी छाप कांग्रेसी कार्यकर्ता तक आपके रिश्ते और उन रिश्तों की गरमाहट सबकुछ मेरी फ्रेम में दर्ज है। पर आप मात खाते हैं और अपनों से ही छले जाते हैं।

अब मैं भटकाव की गली पर खड़ा हूँ। मुझे कुँवर शिवबहादुर सिंह और राजा अवधेशप्रताप सिंह की तनातनी याद है, जो कालांतर में उनके पुत्र अर्जुन सिंह और गोविंदनारायण सिंह तक पहुँची। दोनों मुख्यमंत्री बने। दोनों सामंती संस्कार लिए थे, पर भ्रष्टचार के आरोप में गिरफ्तार और फिर जेल में ही दिवंगत हुए शिवबहादुर सिंह का त्रास आज भी आपकी जगर-मगर करती राजनीति को गीला कर देता है और आप कहते हैं, ''पिता को चुनने का अधिकार तो किसी को नहीं है।''

और प्रधानमंत्री! कुँवर साब मान्यता तो यही है कि फिसलन पर टिकी इस कुरसी पर आपकी चेतना केंद्रित है और युद्धविराम के बाद भी आप युद्धरत दिखते हैं। आपने कहा, 'नरसिम्हा राव हमारे नेता हैं' फिर आपने कहा, 'मैं सिर्फ पार्टी-हित की बात करता हूँ' फिर आपने कहा, 'राव साहब दो पद सँभालने में अक्षम हैं', फिर आपने कहा 'हमसे गलती हुई है' और जब बयान अपने आप आपस में मिले तो पाया आप या तो कार्यसमिति की बैठक की समाप्ति से पहले जा चुके हैं या महाअधिवेशन के शोर में आपका अपना गला आपके साथ नहीं है।

आज सांप्रदायिकता के खिलाफ आपकी आवाज के संग-संग बहुत सी आवाजें अपने आप मिल रही हैं। पर कुँवर साब, ये पगडंडी भी तो सियासत की गोल इमारत तक जा रही है और मैं सुन रहा हूँ—

पंख में है सिर्फ एक सवाल
चोंच से ही काटना है जाल,
जाल के भीतर।

❑

उनके आने का आगाज है

"मैं न तो अर्जुन सिंह का विरोधी हूँ, न शरद पवार का और न प्रधानमंत्री का। मैं कांग्रेस-समर्थक और देश-समर्थक जरूर हूँ और खास मुद्दों पर आम सहमति का समर्थक हूँ।" आपकी आवाज उस दिन इलाहाबाद रेलवे स्टेशन पर अचानक उमड़ आए जन-समूह के बीच रह-रहकर बज रही थी। **नारायणदत्त तिवारी,** मैं उस वक्त प्लेटफॉर्म के एक खंभे पर चिपका कभी नीचे, तो कभी ऊपर हो रही आपकी झक्क सफेद टोपी के करतब देख रहा था।

मैंने भी देखा, लोगों ने भी देखा, स्टेशन की उस निरापद इमारत ने भी देखा और कई पके बालों और अनुभवी आँखोंवाले बुजुर्गों ने कहा—"ऐसा आलीशान स्वागत स्वतंत्रता के बाद कम ही लोगों का हुआ है।" अंदाज यह था कि पचास हजार का जमघट स्टेशन पर था और आपके बगलगीर होने के घमासान में मैंने एक प्रदेशाध्यक्ष, एक मुख्यमंत्री का सपना पालनेवाले राजनेता, एक पूर्व मुख्यमंत्री, दो दर्जन सांसद और चालीस के करीब विधायकों को धक्के की लय पर थिरकते देखा। आप कह रहे थे—"लोग बदलाव चाहते हैं, समाज और मुद्दों का बदलाव। वे मंदिर और मसजिद जैसे विवादों से ऊब चुके हैं, इसलिए मैंने 'डेवलपमेंट एंड सोशल एमिटी' का नारा दिया है।"

आप आंग्ल में बोल रहे थे और लोग प्रदेश के अपने हिंदीभाषी राजनेता की इस अदा पर आहत थे। कुछ 'एमिटी' का अर्थ अपने पड़ोसी से पूछ रहे थे, तो कुछ ने उसे 'एनिमी' ही समझ लिया था। जलसे ने कुछ जले हुए लोग, कुछ खिले हुए चेहरे, कुछ

बुझे हुए चेहरे, कुछ आतंकित आँखें, कुछ खंडित सपनों को फिर-फिर उजागर किया और मैंने देखा, प्लेटफॉर्म के बाहर लोग ही लोग थे। नारे ही नारे थे, आप ही आप थे और हवा में घुल रहा था यह शेर—'मुसकराकर ही मिलूँगा मुसकराती शक्ल से, लाख धुँधलाया सही मैं आईना हूँ, आईना।'

पर न आईने धुँधला जाने के लिए अभिशप्त हैं, न आपका व्यापक जनाधार खामोशी की चादर में ढके रहने को बाध्य। आपकी जननायक की छवि, आपके कार्यकाल में हुए विकास कार्यों से दप-दप दमकती है। गाँव की अटारी का रोशनी से नहा जाना, कहते हैं कि आपके दौर में ही सफल हुआ। अल्पसंख्यक जिस तरह से आज पस्त हैं, उतना पराजित उन्होंने पहले कभी अपने को नहीं देखा। उनकी आँखें आप पर टिकी हुई हैं। संसद् में 85 सांसद भेजनेवाले इस प्रदेश के लोग आपको कांग्रेस अध्यक्ष के पद पर देखना चाहते हैं, क्योंकि राजनीति में टोपी तो उतरती-तैरती रहती है, छवि नहीं!

पर अतीत सीली हुई माचिस की तीली-सा रह-रहकर सुलगता है। यह बात बार-बार उभरती है कि आप अंततः उसी जातिवादी राजनीति के शिकार हुए, जिसे पोसने में आपने अपना एक बड़ा हिस्सा खर्च किया था। राजीव गांधी के अवसान के बाद आपके अपने क्षेत्र में कैसे सेंध लगी! आप राजनीति के एक प्रशिक्षार्थी से हारे और समूचे परिदृश्य से धीरे-धीरे ओझल होते गए।

कहते हैं कि आपका उत्थान-पतन नेहरू खानदान की थर्राती राजनीति से जुड़ा रहा। यदि संजय गांधी के सामने आप रीढ़विहीन रूप में अवतरित न होते तो शायद उत्तर प्रदेश की सड़कों पर आपके नाम के बैनर, पोस्टर, झंडे न लगते।

वह कल था, आज आप हैं। खाली कुरसी है। आतुर आँखें हैं और सबसे ऊपर हैं—टोपी के करतब!

❑

उस सूने गलियारे में

फूलों की गंध से गलियारा अभी दूर था। उस सूने गलियारे में एक झुका हुआ अर्दली बहुत शिद्दत से खड़ा था और उसके आस-पास की दीवारों पर सिर्फ और सिर्फ सन्नाटा था।

सायं-सायं करतीं उन दीवारों पर जब-तब अतीत कथाओं के अक्स अर्दली ही देखता, तो उसे लोग स्वप्नजीवी कहते और निरापद आदमी। गलियारे में खड़ा हुआ भी, अतीत से चिपका है!

मोतीलाल वोरा! उस वक्त मैं राजभवन की सफेद दीवार के एक कोने में डरा, सहमा, सकुचाया और कुछ ललचाया-सा खड़ा था, जब आप उत्तर प्रदेश के राज्यपाल पद की शपथ ले रहे थे और शपथ के बाद कह रहे थे—"मेरी पहली प्राथमिकता प्रदेश को सांप्रदायिक सद्‌भाव की खुली हवा के बीच लाना है।"

और मुझे दिखा भोपाल का ताल। ताल के पास का मुख्यमंत्री भवन। पस्त अर्जुन सिंह, उभार पर खड़े आप। दो दिन की रस्साकशी के बाद आपको दूसरी बार प्रदेश का मुख्यमंत्री बनाया गया था। तब चेहरे की थकान को बगल में रखते हुए आपने कहा था—"मैं काम करने में यकीन रखता हूँ, ठोस धरातल का काम, कार्यकर्ता तक पहुँचने का काम!"

यह सच भी है, ऐसा आपके पारंपारिक राजनीतिक शत्रु तक मानते हैं। मान्यता का गणित वे यह बताते हैं कि वोराजी निरापद राजनीतिज्ञ हैं। वे जब प्रदेश के मुख्यमंत्री थे, तब उनका अपना कोई गुट नहीं था, पर वे सब गुटों के साथ थे। जब वे केंद्रीय मंत्री बने, तब भी उनका कोई गुट नहीं बना, वे बने-बनाए गुटों में ही आराम से टहलते रहे।

शायद यही वह राजनीतिक कौशल है, जिसके चलते आप कांग्रेसी राजनीति के

अभयारण्य में दबे पाँव आते रहे, जाते रहे।

आप कहते रहे—''मेरे रिश्ते कभी भी, किसी से प्रतिद्वंद्वी के नहीं रहते। मैंने कभी भी प्रतिद्वंद्विता की भावना से काम नहीं किया।'' पर, रमाशंकर सिंह जैसे लोग मानते रहे और हवा में घोलते रहे—''वे तो चुप की राजनीति करते हैं। तिकड़म उनकी आदत है और लाचार-सा दिखना उनका पाखंड!'' कहने को तो लोग यह भी कहते हैं—''वोराजी का राजनीतिक पूँजीनिवेश उनके प्रतिबद्ध नौकरशाह हैं, उन्हें हटा दें तो वोराजी की रणनीति ध्वस्त हो जाएगी।''

और आप कहते हैं—''कोरी माला देखकर मैं अपनी गाड़ी नहीं रुकवाता, मैं देखता हूँ कि कहीं कोई आदमी हाथ में कागज लेकर निहत्था तो नहीं खड़ा। उसे भीड़ ने तो नहीं धकियाया, पता नहीं किस दुःख-दर्दी के हाथ में क्या पीड़ा हो?'

पीड़ा का यह आलम आज के उत्तर प्रदेश का सच बनने का आतुर है। बिजली, पानी की तकलीफ के साथ-साथ राजभवन के शाही गलियारे में आवाजें हैं—

मुरझा के काली झील में
गिरते हुए भी देख,
सूरज हूँ, मेरा रंग मगर
दिन-ढले भी देख

❑

यह कैसी 'माया' है?

सन्नाटे भरी उस दोपहर में सिर्फ पत्तों के सरसराने की आवाज उभर रही थी।

दूर तलक चमकते हुए सूरज का आतंक था और मुंडेर पर सिर्फ एक जोड़ा आँखें उभर रही थीं, जो सड़क पर टिकी थीं।

भीड़ का वहाँ कोई मौसम नहीं था। पर सन्नाटे में, सूरज के आतंक के चलते किसी मन में दबे पाँव अपने आस-पास भीड़ सजाने की इच्छा जग जाए तो?

शायद आपके साथ ऐसा ही हुआ **मायावती**। उन सर्द हवाओं से टकरा कर जब आपकी आवाज मुल्क के कोने-कोने में पहुँची तो मैंने कहीं खिल्ली उड़ती हुई सुनी, कहीं अनसुने भाव देखे, कहीं गुस्से में तमतमाते चेहरे देखे, तो कहीं आपके राजनीतिक ज्ञान पर उठती हुई उँगलियाँ देखीं।

आपने क्या सुना, क्या देखा—यह मैं नहीं जानता, पर इतना जानता हूँ कि जब आपने कहा ''गांधीजी ने देश की आजादी के लिए भले ही कुछ किया हो, पर वे दलितों के सबसे बड़े शत्रु थे,'' तो सब तरफ सायं-सायं की आवाज आने लगी। आप यहीं नहीं रुकीं। अपने फेफड़ों में साँस भरते हुए आपने आगे कहा, ''गांधीजी ने अछूतों के लिए 'हरिजन' शब्द गढ़कर उनका अपमान ही किया अन्यथा तत्कालीन सवर्ण नेताओं जवाहरलाल नेहरू, गोविंदवल्लभ पंत ने अपने-अपने नामों के साथ 'हरिजन' शब्द क्यों नहीं जोड़ा।''

जोड़ने-घटाने की बात उठाकर आप किसकी राजनीति का समर्थन करना चाहती

थीं, यह तथ्य तो नहीं उभरा पर उभार के तौर पर उजागर हुआ कि बहुजन समाज पार्टी, जिसकी आप महासचिव हैं, विवादों में तैरकर चर्चा के रथ पर बैठना चाहती है।

यों आप कुछ भी कहने की लत की मारी हैं—ऐसा आपके शुभचिंतक कहते, मानते हैं। आपने एक बार कहा—"मेरी कोई राजनीतिक महत्त्वाकांक्षा नहीं है, पर देरसवेर जब आप स्कूल टीचरी की सीढ़ियों से उतरकर, बसपा की दहलीज पर आईं, महासचिव बनीं तो आपके बयान को मैंने तार-तार पाया। फिर जब एक सभा में आपके नेता कांशीराम ने साफ-साफ कहा—"मैं मायावती को प्रधानमंत्री बनाना चाहता हूँ।" तो आप इस कदर झूम उठीं कि लोग हतप्रभ रह गए। फिर आपने उत्तर प्रदेश के मुख्यमंत्री मुलायम सिंह यादव को बाकायदा लताड़ते हुए कहा—"आप अपना काम करते रहें, बाकी चीजों की चिंता न करें" तो सख्त-से दिखने वाले मुलायम नरम पड़ गए। एक सभा में तो आपने कमाल कर दिया, जब मंच पर बाकायदा उछलते हुए बसपा के चुनाव-चिन्ह हाथी का गुणगान करते-करते आप इस कदर भावुक हो गईं कि 'हाथी सबको रौंदेगा' कहते हुए मंच से ही लुढ़क गईं, बमुश्किल कार्यकर्ताओं ने आपको सँभाला।

यों कल तक नारे लगाने में आपका जवाब नहीं था, पर आज आप आगे निकल गईं, आज विवादों को खड़ा करने में आप आगे हैं। आप कहती हैं, "'गांधी'जी ने तो दलितों का कुछ भी भला नहीं किया, हमें जो कुछ दिया बाबासाहब ने ही दिया, गांधीजी तो हमेशा विरोध करते रहे।" आप कहती हैं और मैं सुनता हूँ—

झील के सीने में मत मारिए पत्थर लोगो,
कोई भीतर से बड़ी जोर से चिल्लाया है।

❑

एक 'मनोहर' राजनीति

देर तक जयघोष के नारे लगते रहे। हवा में मुसकानें तैरती रहीं और उतरती रात के, उतरते खुमार ने बताया कि सिंहासन तक छल-छद्म, तिकड़म, अविश्वास और बेवजह ओढ़ी गंभीरता से ही पहुँचा जा सकता है। अँधेरे-बंद कमरे की इस राजनीति में कुछ आँखें सफेद दीवार के पार भी देख सकती हैं।

मनोहर जोशी, मैं सफेद दीवार के पार ही खड़ा था और देख रहा था कि कैसे धुआँ होती हैं उम्मीदें, तड़प कर गिरते हैं सपने और कैसे अपना आकार बड़ा करती है कूटनीति। शिव सेना के चुने हुए विधायकों की सभा में नेता का चुनाव होना था यानी भावी मुख्यमंत्री उजागर होना था। बालासाहब ठाकरे आपके भानजे सुधीर जोशी को कमान सँभालने की सूचना दे चुके थे और सुधीर जोशी लाल टीका लगाए, सफेद सफारी में 'जिंदाबाद' के शोर-शराबे के बीच से निकलकर सभा तक आए थे। वे आत्मविश्वास के साथ बैठे थे, यह जाने बगैर कि मामाजी अपनी चाल चल चुके हैं। प्रमोद महाजन सुधीर जोशी के पास आए, हवा में फिर 'जिंदाबाद' घुला, पर सुधीर जोशी के कानों में जैसे गरम-गरम पानी गिरा हो। महाजन कह रहे थे—"आपको मनोहर जोशी का नाम प्रस्तावित करना है।" भरे गले और गीली आँखों से भानजे ने मामा का नाम प्रस्तावित किया और राजनीति की मनोहरशैली को ऐन कलेजे पर महसूसा।

महसूस कराना आपकी राजनीति का अस्त्र रहा है और इसका उपयोग आप अकसर करते रहते हैं। मुख्यमंत्री पद से आपके नाम के खारिज हो जाने पर आपने हार नहीं मानी और वे सारे पत्ते चले, जिनका विरोध बतौर वरिष्ठ शिव सैनिक आप करते

रहे। 'स्वच्छ राजनीति' की बात आपने एक पत्रकार-सम्मेलन में कही थी, तब कुछ पत्रकार न जाने क्यों हँसने लगे थे? फिर भानजे को गिराकर, मामा का सत्ता-शिखर पर आना स्वच्छ राजनीति नहीं माना जा रहा है। कहा तो यहाँ तक जा रहा है कि आपने नेता चुने जाने की पूर्व संध्या पर अप्रत्यक्ष धमकी तक दे दी थी 'ऐसा नहीं हुआ, तो वैसा हो जाएगा।' कहते हैं, छगन भुजबल का अतीत अब तक शिव सेना को परेशान किए है। लिहाजा, बालासाहब ने अंतिम क्षणों में अपना निर्णय बदला।

बदलना आप भी बहुत कुछ चाहते हैं। मुख्यमंत्री पद सँभालने के बाद आपने कहा—''मैं इस महानगर का नाम 'बांबे' से बदलकर 'मुंबई' करना चाहता हूँ'' चाहते आप यह भी हैं कि औरंगाबाद को संभाजीनगर और उस्मानाबाद जिले को 'धारा शिव' नाम दे दिया जाए। आप यह भी चाहते हैं कि किसी भी मंत्री पर विवाद की छाया न रहे, पर सत्ता में रहते विवाद न पनपे यह असंभव है। यह तो आप जानते ही हैं।

असंभव है उस विवाद का धुलना, जो विवाद आपसे चिपका है। शरद पवार से आपके नजदीकी रिश्ते जब-तब महाराष्ट्र की राजनीति को थर्राते रहते हैं। यों आप कहते हैं—''मैं पहले शिव सैनिक हूँ, बाद में राजनीतिज्ञ, उसके बाद में कुछ और'', यही वजह है कि कल तक आप आर्थिक संपन्नता से बहुत दूर थे, आज आप महाराष्ट्र के समृद्धतम राजनेता माने जाते हैं।

मैं इस बात से इनकार नहीं करूँगा कि यह सब आपके कौशल का परिणाम हो सकता है। फिर, राजनीति भी तो अवसर के उपयोग की एक भाषा है। अब आपके सामने नए अवसर चुनौतियाँ बन कर खड़े हैं और मैं धड़कते दिल से आपके कौशल की धार परख रहा हूँ।

❑

विरासत के बैंड पर मुन्ना की धुन

मेरी बूढ़ी, थकी और अनुभवों में पकी आँखें भी सपना देखने की लत की मारी हैं। क्या करूँ, आँखें हैं तो सपना भी होगा ही। और सपना है तो कहीं सच की परछाई नजर आएगी, कहीं षड्यंत्र की बू का अहसास होगा तो कहीं सत्ता के कागजी-रथ हवा में दौड़ते नजर आएँगे।

इस बार मुझे कुछ और नजर आ रहा है। यह मुहावरा जो कहता है कि 'आईना झूठ नहीं बोलता' और लोग कहते और मानते हैं कि आईना यदि झूठ नहीं बोलता तो सपना भी कहाँ देखता है? पर मैंने देखा है कि **अजित सिंह** आप अशोक हॉल के वैभव और गड़गड़ाती तालियों के बीच धीरे-धीरे उतर रहे हैं। भीड़ फटती जा रही है, लोग झुकते जा रहे हैं और आपके लकदक कदम धीरे-धीरे और धीरे मंच की तरफ, माइक की तरफ बढ़ते जा रहे हैं। जुड़े हाथ, उत्सुक आँखें लिए आप शपथ-ग्रहण समारोह के केंद्रीय पात्र बने हैं। कल तक तो लोग आपको तिकड़मी राजनीति का असफल छात्र, तो कुछ मौजूदा राजनीति का कुपात्र मानते थे, आज वे हैरान, परेशान, बेहाल हैं।

ऐसी बातें दीवारें कहती हैं। कानोंवाली दीवारें हैं। कहा तो यहाँ तक जा रहा है कि इस बचे-खुचे जनता दल में (अब न जाने कितने जनता दल हैं, मुझे याद तक नहीं) आपने अपनी महत्त्वाकांक्षाओं की नसैनी लगाकर चमकदार सिंहासन ढूँढ़ लिया है। यदि किसानों के एक बड़े नेता के शब्द उधार ले लें तो बात ऐसी है—"अजित सिंह तो कुरसी की खातिर बिक गया है। वह तो वे दिन भी भूल गया जब हम चौधरी साहब के घर जाया करते थे और मुन्ना हमें अखबार बाँचकर सुनाता था और 'अंकल-अंकल' कहता था, पर आज मुन्ना का रंग-रोगन बदल गया है।"

बदला बहुत कुछ है। यह कि यदि कल के 'अंकल' आज के 'ताऊ' बन गए तो कल का मुन्ना आज का अजित सिंह बनने के लिए भी तो अभिशप्त है। अजित सिंहजी शायद आपको याद न हो, मुझे याद है 1985 की वह रात, जब आपने अपने सुनहरी फ्रेम के चश्मे को सँभालते हुए कहा था, ''यदि मेरे पिता बीमार न पड़ते, तो मैं सक्रिय राजनीति में कभी नहीं आता।'' जब पिता बीमार पड़े, तब उत्तर प्रदेश के कुछ बुजुर्ग नेताओं को आप 'जीत का चमत्कारी नुस्खा' नजर आए। यह साल 1985 था। तब प्रदेश के 85 विधायकों में से 67 ने एक ज्ञापन देकर चौधरी चरण सिंह से यह माँग की थी कि वे आपको लोकदल का कार्यकारी अध्यक्ष का पद लाल कागज में लपेटकर सौंप दें। ऐसा हुआ भी, क्योंकि तब माना जा रहा था कि उन राजीव गांधी को, जिन्हें आप 'कंप्यूटरी छोकरा' कहते थे, आप ही मात दे सकते हैं, क्योंकि आपकी पीठ पर भी विरासत की राजनीति का विशाल पोस्टर चिपका था और उनकी पीठ पर भी।

तब आप अपने कंप्यूटर को आले में रखकर राजनीति के आँगन में आ गए। माफ करना, पर मैं मजबूर हूँ यह कहने को कि जब से आप राजनीति में आए, तब से आपके कांग्रेस में जाने, वहाँ डूब जाने की खबरें आती रहीं। अब आप क्या कहेंगे राजकुमार, जब आप मार्फत चंद्रा स्वामी के 20 सांसदों को तोड़ताड़, जोड़जाड़ कर कांग्रेस के जाजम पर बैठे हैं और अब शपथ-ग्रहण की आस लगाए हैं। मुझे यही लगा है—

कि आदाबे-नजर
आपको कम आते हैं,
आईना हाथ से रख दीजिए
हम आते हैं।

❑

थिरकती परछाईं

एकदम से टूट गई चुप्पी।

इस टूटी हुई चुप्पी के बीचोबीच विवाद की काली छाया थी, रिश्तों की खत्म होती साँसें थीं, टूटता विश्वास था और थी अविश्वास की वे लकीरें, जो विश्वास की देह पर अचानक उभर आई थीं।

"मैं राजनीति में अचानक नहीं उभरी थी, इसलिए मेरा जाना भी अचानक नहीं होगा।" आपने लगभग चीखते हुए कहा और 26 जून, 94 की उस दोपहर **रेणुका चौधरी**! मैंने देखा उत्तेजना में आपका चेहरा लाल हो गया था और आवाज ऊपर-नीचे हो रही थी।

मैं गुमसुम था और भीतर तक उतरकर अतीत के टुकड़ा-टुकड़ा सच को बटोर रहा था। इसमें कैद थी एक लड़की। यह अविवाहित लड़की उस भीड़ में शामिल थी, जो आंध्र प्रदेश के तत्कालीन मुख्यमंत्री एन. भास्कर राव के आस-पास जमा थी। तब नंदमूरि तारक रामाराव को सत्ता से गिरा दिया गया था और सौजन्य तत्कालीन राज्यपाल रामलाल एन. भास्कर राव मुख्यमंत्री बन बैठे थे। भीड़ इन्हीं भास्कर राव के आस-पास थी। मुख्यमंत्री अपने दिव्य विचार दे ही रहे थे कि अचानक भीड़ के बीच से एक लड़की हाथ हिलाते हुए आगे आई और उसने चिल्ला कर भास्कर राव को गद्दार, देशद्रोही, लोकतंत्र का हत्यारा और पीठ में छुरा घोंकनेवाला—जैसे शब्द कहे। अवाक् भीड़ कुछ नहीं कह पाई।

यही लड़की रेणुका चौधरी थीं। रामाराव बाद में समारोह पूर्वक सत्ता में लौटे और घर-गृहस्थी के काम में उलझी रेणुका को उन्होंने संदेश भिजवाया—"एक बार मिल

लें!'' तब आप एयर कमांडर के.एस. राव की सबसे बड़ी बेटी के तौर पर जानी जाती थीं। आप रामाराव से मिलीं और लोगों ने पाया कि आप बंजारा हिल इलाके से म्युनिसपल चुनाव की उम्मीदवार हैं और आपकी पार्टी है—तेलुगुदेशम्!

''मेरी पार्टी के प्रति निष्ठा कभी नहीं बदली, पर मेरे साथ जो कुछ हुआ वह बहुत अशोभनीय और पार्टी-संविधान का खुला उल्लंघन है। मुझे अकारण पार्टी से निकाला गया। 'कारण बताओ' नोटिस भी मुझे नहीं दिया गया और जब मैंने कुछ कहा ही नहीं है तो फिर माफी माँगने की बात कहाँ है?''

''क्या नहीं कहा उन्होंने। अपने जीवन में मैंने ऐसे अपशब्द किसी महिला के मुँह से नहीं सुने। जो उन्होंने कहा उसे छापा नहीं जा सकता। उन्होंने मुझे तो 'बास्टर्ड' कहा ही, पार्टी अध्यक्ष को भी अपशब्द कहे'' आपके कट्टर विरोधी और तेलुगूदेशम पार्टी के वरिष्ठ नेता बी. चौधरी कहते हैं।

मान्यताओं का खेल जो भी हो, फिलहाल यह माना जा रहा है कि 'पार्टी' की अकेली 'पुरुष-महिला' कहने वाले रामाराव और उनके सिपहसलार आपके राजनीतिक कद को कम करना चाहते हैं। वे कह रहे हैं—''उसकी झाँसी की रानी और रुद्रम्मा देवी की छवि हमने ही बनाई और अब हम ही उस छवि को नष्ट कर देंगे'' और आप कह रही हैं—''मेरी छवि किसी ने नहीं बनाई, मैंने खुद यह कद पाया है। जहाँ तक मेरे राजनीतिक कद को कम करने की बात है सो मैं राजनीतिक निर्वासन में जाने वाली नहीं हूँ, क्योंकि मैं पी. उपेंद्र नहीं हूँ, जो पार्टी से अलग होने के बाद आज कहीं नहीं हैं।''

आपने यह अपनी अदा में कहा और मेरे कानों ने सुना—

वक्त से वक्त की क्या शिकायत करें,
वक्त ही न रहा वक्त की बात है।

❑

राजनीति लिपस्टिक तो नहीं है

"यदि मैं राजनीति में नहीं आती तो रसोइया बन जाती।" उस दोपहर **नजमा हेपतुल्ला**! आपने मेरे ठीक सामने खड़े होकर कहा था और मैं चुप-चुप कभी हवा में उड़ते आपके बॉब-कट बालों को, तो कभी आपके होंठों पर आहिस्ते-आहिस्ते मली जा रही लिपस्टिक को देखता रहा। राजनीति लिपस्टिक तो नहीं है, न वह लिपस्टिक की तरह चेहरे चमकाती है, पर वह चमक को कभी धूल-धूसरित कर देती है, तो कभी धूल से झाड़-पोंछ ऊपर बैठा देती है।

रसोइया बन जाना फैशन की तरह आपको जरूरी लगता है। इसलिए जब आप रसोईघर में होती हैं, घर आपके आस-पास होता है। भारतीय, पश्चिमी, चीनी और मुगलई सब व्यंजन आपकी पसंद हैं, ठीक वैसे ही जैसे राज्यसभा में वाम मोर्चा भी आपकी पसंद है, जनता दल भी और बचा-खुचा समाजवादी जनता दल भी। आप कढ़ी भी पंसद करती हैं, पिज्जा भी, चाऊमिन भी और तली हुई झींगा मछली भी! यों इतवार भी आपकी पसंद है और यह इतवार आप अपने अकबर (पति अकबर अली) और उनकी प्रजा के साथ मनाती हैं। कभी दिल्ली में, कभी मुंबई में। कभी चुटकुले सुन या सुनाकर, तो कभी गपशप कर-कराकर। कभी 'कयामत से कयामत तक' देखकर, तो कभी कयामत लाकर। कभी स्टार टीवी देखकर, तो कभी स्टारों का जमघट लगाकर। कभी भीमसेन जोशी, कभी किशोरी अमोनकर, तो कभी कुमार गंधर्व का राग सुनकर, नहीं तो नया राग रचकर। कभी किताबों में खोकर, तो कभी किताबें रख, जी भर सोकर!

आपको डर लगता है, जैसा उस दिन लग रहा था, जिस दिन तीसरी बार आपको राज्यसभा का उपसभापतित्व मिलने वाला था। उस पार तेलुगुदेशम की उखाड़ू नेता

रेणुका चौधरी खड़ी थीं, उनके सिर पर 'कुटियावाले' रामारावजी का आशीर्वाद था, इस पार आप थीं। आपके सिर पर पहले शरद पवार, फिर नरसिम्हा राव का रक्षा-कवच था। आप डर क्यों रही थीं, मैं नहीं जान पाया। पर आप पार्टी-कल्चर को जानती-पहचानती हैं। सो कोई दगा न दे जाए, लिहाजा सफेदी की चमकार का विज्ञापन करती अदा में राज्यसभा की भीतरवाली लॉबी में बैठ आपने आने-जाने, रुकने-ठहरने, उठने-बैठने और गिरने-गिरानेवाले हर सांसद की खोज-खबर पूछी और रेणुका को गिरा दिया।

आप कहती हैं—''सत्ता-संघर्ष की चूहादौड़ में मैं कभी शामिल नहीं रही'' पर कई टोपीवालों को मैंने कहते सुना है कि इस दौड़ में कुछ चूहे आपके जरूर होते हैं, भले आप उनके बारे में कुछ न कहें और मुसकराती रहें। आप मुसकराएँगी तब भी, जब चूहे दौड़ेंगे, भागेंगे, हॉल से बाहर निकाल दिए जाएँगे। हँसी है जो आती ही है। कहनेवालों को जाने दीजिए, क्योंकि कुछ बगैर टोपीवाले आपको हेडमास्टरनी के अंदाजवाली मास्टरनी, तो कुछ ब्यूटीपॉर्लर से सीधे संसद् आ गई रूपसी, तो कुछ तिकड़मवाली डॉक्टरानी कहते हैं। मैं कुछ नहीं कहता और सब जो कहते हैं, वह आपको सुनाता हूँ—

दिल की बिसात क्या थी
निगाहे जमाल में,
इक आईना था टूट गया
देखभाल में।

❑

तमाशे के बीचोबीच

राजधानी दिल्ली की वह एक उदास दोपहर थी। गोल मार्केट की पीली इमारतों के बीचोबीच का वह सूना पार्क अचानक अपने भीतर चहलकदमी महसूस करने लगा। मैं पार्क की रेलिंग से चिपटा खड़ा था और महसूस कर रहा था— धूप के मायने, राजनीति के मायने, चमक-दमक के मायने और शोर के नीचे छिपे सन्नाटे के मायने।

यह चुनावों का मौसम था। **शत्रुघ्न सिन्हा**, नीली छापेदार शर्ट में जब आप उस जनसभा में आए तो आपके गले में लाल फूल और हाथ में सफेद रूमाल था। आप कह रहे थे— ''विश्वनाथप्रताप सिंह, विनाशप्रताप सिंह बन गए और चंद्रशेखर सरकार ने चार महीने में ही उतना लूटा, जितना लूटने में कांग्रेस सरकार को 40 साल लग गए। अत: मैं लुटेरों की पार्टी में शामिल नहीं हो सकता था। लोगों ने कहा देश की राजनीति बहुत गंदी है, तुम इसे साफ करने के लिए राजनीति में आओ, और मैं उस गंदगी को हटाने राजनीति में आ गया!''

लेकिन यह सब अचानक नहीं था। राजनीति की तड़प अरसे से आपके मन में थी और आपके शब्द उधार ले लें तो 'गैरकांग्रेसवाद को उखाड़ना' आपके लिए निहायत जरूरी रहा है। यों देखें तो कांग्रेसी इमारत में सर्वाधिक मधुर रिश्ते आपके ही हैं, फिल्मी सांसदों के वहाँ होने के बावजूद!

पर, सच के अपने तर्क हैं। आप कहते हैं—''मुझे संसद् में पहुँचने की भूख नहीं'', पर 94 की शुरुआत में लोगों ने यह अच्छी तरह महसूस किया कि राज्यसभा में पहुँचने के लिए आपने अपनी सारी भाव-मुद्राओं का राजनीतिकरण कर लिया था। आप

कहते तो रहे—"मैं राजनीति मूल्यों के लिए कर रहा हूँ, पैसों के लिए नहीं," पर आपकी राजनीति के मूल्य प्राय: अवसरवाद के चबूतरे पर खड़े मिले।

"भारतीय जनता पार्टी एक राष्ट्रवादी पार्टी है" ऐसा आप मानते हैं पर लोगों की मान्यता अलग है। आप कहते हैं "यह बोफर्स और लोफर्स का देश है" लोग इससे भी सहमत नहीं हैं। आप कहते हैं 'कांग्रेस और फूलन में कोई फर्क नहीं है' और फूलन कहती है "शत्रुघ्न सिन्हा को फर्क करना सीखना होगा।" आप कहते हैं—"लालू प्रसाद यादव मेरे मित्र हैं, भले आदमी हैं, उन्होंने गरीबी देखी है, वे मिट्टी के इनसान हैं", पर जब भाजपा ने बिहार में आपको बतौर मुख्यमंत्री प्रचारित करना शुरू किया, पदयात्राओं का दौर शुरू हुआ, तब आपने अपनी शैली में कहा—"लालू पाखंडी है, उनका पाखंड अब उजागर हो गया है। मैं उनके खिलाफ अपनी जंग छेड़ रहा हूँ।"

यह जंग कैसी है, यह अब तक तय नहीं है। तय सिर्फ इतना है कि राजनीति, नेतृत्व, जनाधार, विचारधारा, प्रतिबद्धता और विश्वास सिर्फ शब्द भर नहीं हैं। शब्दों के आगे का सच आपको अक्षर-अक्षर महसूस करना होगा। इस मौके पर आप चुप हैं और मैं गुनगुना रहा हूँ—

बाजी ची-ए-अत्फाल है दुनिया मेरे आगे
होता है शबो रोज तमाशा मेरे आगे।

❑

'सर', यह क्या है?

खामोशी से उन्हें परहेज है। शांत नीले जल में मौके-बेमौके उठने वाली तरंगों को वे सूनी निगाहों से सिर्फ देखते भर नहीं हैं, बल्कि उनके पीछे की नेपथ्य-लीला को भी अक्षर-अक्षर भाँपते हैं। हिलते पेड़ और सायं-सायं करती हवाएँ उन्हें अखरती हैं।

महेश भट्ट इसी मोड़ पर अवतरित होते हैं। लीक से हटकर फिल्में बनाने वाले इस पुरोधा को विवादों से खासा प्यार है। ये विवाद अकसर उनके बयानों की देह से उगते हैं। कभी फिल्मों के दृश्य, उनके पोस्टरों पर किसी विदेशी फिल्म के पोस्टर की छाया से विवाद उगता है, तो कभी उनकी फिल्मों के संवाद ही विवाद के चौराहे पर खड़े हो जाते हैं।

पिछले दिनों उन्होंने फरमाया, "पोर्नोग्राफी को परदे पर दिखाने की अनुमति दी जाए। खुलापन दिखाने में हर्ज क्या है? ऐसी फिल्में, सेंसर की कैंची से बाहर हों।" उनके बयान ने गरम हवाओं का एक ऐसा दौर चला दिया, जो हाल-फिलहाल थमने का नाम ही नहीं ले रहा। विडंबना यह कि जिस समारोह में उन्होंने अपने ये दिव्य विचार रखे, वह समारोह हमारे सूचना एवं प्रसारण मंत्रालय द्वारा 'मीडिया की नीति' पर आयोजित किया गया था। संस्कृति के नीति-नियंता मंच पर थे और वे महेश भट्ट के विचारों को अपने तमतमाए चेहरे के साथ सुन रहे थे।

सामने बहुत कुछ है भी, नहीं भी। मेरा काम सच को उभारना है और मैं यह बता दूँ कि आप अकसर सच से दूर भागते हैं। यों दावा आप सच के करीब खड़े होने का करते हैं।

कुछ साल पहले आपने अभिनेत्री शबाना आजमी के बारे में कहा था—"उन्हें विवाहेतर संबंधों में खासा यकीन है।" आपके इस बयान से भूकंप-सा आ गया था। शबाना ने आप पर मान की हानि का मुकदमा भी ठोक दिया था। फिर आपने कहा—"मैं अपनी बेटी (पूजा भट्ट) को तब बालिग मानूँगा, जब वह गर्भवती हो जाएगी।" लोगों ने आपके इस बयान को भी मूर्खता की सीमा के पार समझा।

आप जिद्दू कृष्णमूर्ति के उपासक हैं, यह खुला सच है। आप यू.जी. कृष्णमूर्ति को भी पसंद करते हैं और खुद को भगवान् रजनीश की सेक्स-धारणा के करीब पाते हैं। जब जिद्दू कृष्णमूर्ति के दर्शन में आप उलझने लगते हैं, तो कहते हैं—"जहाँ जिद्दू की धारणा खत्म होती है, वहाँ से यू.जी. शुरू होते हैं। एक जमीन छूटती है, दूसरी शुरू होती है।" पर आपके इस विचार को जब लोग पसंद नहीं करते तो आप झल्लाकर कहते हैं—"मुझे लोगों के स्वीकार की कोई जरूरत नहीं है।"

पर मुझे लगता है 'अर्थ' के अर्थवान फिल्मकार का समूचा तंत्र स्वीकार-अस्वीकार के बीच में ही कहीं लटका है। अतीत की किताब को खोलें तो मिल जाएगा 'मंजिलें और भी हैं', 'विश्वासघात' और 'लहू के दो रंग' का फिल्मकार अस्वीकार के कारण ही निर्वासन के अंतिम मोड़ पर खड़ा हो गया था। फिल्में पिट रही थीं, टिकट खिड़की को उसकी सत्ता स्वीकार नहीं थी। 'अर्थ', 'सारांश' और 'सर' ने आपकी सत्ता के होने के नए अर्थ खोले।

पर, आज आप क्या-क्या रहस्य खोल रहे हैं। कभी कहते हैं—"एक सूचना सचिव अकेले में ब्लू-फिल्म देखते हैं।" तो कभी कहते हैं—"हमारा दर्शक भटक रहा है।"

भटकाव का बीज-मंत्र कहाँ छिपा है सर, क्या आप यह बता सकते हैं?

❑

'बादशाह' की चाहत

रथ धीरे-धीरे आगे बढ़ रहा था। जनपथ पर राजपथ की आहट थी। मुचे हुए गुलाब और उठे हुए हाथों के उस मौसम में बहुत कुछ धीरे-धीरे घुल रहा था।

मैं आपके आस-पास था **रजनीकांत**। उस उत्सव को, जो विसर्जन को तैयार नहीं था, मैंने अपने भीतर उतारा और पाया सत्ता की प्यास के मारे लोग कैसे आपके आस-पास थे।

आज आपके आस-पास विवादों की छाया है। महारानी जयललिता के विकल्प के तौर पर आपको देखने, परखने और जाँचने की एक प्रक्रिया जारी है। आप कहते हैं—"मेरी आँखों में राजनीति का कोई सपना नहीं पल रहा।"

किस्सा मणिरत्नम पर हुए हमले से शुरू होकर, वहीं ठिठका मिला है। गरम हवा यह रही कि जब आपने एक सार्वजनिक समारोह में हमले का जमकर विरोध किया और उसे जयललिता सरकार की नाकामी से जोड़ा, तो सत्ताधारी दल आपके शब्दों के ताप से डगमगा गया। हमले का उत्तर हमले से हुआ और हवाओं में घोला गया—एक राजनीतिज्ञ के इशारे पर आप खेल रहे हैं। वरिष्ठ मंत्री आर.एम. वीरप्पन को इसका निशाना बनाया गया। वीरप्पन से आपकी नजदीकी और आपकी कई फिल्मों में उनकी भागीदारी के साथ-साथ यह भी कहा गया—वीरप्पन उस सभा में मौजूद थे, पर उन्होंने रजनीकांत को क्यों नहीं रोका? वीरप्पन ने कहा—"रजनीकांत से पहले मैं बोल चुका था, रजनीकांत सबसे अंत में बोले।"

पर तथ्यों को विवाद के कुहासे से कौन अलग करता। कहा गया—रजनीकांत मुख्यमंत्री बनना चाहते हैं। आपने खंडन किया। कहा गया—'रजनीकांत कांग्रेस का खेल खेल रहे हैं।' आप चुप रहे।

पर चुप नहीं रह पाए आपके समर्थक, अनुयायी, शुभचिंतक। तमिलनाडु की गली-गली में 15,000 से ज्यादा की संख्या में फैले 'रजनीकांत फेंस क्लब', जिसके सक्रिय सदस्यों की संख्या चार लाख है—सत्तापक्ष से आर-पार की लड़ाई लड़ने को आतुर हैं। वे इस साक्ष्य को भी झुठलाना चाहते हैं कि अकेले मदुरई में 'रजनीकांत फेंस क्लब' के 10 ग्रुप सक्रिय हैं, जो आपस में तालमेल नहीं रखते।

'मैं सबसे रिश्ते रखता हूँ' आप कहते हैं। लोग कहते हैं—तमिलनाडु में कांग्रेस रजनीकांत को उकसा रही है। तमिलनाडु में कांग्रेस विधायक दल के नेता एस. आर. बालसुब्रह्मण्यम ने आपको कांग्रेसी राजनीति में आने का न्योता दिया है। कहा यह भी जा रहा है कि आपकी फिल्म 'बादशाह' बतौर राजनीतिज्ञ आपको उभारने में मदद देगी।

मराठी मूल के शिवाजीराव गायकवाड की जब कर्नाटक में परवरिश हुई, वह बस कंडक्टर बने, मद्रास के एक फिल्म संस्थान में अभिनय सीखा और जब नई भूमिका तय हुई तो नया नाम मिला—रजनीकांत! आप तमिल फिल्मों के सुपरस्टार बन गए। यह अलग बात है कि शत्रुघ्न सिन्हा की कार्बन कॉपी का आरोप लगने के कारण आपकी पहली हिंदी फिल्म 'मुकाबला' मुँह के बल गिर पड़ी और उसके बाद की 'उत्तर दक्षिण' और 'आतंक ही आतंक' अपना कोई व्यावसायिक आतंक नहीं जमा पाईं।

हां, देवताओं की तरह पुजने और खुद कृष्ण के उपासक होने की आपकी छवि आज तक लोगों के मन में है। तमिल जनता आपके घर के बाहर घंटों तक आपकी एक झलक पाने को तरसती है और तमिल-फिल्मकार अपने इस सबसे महँगे कलाकार को कैमरे में कैद करना चाहते हैं।

पर आज चाहत के रंग बदल रहे हैं, क्या करें?

❑

राजनीति की ढपली पर

'वो शफ्फाक चाँदनी तो एक धोखा साबित हुई मगर, अब शायद आए तो आए, इस हालत में काम धुआँ' आवाज लगातार बढ़ती गई। पेड़ों पर सन्नाटा उतरने को आतुर था और सड़क कुछ-कुछ रोशनी में नहा रही थी। सड़क पर तो रोशनी थी, पर उनके मन के भीतरी कोने में एक पीला दु:ख हाथ-पैर मार रहा था। हताशा का अँधेरा उनके आस-पास था। वे अतीत की गलियों में उतरतीं तो वह शफ्फाक चाँदनी रह-रहकर उन्हें परेशान करती।

यह परेशानी एकदम से नहीं थी—**जयाप्रदा**! यदि आप फिल्मी परदे की चमक, चमक से जुड़े वैभव की जमीन पर खड़ी नकली मुसकानों को ही सच मान रही थीं, तो इसे सिवा मतिभ्रम के क्या कहा जाएगा? यों आपने एक बार कहा था—"मैं अभिनेत्री हूँ, अभिनय मेरा धर्म है। इसके अलावा मैं और कुछ कर भी नहीं सकती।" फिर जब आपसे पूछा—"राजनीति के बारे में आपके विचार क्या हैं?" तो दोनों हाथों को होंठों तक लाकर, आँखों को चौड़ाकर आपने कहा—"राजनीति से मेरा क्या लेना-देना? मुझे राजनीति कहाँ आती है? वैसे भी हम कलाकारों को राजनीति से दूर रहना चाहिए!"

आज आप उस तेलुगुदेशम पार्टी की सदस्य बन चुकी हैं, जो पार्टी सत्ता के रथ पर एक बार बैठ चुकी है। जिसका नीति-नियंता आपकी ही तरह परदे से उतरकर, जनता के बीच आया, जो आज सत्ता-गलियारे से दूर है, जिसे आज सत्ता में फिर-फिर आने की बेचैनी सता रही है।

आपको क्या सता रहा है?

शायद सत्ता में आने का लालच। यदि यह लालच आपको नहीं होता तो कल तक तेलुगुदेशम के महानायक की आलोचना करते-करते आप अचानक उस पार्टी में नहीं जातीं। कहने को तो आपने रामाराव और उनकी पार्टी को एक बार 'पाखंडी दुनिया' कहा था और रामाराव की एक साल पुरानी पत्नी लक्ष्मी पार्वती को 'अति महत्त्वाकांक्षी महिला' कह डाला था। फिर आपके विचारों का, मन का यह हृदय- परिवर्तन क्यों और कैसे हुआ?

'सरगम' से शुरू हुआ आपका हिंदी फिल्मों का सफर कुछ सालों तक बहुत आगे गया। आपके नायक अमिताभ बच्चन (गंगा-जमुना-सरस्वती, शराबी, जादूगर, आज की अदालत) रहे हों या धर्मेंद्र (ऐलाने जंग) आपने बगैर देह-प्रदर्शन के दर्शकों की तालियाँ बटोरीं। यों आपका मन सत्यजीत रे की फिल्म की नायिका बनने का था। उन्होंने एक बार आपको 'खूबसूरत अभिनेत्री' कहा था, पर ऐसा नहीं हो पाया। पूरा तो आपका वह सपना भी नहीं हुआ, जिसके चलते आप शास्त्रीय नृत्य की पूँजी को लिए अभिनय के शिखर पर बैठना चाहती थीं। पर, परदे की चमक के गणित अलग होते हैं। 1990 के बाद हिंदी फिल्मों का दर्शक आपको सिर्फ खबरों में पाता रहा। कभी वैवाहिक जीवन के त्रास को लेकर, तो कभी नींद की गोलियाँ खाने की खबरों में। फिल्मी खबरों से आप दूर होती गईं।

आप कहती हैं—"मैं ईश्वर की कृतज्ञ हूँ जिसने मुझे इतना सुंदर चेहरा दिया।" और लोग कहते हैं—"सुंदर चेहरा अच्छी किस्मत की गारंटी तो नहीं है।"

सच दोनों हैं—यह तो आप जानती ही हैं।

❑

संसद् में खो गई 'सीता'

उस गोल इमारत में मुझे कौन घुसने देता। मैं तो उस रोज डरा, सहमा और आपको देखने की लालसा का मारा, धक्के की तान पर थिरकता, दिल्ली की हाड़ कंपा देनेवाली ठंड में सांसद-मार्ग के बाहर खड़ा था **दीपिका**! आप छोटे परदे पर जिस साबुन का विज्ञापन करती हैं, उसी अदा में साड़ी के पल्लू को उठाते-गिराते संसद् आई थीं। 'सीता आई, सीता आई' की कानाफूसी इतनी सुस्त थी कि मैं लोहे के उस बड़े फाटक के पार खड़ा सुस्ताने लगा। कहीं कोई सन्नाटा नहीं था। आप आईं, बेवजह हँसी, अपनी पार्टी के रथ-यात्रावाले नेताजी से मिलीं, उनके सम्मान में कुछ झुकीं, फोटू खिचवाँए और जिस फुर्ती से आपने उस दिन गोल इमारत की सीढ़ियाँ चढ़ी थीं, उतनी फुर्ती, अरसा बीत गया, न मैंने कभी देखी, न बड़ौदा के उन लोगों ने महसूस की, जिन्होंने 'कमल' जैसी नाजुक चीज पर बैठाकर, अपनी 'सीता मैया' को संसद् में भेजा था। लोग हैं तो बात भी करेंगे और यदि वे लोग बड़ौदा के हैं तो अपनी जनप्रतिनिधि की चिंता रखना उनकी आदत भी है, मजबूरी भी। वे कहते हैं—

एक चिड़िया उड़ी
दिल्ली को मुड़ी,
सोने की हो गई
संसद् मे खो गई।

खोना-पाना शायद राजनीति का शिष्टचार हो, पर बड़ौदावाले कह रहे हैं—आप अपने बड़ौदा में उस वक्त भी नहीं गईं, जब कुछ कंठों से 'पानी, पानी की कातर

आवाजें आ रही थीं। आप तब भी बड़ौदा नहीं गईं, जब रिश्तों की आग में सपने जल रहे थे।'

लोग उस झंडे को आज भी बड़ी हसरत से अपने पास पड़ा देखते हैं, जो झंडा आपकी शोभायात्रा का, राजनीतिक यात्रा का प्रस्थान-बिंदु था। तब आप बहुत कुछ बोलती थीं। अब चुप हैं। संसद् में चुप रहें, रहीं भीं, मेरे सवाल पर तो चुप्पी न साधें!

एक बार आपने चुप्पी तब तोड़ी भी जब चुनाव के बीचोबीच आप 6 जून को मुंबई आ गईं थीं, क्योंकि 10 जून को आपकी सगाई थी। लोग तब कोहराम की मुद्रा में थे और आपने कहा था—"मैं राजनीति से मुँह नहीं मोड़ूँगी।" मुँह तो आपने नहीं मोड़ा, पर क्या बताएँगी आपने इस बीच संसद् में कितने सवाल पूछे?

अब लोग कहें कि परदे की अदाकारा ने जीवन में, राजनीति में अदाकारी की तब आप कहेंगी—"'रामायण' देखकर भी लोगों की मनोवृत्ति नहीं बदली।" यह आपने तब कहा था जब रामायण के लक्ष्मण और एक व्यतीत हो चुके सुपर स्टार के संग आप खबरों में थीं। जब धर्मपरायण जनता ने अपनी सीता को फिल्म 'इजहार' और 'शुभचिंतक' में देखा, तब उनकी छवि को तो धक्का लगना था, वह लगा भी। तब आप कह उठीं—"सीता के अलावा मैं एक कलाकार भी हूँ"। पर छवि का क्या करें? छवि, जो आपके नाम को पार कर गई है।

अक्स चेहरे के कई दिखते हैं,
आईना टूट गया लगता है।

❑

सपने, सौदागर और घुँघरू

नीला जल, डूबती-भरती रोशनी, लहराती जुल्फें, महकता मौसम और उत्सुक आँखों के उस उत्सव के बीच जब भारत सुंदरी को चुना जाना था, तो न जाने क्यों, किस वजह से स्वप्न-सुंदरी **हेमा मालिनी**, आप मुझे बहुत-बहुत याद आईं।

याद की वजह एक नहीं थी, बहुत सारी वजहें वहाँ तैर रही थीं, जिनमें एक वजह आपका वह संवाद था जिसमें आपने कहा था—'सुंदरता महसूस करने की चीज है, दिखाने की नहीं' और मेरे कानों में बार-बार आपका यह संवाद हथौड़े-सा टक-टक बज रहा था, क्योंकि जो सुंदरता दिखाई जा रही थी वह नए रंग में, नए रूप में-नए कोण से, नए सिरे से थी!

मैं मुड़ा तब भी आपके संवाद से मेरी मुक्ति संभव नहीं हुई। अबकी बार आपका संवाद था—"मर्यादा में रहने की भी एक मर्यादा होती है और यह मर्यादा फिल्मोद्योग में रहते हुए मैंने जानी!"

वैसे 'राजा जानी' में ही आप समझ गई होंगी कि फिल्मोद्योग में शब्द कितना मुश्किल हो जाता है 'निभाना'। खैर, फिर 1969 में यानी आज से ठीक 24 साल पहले जिस 'सपनों का सौदागर' से आपके सपनों ने आकार लिया था, उस मुकाम पर भी बहुत कुछ ठहरा हुआ सवालों के आस-पास मिलेगा।

"टाइप्ड हो जाना कलाकार की अचानक मौत हो जाने की तरह है।" आपने यह तब महेश कौल से कहा था, जब उन्होंने स्क्रीन टेस्ट के बाद आपसे पूछा—"यदि एक जैसी भूमिकाएँ मिलें, तो क्या आप करेंगी?"

आपके जवाब ने महेश कौल के पास बैठे जानकीदास और शो-मैन राजकूपर को

हतप्रभ कर दिया था। वह फिल्म 'दीवाना' का सेट था और तब किसी ने कहा था, इस लड़की की ऐसी अदा से तो लगता है कि यह एक पूरी पीढ़ी को 'दीवाना' बना देगी। ऐसा हुआ भी।

और महेश कौल जब स्क्रीन टेस्ट लेकर लौटे तो उन्होंने राजकपूर से कहा, "यह लड़की बहुत अच्छी कलाकार हो सकती है, इसमें अभिनय के जन्मजात गुण हैं।"

गुणा-भाग पर खड़ी फिल्मी दुनिया में आज आपकी उम्र के लगभग दो दशक खर्च हो चुके हैं। यह खर्चा तब हुआ, जब आपके फिल्म-विरोधी पिता ने फिल्मों की पक्षधर माँ से आपकी उपस्थिति में पूछा था—"फिल्में इसे क्या देंगी?" और आपकी माँ तब तपाक से बोली थीं—"शोहरत"!

तब शायद माँ सही थीं।

पर, नृत्य आपके लिए साँस लेने की तरह जरूरी है—ऐसा आप कई बार कह चुकी हैं। भरतनाट्यम, कुचिपुडी, मोहिनीअट्टम और कत्थक—कोई भी नृत्य हो, उसकी शास्त्रीयता पर आपके पाँव थिरकने लगते हैं। आप कहती हैं—"मैं तब तक नृत्य करना नहीं छोड़ूँगी, जब तक मेरी आयु मेरे खड़े होने में बाधक नहीं बनेगी।" और यह भी कि "नृत्य मेरे लिए एक जरूरी दवा की तरह है।" शायद यह उसी दवा का चमत्कार है कि नागपुर हो या नागौर, मुंबई हो या बंगलौर जब आपके घुँघरू, संगीत की लय पर थिरकते हैं तो कई जोड़ा आँखें सभागार में मुग्ध हो जाती हैं और तब मैं सुनता हूँ—

पीछे बँधे हैं हाथ
पर तय है सफर,
किससे कहें कि पाँव के
कांटे निकाल दो!

❑

विवादों की 'क्रेन' पर

हवाएँ अब भी बह रही हैं—तेज-तेज, मदमाती, अपने भीतर बहुत से विवादों को समेटे और **किरण बेदी**! मैं अपने कानों को बंद तो करना चाहता हूँ पर चाह कर भी ऐसा नहीं हो पाता।

कभी मेरे कानों में गिरता है 1989 में रोटरी क्लब ऑफ बॉम्बे सेंट्रल में आपके द्वारा दिया वह भाषण, जिसमें आपने कहा था—"अपनी इज्जत बचाने के लिए स्त्री को द्रौपदी की तरह कृष्ण के भरोसे नहीं रहना चाहिए। कृष्ण कब तक, कितनी बार, कितनों की रक्षा करेंगे?" तो कभी मेरे कानों पर उभरता है उन वकीलों का शोर जो दिल्ली की तीसहजारी अदालत के थे, वे हड़ताली वकील थे। कहते हैं, आपके आदेश पर पुलिस के डंडे उनकी देहों पर पड़े थे और तब कसमसाते वकीलों ने 'किरण बेदी मुर्दाबाद' के नारों को हवा में घोल दिया था।

यह कल था। आज भी मेरे कानों के पास शोर-ही-शोर है, नारे-ही-नारे हैं, आप-ही-आप हैं, विवाद-ही-विवाद हैं। उन नारो में हैं 'किरण बेदी वापस जाओ', 'किरण बेदी मिजोरम छोड़ो', 'मिजोरम मिजोवासियों का है।'

पता नहीं क्यों मुझे आपसे दहशत होती है। शायद और शायद, सिर्फ यही वजह है कि आपने अपनी छवि एक आक्रामक और दहशत फैलाने वाली पुलिस अफसर की बना रखी है। विवाद के छींटे आपकी पुलिसिया वर्दी पर हर वक्त 'पदकों' की तरह चिपके रहते हैं। दहशत का आलम यह कि एक जगह जब आपने कहा—"स्त्री का दायरा सिर्फ रसोई तक सीमित नहीं है। स्त्री पुरुष के साथ कदम-से-कदम मिलाकर चल सकती है" मैंने सभागार में बजाय तालियों की गड़गड़ाहट के सायं-सायं करता

सन्नाटा डोलता देखा।

फिर जब आपकी बेटी सुकृति के मेडिकल में दाखिले, उस पर विवाद, विवाद पर मिजो और गैरमिजों का सवाल उठना, आपका 'राज्य सरकार जिम्मेदार है' कहना, मुख्यमंत्री ललथानवाला का 'किरण बेदी का बयान मनगढ़ंत है' कहना— सबकुछ इतना उलझा है कि मैं कुछ साफ-साफ देख ही नहीं पाता। मैं सिर्फ सुन पाता हूँ और जब मैंने सुना कि सुकुति को मिजो छात्रों के लिए आरिक्षत 23 में से एक सीट पर जब प्रवेश दिया गया तो ऐजल में हंगामा हुआ और यह विवाद आंदोलन की शक्ल ले बैठा। आप छुट्टी पर चली गईं और जब आपके भीतर की माँ दहकी, तब आपने कहा—"मैं एक माँ हूँ और मुझे हर सूरत में अपनी बेटी का कैरिअर देखना है" तो मैनें रिश्तों की इस कहानी में भी अंधापन देखा। कुछ लोगों ने कहा 'किरण बेदी है जहाँ, विवाद हैं वहाँ', कुछ बोले—'क्रेन बेदी कभी विवाद रहित नहीं रहेगी'।

मैं चुप रहा और आपके खिलखिलाते चेहरे को पढ़ता रहा। आपको मैंने देर तक गौर से देखा और सोचा—

हँसकर मिलनेवालों से
कौन हँसकर मिलता है,
अब किसी की फितरत में
आईना नहीं मिलता।

❑

गिल से है बहुत गिला

आतंक हवा में घुला था। राजधानी की हवा में कुछ-कुछ नरमी जरूर थी, पर संसद् मार्ग स्थित होटल 'मेरीडियन' के भीतर शोर था, उत्तेजना थी, तमतमाए चेहरे थे, तनी हुई मुट्ठियाँ थीं और था चीख-पुकार का मौसम।

इस मौसम में सिर्फ और सिर्फ एक चेहरा था, जो खामोश और जड़वत था! पूरे शोरशराबे को अपनी आँखों से पीता हुआ—यों होंठों के पास एक गिलास था, जिसको लेकर कहा जा रहा था कि उसमें 'मदिरा' नहीं शीतल पेय था!

मैं आपके ठीक पीछे मौजूद था पद्मश्री **कंवरपाल सिंह गिल**! मैं धीरे-धीरे आपके इशारे, आवाज के असर और आपकी प्रतिपल बदलती भाव-भंगिमाओं को अपने भीतर महसूस कर रहा था। खचाखच भरे उस संवाददाता सम्मेलन में जब दो पत्रकार आपसे जिरह-सी करने लगे तो लगा, आप भीतर से रुष्ट हो गए हैं। यों आपके भावहीन चेहरे पर बहुत कुछ दिखता नहीं है। पर इस प्रसंग में तुरत-फुरत जो कुछ दिखा था, वह था पिटते पत्रकार, उजड़ता सम्मेलन और सड़क पर उतरे कलमकार!

आप चुप रहे। फिर तीन दिन बाद खबर आई—"जो कुछ हुआ उसका मुझे खेद है।" इशारों पर चलती आपकी सत्ता का यह अभद्र प्रदर्शन आपको तेज हवाओं पर ले आया। तब आपने क्या किया—अपने एक मातहत और उस भारतीय हॉकी संघ के उपाध्यक्ष (जिसके आप अभी-अभी निर्विरोध अध्यक्ष चुने गए हैं) को जाँच का जिम्मा सौंप दिया। आपके नाम के पहले अक्षर 'क' से ही काँपने वाला वह अफसर कितनी ईमानदारी किसके पक्ष में बरतेगा, यह सब जानते हैं।

यह भी सब जानते हैं कि प्रेस से गिल को बहुत गिला है। यह मानने वाले अपने पक्ष में वह घटना खड़ी करते हैं, जब एक अँधेरी रात को, एक रंगीन होती पार्टी में आपने पंजाब की एक आई.ए.एस. अधिकारी रूपन देवल बजाज के साथ छेड़खानी कर दी थी। आपने कहा, "तब—'यह आई.ए.एस. अधिकारियों की मेरे खिलाफ साजिश है।" आई.ए.एस. अधिकारियों ने कहा—"बदनाम करने के लिए कोई महिला ही क्यों?" तब आपने फरमाया—"यह सब प्रेस का कमाल है। प्रेस ने ही इस घटना को बढ़ा-चढ़ाकर पेश किया।"

यदि इस घटना को भूल भी जाएँ तो साँसी जाति की उन चार महिलाओं के मामले का क्या करेंगे, जो जेब काटने के अपराध में पकड़ी गईं थीं और आपके आदेश पर उनके माथे पर 'मैं जेबकतरी हूँ' गुदवा दिया गया था। बाद में उच्चतम न्यायालय के आदेश पर उनके माथे से वह गोदना मिटवाया गया। क्या इसमें भी प्रेस की भूमिका थी?

कहा जाता है, आप खबरों में रहने के शौकीन हैं। चाहे श्रीदेवी के चंडीगढ़ में आपके घर आने की खबर हो या हॉकी संघ के चुनाव में आपके प्रतिद्वंद्वी गुरुफाने आजम को 'गुल्ली-डंडा तक खेलने का तमीज नहीं है' जैसा संवाद। आप खबरों में आ ही जाते हैं। यों आप कहते हैं—'गोली किसी मसले का हल नहीं है', पर आप जो हमले करते हैं क्या वे शिखर पर खड़े एक कद्दावर अफसर को शोभा देते हैं, मुझे तो लगता है—

और हम ऐसी जगह पर आ गए हैं,
रास्ते दीवार से टकरा गए हैं।

❑

अब 'शरीफ' बन गए हैं गावस्कर

जलसा उखड़ रहा था और मुसकानों से मुसकानों तक का औपचारिक सिलसिला जारी था। राजभवन का विशाल अहाता, समुद्र की उठती-गिरती लहरों, उसके संगीत को सुन रहा था और सुन रहा था उन आवाजों को, जो किसी भी जलसे के उपसंहार का अंतिम सच होती हैं।

आप जब मुसकानों में डूबे थे **सुनील गावस्कर**, तब मैं आपके ठीक पीछे खड़ा था।

सफेद कुरता, पाजामा और जॉकिट पहने आप कह रहे थे—"अपनी यह नई जिम्मेदारी मैं पूरे मन से निभाऊँगा" और मैं तत्क्षण अतीत में गिरा, जब आपने कहा था—"राजनीति में न मेरी रुचि है और न वह मेरी मंजिल है" पर राजनीतिक लिबास में, राजनीतिक शब्दावली बोलने और गैरराजनीतिक से लगनेवाले 'शेरिफ' जैसे राजनीतिक पद की शपथ लेते वक्त आपको देखना, सुनना किसी कौतुक से कम नहीं था।

कम-ज्यादा का गणित आपके साथ हमेशा रहा है। चाहे वह क्रिकेट के शिखर का मामला हो, विवादों का मामला हो, आपकी तुनकमिजाजी का मामला हो या फिर व्यावसायिक प्रतिद्वंद्विता का।

"अहले सियासत हर मामले को सियासी रौनक से देखते हैं। उनका हित और उनका वजूद भी उसी में है" आपने एक बार कहा था, पर न तो हर घटना इतिहास बनती है और न ही हर घटना को सियासी रंग दिया जा सकता है, फिर चाहे पाकिस्तान की जनता द्वारा 'गावस्कर को भारत का राष्ट्रपति बनाना चाहिए' की माँग हो या "दुश्मन के साथ चाय पीना तक अपराध है और इमरान खान के अस्पताल के लिए चंदा इकट्ठा

कर गावस्कर अपराध कर रहे हैं'' जैसी बालासाहब ठाकरे की चेतावनी हो—हर घटना को सियासी रंग कौन दे रहा है?

माना तो यह भी जाता है कि आपकी चमक के आगे सब फीके रहें—यह आपकी रणनीति रही है। यों सबसे ज्यादा टेस्ट शतक बनाने का विश्व कीर्तिमान तो आपने दर्ज किया ही, पर कोई और खिलाड़ी इस पंरपरा की कोई लकीर दर्ज न कर दे—यह चिंता भी आपकी रही।

आपके खास रहे दिलीप दोषी यदि आज क्रिकेट की दुनिया के हाशिए पर हैं तो इसकी वजह आपके आस-पास है। जख्मी अँगूठे से अपने खेल का कमाल दिखानेवाले और ऑस्ट्रेलिया को कायदे से हरानेवाले दिलीप दोषी का नाम आपने उस संवाददाता सम्मेलन में कहाँ लिया था, जिसमें जीत का कारण पूछा गया था। कपिल देव निखंज को नजरअंदाज करने, इंग्लैंड के विरुद्ध एक मैच से उन्हें निकालने, फिर दर्शकों के दबाव में वापस लेने और वेस्ट इंडीज के दर्शकों को 'बंदरों का समूह' कहने जैसे कई प्रसंग आपसे जुड़े हैं, जो आज भी अप्रांसंगिक नहीं हो पाए हैं।

तुनकमिजाजी आपका चारित्रिक दुर्गुण है। फिर चाहे ऑस्ट्रेलिया के अंपायरों से आपका झगड़ा हो या कलकत्ता के ईडन गार्डेंस पर दर्शकों का आपके प्रति रोष हो, जिसकी वजह से आपने 'कलकत्ता' नहीं जाऊँगा' जैसी कसम खा ली थी—हर वक्त आपका व्यवहार ही आड़े आया है।

'मैं काम से काम रखता हूँ' आप फरमाते हैं, पर दूसरों के काम पर, खासकर क्रिकेट खिलाड़ियों के कामकाज पर आपकी नजरें रहती हैं।

क्यों? इसका जवाब क्या आपके पास है?

❑

लोकोत्सव की नायिका

कच्चा रास्ता पार कर अब वह 'पहुँच मार्ग' पर थी और कोलतार से पुती सड़क उसकी निगाह में थी। सड़क पर दमकते उसके पाँव नजरों में आएँ—उसकी मंशा थी। तभी आवाज गूँजी, भरी दोपहरी में गूँजती एक अकेली आवाज—

सफर में धूप तो होगी, जो चल सको तो चलो, सभी हैं भीड़ में शामिल,

निकल सको तो चलो।

आवाज बढ़ती गई, पाँव भी, विश्वास भी और उससे जुड़ी आँखों का तेवर भी।

मुझे याद है, आप उस दिन लगभग रुआँसी हो गई थीं **तीजन बाई**, जिस दिन आपने पाया, आकाश बड़ा है और उसे थामने के लिए हाथ बहुत-बहुत छोटे हैं। गाँव गनियारी के वे दिन आपकी आँखों में अब तक कौंधते हैं, जब नाना की गोद में बैठी आप नाना के गाने को सुनती थीं और फिर गाने की कोशिश में हिम्मत खो बैठती थीं। गाना आगे बढ़ा। हाट-बाजार में माँ के साथ छिन बाहरी और सरकी (चटाई एवं झाड़ू) बेचने जानेवाली आप जब गाने-बजाने को ही अपना पड़ाव मानने लगीं, तो आस-पास से आवाज आई—नाचना-गाना भले घर की लड़कियों का काम नहीं है!

भले घर की लड़कियों का काम क्या है, यह तो तब उजागर नहीं हुआ, पर जब आप पेरिस से लौटीं और विदेशी खिलौनों को नातियों को सौंपकर भिलाई के अपने सुविधा भरे घर में बैठीं, तो आपने अखबारवालों से कहा—"आज जब मैं 'फेमस' हो गई हूँ, तो बहुत से मर्द मुझसे शादी करना चाहते हैं। कल ऐसा नहीं था। मेरे पहले पति

ने, जो दिन भर शिकार में ही खटता था, मुझे काली-बदसूरत और गंदा काम करनेवाली औरत कहा था। क्या हुआ? तीजन तो आज दुनिया घूम आई है, पेरिस में जब 'साब' और 'मेमसाब' आगे बैठकर तालियाँ बजाते हैं, तो मेरी आँखों में पानी आ जाता है।''

यह सच है 'पंडवानी' शब्द आज आपके नाम के साथ इतना घुलमिल गया है कि उसे अलग से देख पाना संभव ही नहीं दिखता। मोरपंखों से सजे तानपूरे, चटख लाल रंग की साड़ी और चाँदी के जेवरों से लदी आप जब मंच पर आती हैं तो मंच पर लोकोत्सव-सा मौसम उभर आता है। कहने को तो लोग कहते हैं आपने अपनी इस कला को बाजारू रूप दे दिया है। कुछ को आपके पहरावे, तो कुछ को लिपस्टिक और कुछ को आपके नृत्य में फिल्मी-मुद्राओं के बढ़ते दखल से एतराज है। आप इन सब बातों पर हँस देती हैं और कहती हैं—'कुत्ता भूँके हजार, हाथी चले बाजार!'

लोग चुप हैं, क्योंकि वे जानते हैं कि आप कहीं भी, कुछ भी कह सकती हैं, ठीक उसी तरह जैसे लंदन हो या पेरिस, दिल्ली हो या कलकत्ता—आपके पान की पीक दीवार को रंग देती है। एक बार तो कमाल हुआ। कलकत्ता की एक महफिल में गाने के बीच में 'क्या सुरीली है' की जब आवाज आई तो आप उस आवाज पर तो हँस दीं, पर न जाने किस बात पर हारमोनियम पर आपका साथ दे रहे तुलसीराम देशमुख (यानी आपके पतिदेव) को आपने इस बुरी तरह डपट दिया कि वे रोनी सूरत लिए मंच पर देर तक बैठे रहे।

यों भीम, कुंती, द्रौपदी और कर्ण आपके प्रिय पात्र हैं। पर, आपने अपने बड़े बेटे का नाम 'सतरोहन' रखा है। आप कहती हैं—''हमर बर भरत-सतरोहन, अर्जुन-भीम सब बरोबर। नाम के का धरे है।'' पर महाभारत की गायिका से लोग कुछ तो उम्मीद करते ही हैं।

❑❑❑